这个宋史
超有料

林婉 —— 著

天津出版传媒集团

天津人民出版社

图书在版编目（CIP）数据

这个宋史超有料 / 林婉著 . -- 天津：天津人民出
版社，2024.6
ISBN 978-7-201-20302-7

Ⅰ.①这… Ⅱ.①林… Ⅲ.①中国历史—宋代—通俗
读物 Ⅳ.① K244.09

中国国家版本馆 CIP 数据核字（2024）第 058822 号

这个宋史超有料

ZHEGE SONGSHI CHAOYOULIAO

出　　版　天津人民出版社
出 版 人　刘锦泉
地　　址　天津市和平区西康路 35 号康岳大厦
邮政编码　300051
邮购电话　（022）23332469
电子信箱　reader@tjrmcbs.com

责任编辑　郭晓雪
特约编辑　石胜利
封面设计　**WONDERLAND** Book design
　　　　　仙境 QQ:344581934
制版印刷　三河市新科印务有限公司
经　　销　新华书店
开　　本　710 毫米 × 1000 毫米　1/16
印　　张　15.5
字　　数　186 千字
版次印次　2024 年 6 月第 1 版　2024 年 6 月第 1 次印刷
定　　价　56.80 元

前　言

　　对今天的大多数人来说，宋朝是一个稍显平淡的朝代。但其实，宋朝无论在政治生态、文化艺术、商品经济还是科学创新等方面，都开创了前所未有的高度。我国古代的"四大发明"仅宋朝就占据了两项。"唐宋八大家"也让宋朝文人占去了六个。其成就在中国历史乃至人类文明史上均占有重要的地位，对后世产生了极为深远的影响。然而，由于它没有汉唐那种强盛开拓的大国雄壮气派，始终饱受周边少数民族政权的侵略，以守内虚外的贫弱国势展现于世人面前，所以人们对它也始终有着与其伟大贡献不甚匹配的庸弱印象。

　　宋朝是我国封建社会中一个巨大的变革时期。隋唐帝国是门阀士族与庶族地主阶层主导的联合政府，具有排他性与世袭性，官有世胄，谱有世官。而宋朝是由科举出身的士大夫阶层当权，相比隋唐则更加开放、自由。它自开国起，便呈现出了一种少有的温情与柔意。宋太祖靠"黄袍加身"夺得政权，又通过"杯酒释兵权"和平解决了初生帝国的军事威胁，在加强中央集权的同时，也为帝国奠定了"重文轻武"的悠长隐患。大量文人的加入，使得他们在宋帝国权力阶层的占比迅速提升，而宋朝皇帝也历来标榜"天子与士大夫共治天下"，君臣联手将宋朝打造成我国古代最典型的文治帝国。

用宋朝人的话来说：满朝朱紫贵，尽是读书人。与门阀士族相比，宋朝士大夫的个体力量较小，但其群体力量却不容忽视，在宋朝政治与生活的方方面面都发挥了举足轻重的作用。

有宋一代，皇权与相权都有着相应的加强。最高行政权的相权从属并服务于最高统治权的皇权，两者相互依存，相互制约。这使得宋朝皇权始终相对稳固，没有哪种权力能与之分庭抗衡。而相权又能遏制皇权的失控，有效地防止皇帝滥用权力。这种政治体制主导下的宋朝，内部政治生态始终较为稳定，既无宦官之祸，又无外戚之祸与女主之祸，无形中促进了宋朝社会经济与文化的飞速发展，创造出璀璨绚丽的宋代文明。

史学大师陈寅恪认为："华夏民族之文化，历数千载之演进，造极于赵宋之世。后渐衰微，终必复振。"陈寅恪先生口中的"华夏文化"，是指泱泱中华的本土文化，也是他强调的民族本位文化。而宋代之"造极"，便指宋代文化达到了民族本位文化高度成熟与定型的时期。

陈寅恪先生的观点，已被学界公认。当代著名宋史专家邓广铭也提出："宋代是我国封建社会发展的最高阶段。两宋时期内的物质文明和精神文明所达到的高度，在中国整个封建社会历史时期之内，可以说是空前绝后的。"

在这一时期，传统的官僚政治发展到了一个崭新的高度，社会经济也达到了小农社会自然经济的巅峰。与此同时，宋朝士大夫的思想也正经历着一次历史性的转折。法国汉学家谢和耐在其著作中说道："在宋代时期，从 11 世纪到 13 世纪，新兴的势力慢慢削弱了中国社会的基础，却又未能把它引向新的形态。到了最后，这些势力实际上在统治精英和财主们之间造成了一种利益的勾结，从而大大改变了士大夫的本性。从这个意义上讲，在宋代时期尤其是在 13 世纪，透出了中国的近代曙光。"这一点在宋代商业文明的发展上，有着极为鲜明的体现。相对开放、自由的社会环境与文化土壤，使得宋人对"入仕"与"经商"都有着他们独特的时代内涵与特征。严复曾说过："人心政俗之变，则赵宋一代最宜究心。"这种上下蔚然成风的"经商"思潮，促使宋朝商业文化达到了极高的水平。

　　关于历史问题的研究，我始终深信并践行陈寅恪说过的一段话："对于古人之学说，应具了解之情，方可下笔。""否则，数千年前之陈言旧说，与今日之情势迥异，何不可以可笑可怪目之乎。"本书以皇帝、后妃、文人、英雄与文化等几个方面展开叙述，选取一些极具代表性的人物，以史为凭，抽丝剥茧，剖开那些或荒诞或呆板的苍白表象，洞察他们荣光之下更具"人性"的一面，以及他们所处时代波诡云谲的真实政治生态，全方位展现那个对中华文明影响至深的伟大王朝，及其巍峨身影后隐藏的种种历史真相。

目　录

第一章

皇权与传奇，宋代帝王的悲喜

1. 造个神来维护皇位——宋真宗荒诞闹剧背后的心结与希冀

宋代诸帝中，宋真宗是一个"满身嘲点"的存在，用今天的话来说，他做了许多"奇葩"的事迹。比如迁错赵家的祖坟，给后代留下了一起啼笑皆非的尴尬事件，比如相信蝗虫会集体自杀等，但其中最"奇葩"的还是，他身为帝王之尊，却亲自导演了一出"全民皆狂"的大型闹剧——造神。

为了使造神得以顺利进行，宋真宗甚至亲自给宰相王旦送了"封口费"，这样的事情简直亘古未有。那么，宋真宗为何要执迷于如此呢？他为何从早期的励精图治走向了"荒诞"的造神之路？这对大宋帝国带来了哪些深远影响？

泰山是历代帝王封禅祭祀的圣地。秦始皇、汉武帝、汉光武帝、唐高宗、唐玄宗、宋真宗都曾来到这里进行封禅。但令人啼笑皆非的是，宋真宗封禅在历史上被视为一场彻头彻尾的闹剧。

《宋史·真宗本纪》的结尾这样评价他："真宗英晤之主……及澶渊既盟，封禅事作，祥瑞沓臻，天书屡降，导迎奠安，一国君臣如病狂然，吁，可怪也。"

这场被《宋史》视为"如病狂然"的荒诞闹剧，却是由宋真宗本人一手策划执行的，前后绵延十多年，被史家称为"天书封祀"。

至道元年（995）八月十八日，宋太宗赵光义正式昭告天下，立襄王赵元侃为皇太子，并改元侃为"恒"。颁布诏书那一天，帝国皇太子赵恒从皇宫出来，进御道，参拜太庙告慰列祖列宗，这是他首次以帝国继承人的身份在京城百姓面前亮相。北宋建国35年以来，第一次出现了名正言顺的太子。

至道三年（997），宋太宗驾崩，时年29岁的皇太子赵恒继位，是为真宗。用臣下的话来说，新天子正是"春秋正盛之时"。

实际上，继位之初，真宗也确实表现出了令人称道的明君风范，他任用贤能忠正的李沆、吕端等人为相，亲贤远佞，勤于政事，一手打造了"咸平之治"的繁荣景象。

那么，被《宋史》称为"英晤之主"的真宗，后来为何会热衷于充满迷信色彩的造神运动，变得"如病狂然"呢？这还得从澶渊之盟说起。

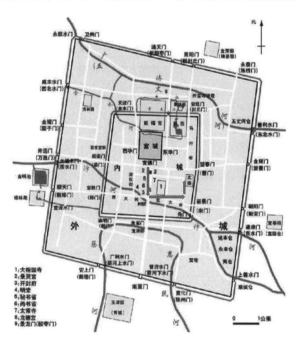

【宋真宗太庙祭祖图：真宗从宣德门进御道，经汴河大街到太庙祭拜祖宗，正式成为帝国太子】

注：宣德门是北宋皇宫最具政治意义的宫门，重要典礼与仪式都在此处举行。太庙祭拜是册封太子最重要的礼仪之一。所以真宗会从宣德门出来，通过御街，前往太庙。

突如其来的危机

景德元年（1004）秋天，对宋真宗来说，注定是一生中最难忘的时光。辽圣宗耶律隆绪和他的母亲萧太后，亲自率领二十万大军从幽州出发，兵分两路深入宋境，一路势如破竹，气势如虹。十一月下旬，辽军攻到了黄河北岸澶渊北城（今河南濮阳），准备渡河南进，占领宋帝国的首都开封。这一消息使北宋朝堂陷入一片前所未有的恐慌。以参知政事（副宰相）王钦若为首的妥协派，鼓动真宗南逃金陵（今江苏南京）避祸。以宰相寇准、毕士安为首的主战派，则严厉地驳斥了南逃的谬论，坚持主张真宗御驾亲征。两派互不相让，斗争得十分激烈。

宋真宗对辽军有着天然的惧怕。他的父亲宋太宗分别于太平兴国四年和雍熙三年两次出兵攻打辽国，均以失败告终。第一次战事中，太宗中箭成疮，留下了一生难以痊愈的病痛。第二次战事，太宗还在战场上与宋军主力失散，下落不明，险些引起朝纲动乱。两次对辽用兵失败，使得宋朝廷内部滋生了沮丧、妥协的低迷情绪。自此以后，宋帝国的对辽政策被迫由攻转为妥协退让。

然而，宋帝国的退让非但没能换来和平，反而助长了辽国的侵略气焰。他们不断地在宋辽边境烧杀抢掠，搅得民不聊生。至道三年（997），宋真宗继位。辽国变本加厉，趁着新帝登基，频频入侵宋朝。宋军虽然顽强抵抗，但还是胜少败多。

久而久之，宋真宗对辽军便产生了隐隐的畏惧之心。所以当妥协派与主战派在朝堂吵得不可开交时，他心理上更倾向于前者。

然而，他也深知，逃跑的代价十分惨烈。他将失去大河南北区域，引起统治政权的动摇。所以，百般纠结之后，真宗还是勉强同意了寇准等主战派的意见，亲自到澶州督战。行军途中，真宗的心思仍旧处于摇摆不定的状态。到达澶州南城后，他甚至想滞留不前，压根不想渡过黄河去澶州北城的前线。

最后，在寇准与殿前都指挥使高琼等人的反复劝说下，真宗才又启程。起初，战事对宋军极为不利。就在满朝忧心忡忡时，发生了一个令大家欣喜不已的转机。

十一月二十四日，辽军攻陷了开德府的德清军后，随即向澶州发起进攻，据《宋史》记载："是日，（主将挞览）率众抵澶州北……方为先锋，异其旗帜，躬出督战。威虎军头张瓌守床子弩，弩潜发，挞览中额陨……是夜，挞览死。"

在这场进攻中，辽国主将挞览战死，使得辽军士气大落，后撤数里，不敢再轻举妄动。与此同时，宋军被这次难得的胜利所鼓舞，气势大震。二十七日，宋真宗在一干臣子的陪同下抵达澶州。他登上北城门楼，张黄龙旗。众将士的豪情被激发，气势越发高涨："诸军皆呼万岁，声闻数十里，气势百倍，敌相视益怖骇。"

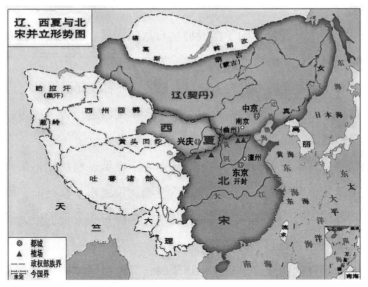

【辽北宋西夏时期地图，从图中可以清晰地看到北宋的边境生态】

胜利换来的和议

以辽国萧太后为首的政界高层，也看到了宋军方面的形势，深知再战下去的危机，于是派遣使者到宋营求和。

宰相寇准坚决反对。在他看来，辽军虽然号称二十万之巨，但他们孤军深入宋境，后勤补给接应不上。加上辽军沿途抢掠百姓，已然激起民愤，长久作战对他们极为不利。而宋军的数十万将士，由于真宗的到来士气大振。加上宋军后勤物资充足，深受百姓支持，胜算很大。而且，即便不能打败辽军，宋军也能以平等地位与之进行谈判。这样不仅岁币可免，被辽军掳走的宋朝百姓也能回归家园。

形势一片大好，为何要在最后关头功亏一篑？寇准怒发冲冠，火急火燎地赶到真宗面前，想要再次凭借三寸之舌，强硬手腕，劝说真宗坚持战斗。然而，妥协派早有准备，他们诬陷寇准拥兵自重，使得寇准百口莫辩。这一点恰好戳中了真宗最为敏感的神经。一方面，他不相信宋军能够战胜辽军。另一方面，他又害怕寇准等主战派在战争中攫取军权，进而威胁他的统治。

寇准感到十分无奈。为了摆脱拥兵自重的嫌疑，他不敢再强硬地反驳真宗，只好同意议和主张。

在种种幽微复杂的心思之下，真宗最终这样答复辽国使者："若屈己安民，特遣使命，遣之货财，斯可也。所虑者，关南之地曾属彼方，以是为辞，则必须绝议。朕当治兵誓众，躬行讨击耳。"

很明确，真宗谈判的底线是不割地，至于金钱、财物则不惜代价。他派遣阁门祗使曹利用为使臣，前往辽营谈判和议之事。临行前，他叮嘱曹利用，只要辽国退兵，不向宋朝要求割地，可以每年给他们银和绢，甚至许诺："必不得已，虽百万，亦可。"

然而，当曹利用从真宗行宫里出来时，立刻被寇准叫住。寇准严肃地对他进行了一番威胁："虽有敕旨，汝往，所许不得过三十万。过三十万勿来见准，准将斩汝。"和谈岁币若是超过三十万，回来我必然杀了你！

曹利用惊骇不已。他深知，寇准绝对有诛杀他的能力。最终，在多方斡旋之下，曹利用以三十万岁币谈成了合约。

这一年的十二月，宋辽双方签订和平协议。协议规定，宋辽结成兄弟之邦，两国以白沟河为界。宋朝每年给辽币银十万两，绢二十万匹。辽军从宋境内撤出。这就是宋朝历史上著名的"澶渊之盟"。

在两次征辽失败后，宋太宗曾派人向辽国求和。虽然没能达成和谈，但他却早早地规定了和议的条件。他曾对宰臣说："朕览史书，见晋高祖求援于契丹，遂行父事之礼，仍割地以奉之，使数百万黎庶陷于契丹。冯道、赵莹，位居宰辅，皆遣令持礼，屈辱之甚也。敌人贪婪，喝之以利可耳，割地甚非良策。"

从这项记载可以看出，宋太宗反对割地，却并不反对赔款。而"澶渊之盟"未割地，且只纳了三十万岁币便成功达成。这个结果对于真宗来说，显然是满意的。

实际上，宋真宗早在澶渊之役前就曾表达过对和议的看法："朕念往昔全胜之世，亦以和戎为利……又念自古獯鬻为中原强敌，非怀之以至德，威之以大兵，则犷悍之性，岂能柔服。"真宗受到历代"和戎"政策的影响，觉得"和戎"才是处理与辽国关系的最佳选择。只要辽国不强求割地，哪怕赔付百万岁币，他也是可以接受的。

然而，让他惊喜的是最后三十万岁币便顺利成约。协议签订后，他厚赏了寇准、曹利用等人，然后意气风发地踏上了回程之旅。

天子的心结

御驾亲征的结果如此圆满，真宗便越发庆幸当初听从了寇准等主战派的意见。此后，寇准所受宠信日隆。真宗甚至目送寇准离开。"准先退，帝目送之"，此等殊荣在历朝历代都是极为罕见的。

这让当初力主南逃避祸的妥协派尤为嫉妒。尤其是素与寇准不和的王钦若，澶渊之战中还曾被寇准派往最为危险的前线阵地。这无疑加深了他对寇准的恨意。

由于寇准在澶渊之役中起到了中流砥柱的作用。当时的朝野内外将他"比之谢安"，非常尊重。而寇准本人也忍不住自夸，"准颇自矜澶渊之功"。他性情旷达，不拘小节，有着政治家少有的率性和天真，丝毫不懂得低调。

王钦若等人便捕风捉影，网织罪名，时常在真宗面前进谗言，点出澶渊之盟的屈辱性："城下之盟，《春秋》所耻。陛下以万乘之尊与辽国立城下之盟，还要每年送银绢给辽国。难道还有比这更可耻的吗？"

"城下之盟"是指敌军兵临城下，被迫与其签订的休战条约，具有丧权辱国的意味。而王钦若引用"城下之盟"的典故来比喻澶渊之盟，指出宋朝在辽军兵临城下的情况下与辽达成议和，每年还要奉上三十万岁币，这是一件屈辱的事情。

王钦若这番话给了真宗当头一棒，也触动了他敏感的心结。他越想越觉得心绪难平。政治上，澶渊之盟使辽国成为与宋朝平起平坐的邻邦，称兄道弟。宋称辽为北朝，辽称宋为南朝，宋朝失去了以华夏正统自居的地位。经济上，巨额岁币增加了百姓负担。被掳走的百姓也未能被放归家园。这使得边境战后经济发展得非常缓慢。同时，撤退的辽军仍然维持着对宋朝强大的军事压力。

作为宋帝国的掌舵人，真宗一向有"比隆汉唐"的宏愿，绝对不能容忍自己费尽心机造就的和平局面来自"城下之盟"这样的屈辱协议。

澶渊之盟带来的喜悦与荣耀，似乎一夕间变成了洗不去的耻辱。真宗为此终日郁郁不乐，本以为澶渊之盟将使他成为被人称道的"太平天子"，没承想落得如此尴尬局面。这对真宗来说，无疑是一个沉痛的打击。太宗虽屡次败于辽国，但是没有签订任何耻辱条约。反而是真宗在澶州打了胜仗，却签订了这样的条约。中原上国的地位受到挑战，国人的自尊心也受到了伤害，确是奇耻大辱。

耻辱条约会写进史书。不管如何掩饰，终不能改变屈辱的事实。何况

【宋真宗御容】

丧权条约会使万民失望，寇准却在此役中捞足了威望。所以，真宗在深感屈辱的同时，危机感也相伴而生。

王钦若又时常添油加醋地激化矛盾，将矛头反复对准寇准，使得真宗的屈辱感和危机感无限放大。真宗渐渐地疏远了寇准，罢了他的相位，让他出知陕州。

寇准被贬出朝堂，但真宗内心的波澜却并未平息。

帝国是如何诞生的，他比任何人都要清楚。宋太祖赵匡胤通过谎报军情、陈桥兵变、黄袍加身等一系列历史闹剧，成功地从后周的孤儿寡母手中篡取了皇权，完成了王朝更替。虽为形势所然，却仍旧留下了得国不正的阴影。宋太宗赵光义取得政权的过程，更是扑朔迷离。"烛光斧影"和"金匮之盟"使他成为太祖之死的最大嫌疑人。他的皇位合法性始终备受争议。虽然他们都是雄才大略的治世明君，但窃国弑兄是于理不通，于情不容的悖德之实。

而真宗替代兄长赵元佐被立为太子，也有违传统，遭到不少非议。

宋太宗赵光义共有九个儿子。其中，嫡长子赵元佐、嫡次子赵元僖都曾先后被太宗视为太子人选。只是，赵元佐因太宗迫害秦王赵廷美而心生怨怼，情绪失常，被太宗厌弃。"准太子"赵元僖突发病症暴毙而亡，太子之位这才落到了真宗身上。

既为太子，当承绪皇位。然而，在他已被立为太子后，拥护赵元佐的呼声依然存在，朝堂内外不时响起"立嫡以长"的舆论声援。

太宗去世时，皇后李氏与太宗心腹宦官王继恩合谋，准备废黜时为皇太子的真宗，改立楚王赵元佐为帝。由于宰相吕端的强硬态度，皇后李氏的阴谋才没有得逞。

真宗也是经过激烈的宫廷斗争才登上帝位的。早年的种种遭遇，给他留下了难以磨灭的阴影，使得他始终有种会被取而代之的惶恐。

登基后，他在短短的十天内，便对五个弟弟和一个侄子进行了加官赏爵，封王封公。表面上看，是以亲情之名的皇恩浩荡，实际上却是无时无刻不提防戒备的忌惮。

他首次亲征契丹时，需要在京城留有一位坐镇者。五位弟弟中，他选了身患重病的赵元份。后来，由于赵元份身体羸弱，实在不能履行留守职责，他又暗中派参知政事王旦从前线回到开封辅政。

真宗的内心，对谣言和舆论始终是恐惧的。在他被立为太子后，"时有飞（蜚）语闻上（太宗）"。身处宫廷，他是在这种"飞语"的恐惧中长大的，对谣言便有着异于常人的敏感。比如，因为出现"有星孛于井鬼"的天象，他便放弃了自己的生辰庆典。

这种诚惶诚恐的心理，逐渐被他带入到政治生活中。宰相王旦的神道碑中记载了这样一件事："日者上书言宫禁事坐诛，籍其家，得朝士所与往还占问吉凶之说。真宗怒，欲付御史问状。"

这件事反映出宋真宗对"日者"交结"朝士"及"言宫禁事"等行为的敏感。为了控制流言蜚语，防患于未然，他还曾下诏："民间天象器物谶候禁书，并纳所司焚之；匿不言者死。"

追根溯源，对谣言和舆论的忌惮，还是源于真宗对皇位的担忧。这种担忧如噩梦一般，始终如影随形地缠着他。怎么巩固自己正统继承人的位置，怎么加强民间舆论的拥戴，成了他生命中最重要的事情之一。

而澶渊之盟在他心中打上屈辱的烙印后，这些陈年往事给他带来的不安和惶惧，便越发沉重了。

救赎之道

本想通过文治武功来赢得自己作为君王的威信，谁知事与愿违，反而增加了新的耻辱。真宗开始变得忧心忡忡。怎么掩饰"澶渊之盟"的耻辱？怎么巩固自己的帝位？怎么驱散心中挥之不去的阴霾，寻求心灵的平衡和安慰？……这些都是他的头等大事。于是，他把王钦若找来，询问解决之道。

据《续资治通鉴长编》记载，王钦若这般回答："陛下以兵取幽蓟，乃可刷此耻也。"意思是，派兵攻下幽燕之地，便可洗刷耻辱。

王钦若之所以这么答，皆因他深知真宗绝不会轻易用兵。果然，真宗拒绝了："河朔生灵，始得休息，吾不恶复驱之死地，卿盍思其次。"意思是说，朕不愿挑起战事，以致生灵涂炭，你再想个法子吧。于是，王钦若切入正题，如果不想用兵，只有大功业才可以"镇服四海，夸示戎狄"。而何谓大功业，便是封禅。

所谓"封禅"，《史记·封禅书》中早有记载："自古受命帝王，何尝不封禅……每世之隆，则封禅答焉，及衰而息。"

它是指古代帝王祭拜天地而举行的盛大典礼。在泰山上筑土为坛，而隆重祭天，报天之功，谢天之恩，称为封。在泰山下梁父山上辟场祭地，报地之功，谢地之恩，称为禅。只有政绩德行突出的君王才有资格封禅。

《左传》也说："三年不为礼，礼必废；三年不为乐，乐必坏。"

封禅，既可树礼，又可彰显大宋之强盛，何乐而不为？

实际上，王钦若并不是最早向真宗提议泰山封禅的人。早在景德四年（1007）的十一月，殿中侍御史赵湘就曾向真宗上书请求封禅，被宰相王旦果断地驳回。在王旦看来，社会尚未呈现承平气象，还不具备封禅泰山的资格："封禅之礼，旷废已久，若非圣朝承平，岂能振举？"

真宗当时的反应是"拱揖不答"，随后又顺着王旦的话说："朕之不德，安敢轻议！"

此时，王钦若旧事重提，不禁引起了真宗的极大兴趣。

然而他也知道，"封禅"需要有代表"天意"的"祥瑞"出现，否则，就显得名不正言不顺。可"祥瑞"是"世绝伦之事"，可遇不可求的稀罕事儿。王钦若再次为真宗指点迷津："天瑞安可必得，前代盖有以人为之。若人主深信而崇奉焉，以明示天下，则与天瑞无异也。陛下谓河图、洛书果有此乎？圣人以神道设教耳。"

言外之意是，前代已出现人为制造"天瑞"的先例，都被君王当作真的去宣传。陛下您觉得真的有《河图》《洛书》吗？那不过是圣人以神道设教罢了。

真宗虽然心动，但对这种崇鬼魂、弃人事的伎俩还是有几分心虚。最后还是龙图阁学士杜镐的一番话坚定了他为举行封禅而制造天瑞的决心。一天晚上，真宗驾幸秘阁，询问杜镐河图洛书是怎么回事。作为一代老儒，杜镐不明白皇帝问话的意图，随口回答："就是所谓'龙马负图出于河，神龟负书出于洛'，其实都是古来即有的圣人设神道为教而已。"

这话与王钦若的言论不谋而合。于是真宗心领神会，没有天瑞，那就人为来造！豁然开朗的真宗，至此开始了他大建宫观，封岱祀汾的大规模迷信活动。

【山西高平境内仙翁庙内壁画：《唐玄宗泰山封禅》局部】

宰相的"封口费"

虽然贵为皇帝，但要前往泰山封禅，仍旧有很多事情需要准备，首先就是取得臣子的同意。许多大臣通过王钦若得知了真宗的意图，纷纷附和。三司使丁谓从真宗对封禅的狂热中看出了仕途腾达的捷径。为了取悦真宗，他不但表示全力保障封禅的财政支出，而且不断煽动真宗大建宫观。他主持修建的昭应宫，后来成为"天降"祥符的重要场地。

然而，也有坚决反对封禅的清醒之士。龙图阁待制孙奭反复上疏力陈十不可，苦口婆心，言辞异常诚恳。但是，真宗只是对他嘉奖了一番，却对他的意见置之不理。除了孙奭，宰相王旦也不赞同泰山封禅。

为了取得王旦的支持，真宗先是派王钦若去做他的思想工作。王钦若与王旦沟通后，王旦陷入了沉思。思虑再三，迫于王钦若口中的"此乃官家之意"，他只好同意了。

在获得王旦的勉强同意后，真宗还是不放心，又在宫中安排了一桌宴席，单独邀请王旦前来赴宴。君臣二人开怀畅饮，让王旦倍觉温暖。王旦走时，真宗赏了他一坛美酒，并且对他说："此酒极佳，归与妻孥共之。"这酒特别好，回家和妻子、孩子一块儿享用吧。

对于这句意味深长的话，王旦也未多想。谁知他回家后打开酒坛一看，里面装的全是珠宝。天子竟然贿赂臣子，这可真是亘古未有的奇事。王旦知道，这是真宗给他的台阶，也是向他表达了封禅的决心，同时还是给他的昂贵的"封口费"。此后，王旦不再反对，转而积极支持。至此，由真宗君臣策划、导演的天书封禅闹剧便正式拉开了帷幕。

景德四年（1007）十一月二十七日夜里，真宗做了一个神奇的"梦"。这个梦里，有位星冠绛衣的神人叮嘱他，十二月三日要建好道场，因为一个月后上天将要降下三篇《大中祥符》神书给他。

他把这个"梦"绘声绘色地讲给了大臣们听。在满朝文武的一片恭贺声中，他赶紧为迎接神书的降临进行斋戒，并于正殿结彩坛九级，精心地做了大量准备。

果然，到了大中祥符元年（1008）正月初三，守门士兵在皇宫左承天门南角的鸱尾上，惊喜地发现了一条长二丈左右的黄帛，赶紧汇报给了真宗。

宋真宗当即率领群臣到朝元殿拜迎。宰相王旦担心"天书"万一出现什么不好的内容，于是建议让群臣回避。结果被宋真宗胸有成竹地拒绝了，他说："虽神人云勿泄天机，朕以上天所贶，当与众共之。"虽然梦里的神人说，天机不可泄露，但朕想要与大家分享。

于是，他当众启封了"天书"，大家一看，上面大剌剌地写着："赵受命，兴于宋，付于恒，居其器，守于正，世七百，九九定。"

随后，王旦代表群臣向真宗祝贺："陛下以至诚事天地，仁孝奉祖宗，恭己爱人，夙夜求治，以致殊邻修睦，旷俗请吏，干戈偃戢，年谷屡丰，皆陛下兢兢业业，日谨一日所致也。臣等尝谓天道不远，必有昭报。今者，神告先期，灵文果降，实彰上穹佑德之应。"

铺天盖地的溢美之词为真宗带来了精神上的极大愉悦。他显然不打算就此停歇。四月初一，"天书"再次降于大内功德阁。

五月十七日夜里，真宗又做了一个"梦"。梦里的神人告诉他，下个月上旬会有"天书"降于泰山。结果又如"神人"的预示，六月六日，"天书"果然再降于泰山醴泉之北，内容也与之前如出一辙，都是赞颂真宗的统治。

很显然，对于"天书"何时降临，降于何处，以及里面写着什么，真宗知道得清清楚楚。这样的巧合多了，不得不让人疑惑重生。这与汉明帝刘庄梦神迎佛如出一辙的做法，也并不是什么别出心裁的手段。至此，哪怕事前不清楚咋回事的人，也琢磨出了点儿别样的味道。

但令人瞠目结舌的是，真宗的做法并没有遭到太多大臣的反对。他们反而一味地迎合真宗，极力配合他的表演，对"天书"也表现出无与伦比的恭敬，并且适时地大肆歌颂真宗治下的"太平盛世"。在他们的推波助澜下，"天书"逐渐演变成了一场令帝国上下都如痴如狂的迷信活动。

"天书"屡降后，各地不断地进献芝草等祥瑞，舆论造势已然非常成功。接下来便是最重要的戏码，泰山封禅。

"天书"首次降临后的两个月，兖州父老吕良等1287人诣阙请真宗前往泰山封禅，接着又陆陆续续有大臣上疏请求封禅。第一次自然是不能答应的，于是又上演了第二次封禅请求，"己卯，诸道贡举人兖州进士孔谓等八百四十人伏阙下请封禅"。

后来，宰相王旦亲自率领文武百官、诸军将校、州官县吏、僧人道士等24370多人，上疏请求真宗"封禅"。前后高达5次之多的封禅请求，在帝国内掀起了"封禅"的狂热氛围。

有了这些上表，宋真宗东封泰山、西祀汾阴、建造玉清昭应宫等一系列大规模迷信活动，就有了顺理成章的舆论借口。于是，真宗便"顺应民意"，开始了他筹划已久的造神活动。他下诏于皇城西北天波门外建造玉

【《景德四图·契丹使朝聘图》局部，现藏于台北故宫博物院，画面为宋真宗接待辽使。】

清昭应宫，用来供奉"天书"。毫无疑问，如此人数众多、十分频繁的大规模"请封"活动，若不是提前安排，是很难组织起来的。真宗在其中起到了什么作用，不言而喻。

抹不去的伤痛

据格尔泰《契丹文字研究》所载，"契丹"俩字的原意便是"中央"。辽太祖称为"天皇帝"，辽世宗称为"天授皇帝"，辽景宗称"天赞皇帝"等。种种迹象表明，辽国一直都有与宋朝争夺统治中国正统地位的野心。宋朝统治者面对辽国的虎视眈眈，显然十分不安。他们需要采取一些措施来宣扬自己的正统性。

据《宋史》记载，辽人十分敬畏天地神灵，非常迷信："契丹其主称天，其后称地，一岁祭天不知其几。猎而接手雁，鹘自投地，皆称为天赐，祭告而夸耀之。"

所以真宗便利用辽人这一习俗，费尽心机地大搞东封西祀等神道活动，宣扬宋帝国受天命保佑，企图以精神胜利法来重塑中原上国的形象，以此震慑辽国，消除他们的觊觎之心。特别是在酌献天书的时候，真宗故意邀请辽国使者陪列，无非就是让辽人相信赵宋才是天命所归，正统之尊。

假托神灵的旨意伪造"天书"，接着大搞封禅祭祀活动，仿效秦始皇、汉武帝、唐明皇，以各种各样的仪式来巩固自己的统治，大肆吹捧自己缔造的"太平"盛世，乘机转移臣民对澶渊之盟的不满与消极情绪，同时还能向辽国宣示大宋的中原上国地位。对此，真宗是非常满意的。

这一系列疯狂的造神活动，是否真的挽救了民意，震慑了辽国，自古以来莫衷一是。至少真宗在自欺欺人的假象中，虔诚地相信了。

乾兴元年（1022）二月，真宗在病痛中走到了生命的尽头。十月份，仁宗在宰相王曾、参知政事吕夷简的建议下，以"殊尤之瑞专属先帝，不可留于人间"为理由，下诏让"天书"陪葬真宗永定陵，给他的父亲留下了最后的体面。

天圣六年（1028）的六月，玉清昭应宫被雷火焚毁，仅余长生、崇圣两座小殿。多年来对真宗天书封禅行动压抑的不满和怨憎，如决堤的洪水，在朝堂内外汹涌流溢。仁宗与皇太后刘娥对群情早已心知肚明，在巨大的舆论压力之下，不仅没有追究玉清昭应宫守卫者的失职之罪，还下诏不再修复玉清昭应宫。持续了二十年之久的造神闹剧，至此终于画上了最后的休止符。

闹剧终结了，但它的影响却是顽固地留了下来。

庞大的造神活动消磨了帝国臣民的意志与进取精神，给百姓带来了沉重的负担，也给真宗的子孙后代不思进取带来了名正言顺的借口，对国祚更是产生了深远的影响。从此赵宋开始走上了积贫积弱的道路。

后来的赵宋皇帝"推崇祖宗之法"，有样学样，丝毫不以屈辱求和为耻，败了求和，胜了也求和，无论胜败都是宋朝付出沉重的代价。

靖康末年，徽、钦二帝因澶渊之盟的先例而盲目地相信金人，迷信和议，连续做出了许多错误的决策，贻误战机。金军兵临城下之时，钦宗竟然大搞迷信，把退敌希望寄托于小兵郭京的法术，指望他率领"六甲神兵"与金军对战，直接导致了北宋的覆灭。南宋时，宋高宗赵构几乎重走了真宗的老路。宋军在战场上完全占优势的情况下，与金国签订了更屈辱的绍兴和议，接着又有隆兴和议、嘉定和议，导致宋朝成为我国历史上和议最多的朝代。

宋朝迷信盛行，与真宗造神运动有着脱不开的关系。南宋初期，甚至还出现了一个名为"吃菜事魔"的邪教组织。推本溯源，这个邪教组织竟是受到真宗时期造神运动的"启发"。虽然最后吃菜事魔教被南宋军队强力镇压，但也消耗了大量的人力物力，损伤了国体。

策划并执行这场浩大历史骗局的真宗君臣，实在难辞其咎。

据《续资治通鉴长编》记载，王旦晚年对自己当初在天书封禅中的妥协懊悔不已，每每为之"悒悒不乐"。苏辙在《龙川别志》中这样评价他："虽以富贵终身，而实不得志也。"这句话是对王旦一生最好的注解。生命的最后时刻，这位毕生忠正高洁的贤相，怀着深深的遗憾叮嘱家人："遗令削发披缁以敛，盖悔其前之为也。"想必，他生前便已预料到，这场君臣共欢的闹剧，将会对帝国产生多么棘手而深远的荼毒。所以王旦才忧心忡忡，背负着生命中唯一的污点，郁郁而终。

2. 不想当皇帝的皇帝——宋英宗"装病"背后的深切隐痛

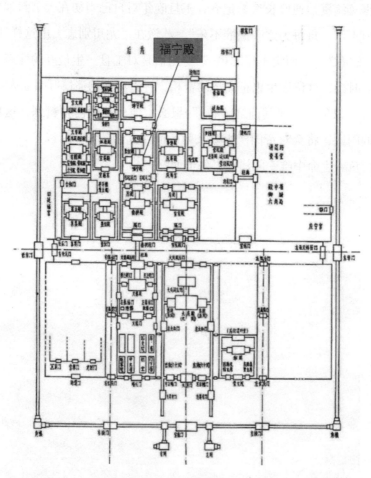

【北宋东京宫城复原图局部，其中福宁殿为北宋历代皇帝居所，
仁宗与英宗、神宗、哲宗皆在该殿病逝】

由于赵宋皇族的家族遗传因素，历代皇帝子嗣单薄者众多，有多位皇帝一生都在苦苦追求"生子"，宋仁宗便是其中最执着的一位。但令他压抑、绝望的是，他苦求了一生还是未能如愿。为了"生子"，他将自己金尊玉贵的帝王生活过得筋疲力尽。他很累，他的臣子也很累。而四岁便被他收为养子的英宗赵曙，更是留下了刻骨而难愈的心理创伤，并在多年后任性地发泄了他心中的愤懑。

在很多人眼中，狄青与岳飞是如出一辙的悲惨命运，皆死于君王的猜忌和崇文抑武的国策。实际上，他俩很不一样。宋仁宗从始至终都无比信任狄青，最后贬谪狄青，并不是他本人的初衷。那么，既然宋仁宗信任狄青，为何又听从满朝文官的意见，贬谪狄青呢？

嘉祐八年（1063）四月一日清晨，宰相韩琦、曾公亮，枢密使张昪，参知政事欧阳修、赵概等机要宰臣在内侍的引导下，匆匆来到福宁殿宫阶下。仁宗皇后曹氏含泪宣告仁宗驾崩的消息。随后，在宰臣的建议下，曹皇后立即宣皇子赵曙进宫。

据《续资治通鉴长编》记载，得知仁宗驾崩后，赵曙吃惊不已。当韩琦请他即刻继位时，他惊慌失措，一面说着："我不敢为，我不敢为!"一面转身便逃。

无奈之下，韩琦等人只得追上去把他紧紧抱住。有的为他戴御冠，有的为他穿御服，总算安排妥当。随后，韩琦命人召集百官及宗室到殿前听诏。

垂拱门外，百官整整齐齐地排成队列，等待宰相前来领班参加朝会。在他们看来，这只是与以往一样寻常的一天。然而他们等了许久，宰相都没有来。他们不免有些纳闷。忽然，刺耳的丧钟声从宫中远远传来，在每个人心头沉重地回荡着。

内侍来到殿前，宣布仁宗已在昨晚深夜升遐，要百官到福宁殿听旨。百官落泪，一路哭着前往福宁殿。待众臣列班就位，宰相韩琦拿出遗诏宣读。

遗诏宣读完毕，百官依次进入福宁宫东楹。这时，内侍扶出散发被面，身着御服的赵曙。百官拜倒在地，痛哭不止。

赵曙望着朝拜的百官，木然无言。韩琦看到这番情景，示意内侍赶紧扶新皇回宫。百官之后依次退出。第二天，仁宗驾崩的消息公布天下。同时宣布，帝国的新皇已在昨日登基，是为英宗。

诈病的新帝

虽然即位时很是折腾了一番，但即位后英宗还是给帝国臣民交出了一份亮眼的答卷。他对政事"辅臣奏事，必详问本末，然后裁决，莫不当理"，处处透露出一种朝气蓬勃的生机与审慎。短短几日，朝臣们已感受到新皇的持重与精明，无不庆幸一位"明君"的到来。

然而，他们很快便被英宗突如其来的"不豫"打得措手不及。四月五日，英宗忽然染疾，竟到了"不知人，语言失序"的程度。

四月八日是仁宗大殓的日子，英宗的病情突然加剧，竟在仁宗灵柩前号呼狂走。众臣面对这种突发状况很是无措。关键时刻还是宰相韩琦当机立断，持杖拉下帏帘，抱住英宗，又命内侍加意护持，从而避免了更为尴尬的场面。

此种情况，英宗显然无法再如常处理政务。韩琦与两府执政商议后决定，请曹太后垂帘听政，权同处分军国大事。

为使英宗早日康复，宰执们先后到郊坛、宗庙、社稷坛、景灵宫以及京师各大寺庙道观为他祈福，又派出二十一名使臣分赴各名山大川祷告。宰相韩琦还时常到宫中探望。然而，他们很快便难过地发现，英宗的脾气越来越大，性情也随之变得怪异、乖张。对于治病，他丝毫不予配合。自他患病以来，就经常拒绝服药。韩琦亲自端着药盏喂到嘴边，他还是很不留情地推开，药汤洒了韩琦一身。曹太后连忙命人取来衣服让韩琦换上，韩琦说："不敢。"曹太后无奈地说道："相公殊不易。"曹太后又命皇子劝英宗喝药，但英宗仍旧不理不睬。

此外，性情无常的英宗，对内侍时常毫无道理地打骂。侍者向曹太后哭诉，曹太后劝解英宗谨记身份，莫失体面。然而英宗丝毫听不进劝言，甚至还对曹太后出言不逊。曹太后满腹委屈，韩琦无奈之下只好尽力开解，只等英宗病愈。然而英宗健康状况却反反复复，令人越发担忧。据《续资治通鉴长编》记载，英宗有几次看着面色红润，步伐健朗，但是说倒就倒，毫无征兆。

四月二十四日，群臣进殿探望英宗。大家没想到他竟然卷起帘子出来接见。众臣喜出望外，请他恢复听政，英宗欣然应允。然而一个月后，他又突然病倒，调养许久，终于在七月十三日开始临殿视朝。但是英宗整个人木然地端坐殿上，不论群臣所奏何事，都一言不发。

御史中丞王畴无奈进言："庙社拥佑陛下起居平安，临朝以时，仅逾半载，而来闻开发听断。德音遏塞，人情缺然……陛下何不坦心布诚，廓开大明，以照天下？外则与执政大臣讲求治体，内则与母后请所未至，延礼贤俊，咨访忠直，广所未见，达所未闻。若陛下朝行之，则众新夕安矣。"

尽管王畴态度诚恳，所奏有理有据，但英宗还是不发一言。群臣反复进言，英宗仍旧毫无反应。大家担忧之下不免疑惑，英宗所患到底是何疾病？医官宋安道等人一直称英宗"六脉平和，体中无疾"。许多人开始怀疑英宗不是真的有病，而是在装病。但他们无法言明君王装病，只好拿医官说事。

嘉祐八年（1063）八月，知谏院司马光上疏道："臣谓陛下不宜赦其罪戾，留在京师，并乞发遣，令赴贬所。"接着，司马光又提出选择良医的办法："臣愚伏望陛下思一身之安危，系群生之祸福，操自重惜不可因循，博访京邑四方通医术者，精择一人，使之专诊御脉，听用其言，服食其药。若旬日之间，垒无应数，则斥去不用，别更择人。如此必遇良医，痊复有日。"

这道奏疏呈上去后便石沉大海，英宗不理不睬，未曾给予任何回复。转眼间到了十一月仁宗送殡的日子，英宗理应亲主虞祭。然而到了那一天，英宗却称病不出，只有曹太后孤零零的一个人到琼林苑迎奠，致使殡仪不成。

至此，朝臣积郁多时的不满，终于爆发了。他们更加确信英宗是在装病。但他们到底顾忌君王的体面，没有直接指责英宗不忠不孝，仍旧拿为他治病的医官宋安道、甄立里、秦宗一、王士伦等人说事。

知谏院司马光再次上疏："窃闻宋安道等每奏皇太后及语大臣，皆云陛下六脉平和，体中无疾，现在皇上却病得不亲虞祭。如此欺蔽之罪，应予诛殛。"他们还要求，由太后重选良医，由一名大臣、一名皇子与内侍、御医一起服侍英宗用药。

折腾多时的英宗意识到朝臣的强烈不满与抗议，磨磨蹭蹭地拖了四天后，终于"病情缓解"，亲自到集英殿为仁宗祭奠。然而，祭奠时，他竟一滴眼泪也没落，群臣不免惊愕。因为此时的眼泪已不是感情亲疏的问题，而是无法越过的礼仪。但英宗仍旧一滴眼泪也无。

众臣无奈，最后还是礼官临时改变礼仪，规定自今开始采用新法，名曰"卒哭"才将此事遮掩了过去。所谓卒哭，意为亲祭虞主而不哭。

那么，英宗身为一国之君，为何要装病呢？实际上，这与他内心无法释怀的隐痛有关。而这隐痛，正是仁宗皇帝一手造成的。

	翰林医官院	太医局	御药院	尚药局
服务范畴	宫廷、官员、军队、学校	宫廷	专为宋代皇帝服务	专为宋代皇帝服务
隶属部门	内侍省	太常寺	起初隶属于入内内侍省，宋徽宗年间并入殿中省尚药局	殿中省
存在时期	宋太宗——终宋	宋神宗——终宋	宋太宗——宋钦宗	宋徽宗——宋钦宗
管理人员	医官使、副八人、直医官院七人、尚药奉御十二人	提举一人，判局二人，科置教授一人	勾当官四人（宦官）	典御二人，奉御六人，监门二人
工作内容	为宫廷提供医疗和用药服务，"承诏"为大臣、百官、军旅、学校等诊疗用药，负责校勘、编纂医书，管理御药院和六尚局，考试选拔御药院和六尚局医官。翰林医官院既是宫廷医疗卫生服务机构，又是医药行政管理机构。	宫廷医学院，培养医学人才	负责保管、检验、核对供奉的药物名称、剂量、质量、性质、题封等，负责奉命出使颁赐药物。	尚药局与御药院一起负责供奉御药。尚药奉御的职责是掌管合和御药及诊方脉事。合和御药时，尚药奉御与殿中监共同监视，直至药成。皇帝服药前，需要尚药奉御先尝，然后才服用。

【宋代官方医疗体系】

仁君的无子之殇

宋景祐元年（1034）八月，24岁的仁宗生了一场大病。年轻的皇帝膝下无子，帝国臣民在担忧君王龙体的同时，还担忧帝国继承人的问题。

为了帝国江山得以平稳延续，在朝臣的执着劝谏下，仁宗最终同意择宗子作为皇嗣备选。次年二月，由杨太后出面将汝南王赵允让年仅四岁的第十三子选入宫中，以充皇嗣，赐名"宗实"。

虽然赵宗实被选入宫中，但仁宗并未明确其皇子身份，更没有明确其皇储身份。在仁宗的内心深处，这显然只是一个暂且妥协的权宜之计。他才25岁，心中还盼着自己的儿子降生，来继承他的基业。

景祐四年（1037），在朝堂内外殷切的期盼中，仁宗的长子赵昉降生了，然而出生当日便不幸夭折。仁宗伤心之余，继续等待着下一个儿子的到来。

宝元二年（1039）八月，仁宗次子在他的渴盼中平安降生。仁宗怀着喜悦的心情把8岁的赵宗实送还汝南王府。然而不幸的是，这个孩子在康定二年（1041）二月再次夭折。八月份，仁宗三子赵曦降生。幸运之神同样没有眷顾这个孩子，于庆历三年（1043）突然暴亡，仍是不到两岁便夭折了。

虽然接连失去三个儿子，但仁宗还是不想选择宗室之子作为继承人，他仍旧寄希望于自己诞育。帝国臣民在同情仁宗的同时，却也不免心忧。大臣们一次次上疏直谏，早立皇嗣，却都被仁宗以各种理由搪塞过去。

至和三年（1056）除夕之夜，开封府大雪压境，宫中一所宫殿的房架被压折。帝国臣民陷入一片哀思。包括仁宗本人在内都认为，这是天谴。

宋仁宗忧心忡忡。他向来重视祈禳，正如《宋史》记载，"一遇水旱，或密祷禁廷，或跣立殿下"。于是，对于这次"天谴"造成的宫殿事故，他再次选择"跣立殿下"，赤着双脚，站在冰天雪地之中，虔诚地向上天祷告。

第二天是正月初一，照例要在大成殿举行朝会。然而，仁宗在前晚的祈禳中沾染风寒，刚卷起殿上的帘子，竟突然晕倒，无法成礼，"既卷帘，上暴感风眩，冠冕欹侧"。无奈之下，近侍只好又放下帘子，并"以指抉上口出涎"。这样仁宗才勉强没有失态，完成了朝会礼仪。

正月初五，仁宗在紫宸殿设宴款待前来贺元旦的辽国使者。宰相文彦博捧酒登阶为仁宗贺寿。然而仁宗却胡言乱语，文彦博见他这副模样才知其病情未愈。正月初六，辽国使者入紫宸殿向仁宗辞行。谁知使者刚走到庭中，便听到仁宗语无伦次地呼喝。宰相文彦博无奈，只好向辽国使者解释，仁宗因饮酒过量，无法亲临宴席，将由朝臣在驿馆设宴，代授国书。

此后数日，仁宗病情非但没有好转，反而越来越重，时常神志迷离，言语错乱。仁宗竟当着前来问安的朝臣大呼："皇后与张茂则谋大逆！"内侍张茂则听说后一时想不开，悬梁自尽，幸亏被解救下来。而曹皇后因为这句昏话，也不敢在他身旁侍奉。无奈之下，两府执宰不得不留宿宫中，日夜焚香，为仁宗祈福。

仁宗的这次风寒来势汹汹，缠绵数月。直到三月份，仁宗才逐渐康复，开始处理政事。

在皇权专制的封建时代，皇帝的身体状况与政治息息相关。仁宗在没有皇嗣的情况下重病，其中潜藏着深刻的政治危机。这无疑会令朝堂内外担心忧惧，"上始得疾，不能视朝，中外忧恐"。

在仁宗缠绵病榻的三个月期间，帝国政事全部由两府宰执操持。宰相文彦博承载着满朝的期望，多次向仁宗进言，劝他早立皇嗣。仁宗在百般无奈之下只得应允。但当执宰准备把赵宗实的名单正式上报时，仁宗的病竟奇迹般地好转。

身体微愈，仁宗又燃起了自己诞育皇嗣的希望。对择宗室之子为皇嗣的话题，他再也不提。群臣自然也揣摩出圣意所在，也不敢再对此事多言，但他们显然并没有就此放弃。

这一年五月份，仁宗的身体依然没有痊愈。知谏院范镇向仁宗上了第一道请立太子的奏疏："陛下置谏官者，为宗庙社稷计也。谏官而不以宗庙社稷计事陛下者，是不知谏官之任也。陛下不以臣愚，任之谏官，臣敢不以宗庙社稷计献于陛下乎？……今祖宗后裔蕃衍盛大，信厚笃实，伏惟陛下拔其尤贤者，优其礼数，试之以政，与图天下之事，以系天下之心。异时诞育皇嗣，复遣还邸，则真宗皇帝时故事是也……"

在这封奏疏里，范镇建议仁宗向他的父亲真宗学习，先从宗室之中挑选合适的人选养于宫中，以做皇嗣储备，等到他成功"诞育皇嗣"后，再把宗室子"复遣还邸"。

宋真宗时，皇子也曾接连早夭，导致无皇嗣可承大统。在群臣的谏言下，真宗最终把商王赵元份之子赵允让接入宫中，作为皇嗣储备。但宋真宗于 1010 年成功诞下皇子（即仁宗）后，就把赵允让又送回了商王府。

范镇的奏疏在朝中引起轩然大波，宰相文彦博对他此举颇有微词，认为他应该与宰相提前商议，不应如此贸然行事。

范镇凛然地表达了他的态度与决心，这般答道："镇自分必死，乃敢言。若谋之执政，或以为不可，亦岂得中辍也。"

御史中丞张昇很快表示支持。他率领御史台上殿，要求面见仁宗。此时仁宗病情虽缓，仍然没有痊愈。他把张昇的奏疏交给中书门下，"逾月未蒙施行"。

时任并州通判的司马光听到范镇上疏立嗣的消息，立即给他写信，鼓励他："不言则已，言一出，岂可反顾，愿公以死争之。"

范镇苦口婆心的建言并没有被仁宗采纳。仁宗的沉默已然传递了他的心声。一些本打算附议范镇的朝臣便有些畏缩。但也有些人毫不畏惧，比如司马光等人都曾公开表示对范镇的支持。

范镇的首次劝谏失败了，却就此开启了长达六年之久的"立储之议"。

虽然朝臣们力主"立储"，但又不能直接将原因归于仁宗健康状况不佳，随时有可能驾崩。于是，寻一个冠冕堂皇的依据，光明正大地劝谏仁宗立储，变得尤为关键。这些依据之中，最常用的便是"灾异天谴说"，以"上天的意志"作为他们"立储之议"的立足点。

将军之死

至和三年（1056）除夕夜的开封大雪，致使仁宗重病长达半年之久，然而这只是这年灾难的开端。正月月末，开封再降大雪。五月二十四日黄昏，开封府的天空先后滑过两颗耀眼的流星，不久天降大雨。

这场大雨来势汹汹，昼夜不停地下了好多天。城外积蓄的大水冲断了安上水门的门关，注入城中。开封府顿成一片汪洋，数万屋舍被大水冲毁。百姓乘着木筏在街巷中无助地飘荡。这场大雨给开封城造成了极大的伤亡。"京师大雨不止，逾月，水冒安上门，门关折，坏官私庐舍数万区，城中系筏渡人。诏辅臣分行诸门。而诸路亦奏江河决溢，河北尤甚，民多流亡。"

六月份，知谏院范镇再次上疏，要求仁宗下诏求言，让朝臣可以就水灾畅所欲言。醉翁之意不在酒，他的上疏显然是想通过这次"求言"让朝臣积极促进"立储"。

忧心灾情的仁宗并不了解朝臣的心思。他应范镇所请下了罪己诏，把水灾原因归于自己失德所致的天谴，"乃者淫雨降灾，大水为举，两河之间，决溢之患，皆朕不德，天意所谴"，并恳切求言："招徕善祥，以福天下。"

于是，原本只是台谏官员职责的"立储之议"，被扩大了范围，全体朝臣都可以就此事发表看法。

之后，范镇继续上疏，指出仁宗没有子嗣，又不同意择宗室子充皇嗣，这是对宗庙的懈怠与不敬，所以才导致天谴。那么，若想消除天谴，唯有"重宗庙"，早日选择宗室子到宫中充任皇储。

范镇说得头头是道，即避开了仁宗健康状况不佳的忌讳，又达到了提议立储的目的。

帝国朝臣这次并没有打算照顾仁宗的敏感心结。朝臣之中附和范镇奏疏的人数越来越多。翰林学士欧阳修、知制诰吴奎、观文殿学士庞籍等人也从天谴所致水灾的角度劝说仁宗早立皇储，以此来消除天谴。

在至和三年（1056）五月到八月，将近四个月时间里，知谏院范镇上了不下八封立储奏疏。他认为，身为谏官，担负着"为宗庙社稷计"的重大职责，所以奏疏中言辞颇为激烈，甚至多次以死相谏。司马光、欧阳修、赵抃等朝臣也都与范镇同议。

然而，令他们失望的是，仁宗始终"不为所动"。

此时，仁宗的内心正承受着巨大的煎熬，远非表面体现得那般稳如泰山。他历来极为重视"灾异"，面对帝国朝堂内外汹涌的舆情，他根本无法做到熟视无睹。

但即便如此，仁宗自有他的坚持，他仍旧渴盼着诞生自己的儿子，不愿从宗室之中择人充任。

双方互不相让，事情就此陷入了僵局。正在这时，仁宗发现了一丝微妙的转机。在群臣强烈建议他立储的滔滔声浪中，有一部分是讨伐枢密使狄青的。

狄青，字汉臣，大中祥符元年（1008）出生于汾州西河县。他少时从军，勇武善战，曾于皇祐五年（1053）领兵夜袭昆仑关，平定了侬智高之乱，凭借卓越战功步步攀升，终被仁宗委任为帝国最高军政长官——枢密使。狄青也因此为天下人瞩目，名望极高。

【宋仁宗御容】

由于宋帝国重文抑武的基本国策，枢密使历来多由文官担任。狄青以武人身份担任枢密使，遭到了满朝文臣的猜忌，贬黜他的呼声一直存在。

仁宗重病之时，坊间有传言称狄青家的狗有"异象"，导致朝中文臣对他的敌意加剧。开封水灾时，狄青"避水徙家相国寺，行止殿上"，因避水到相国寺暂居，他竟然坐在相国寺的大殿上。这种"僭越"之举引起了轩然大波。帝国朝堂内外，一时间谣言四起，纷纷喻示狄青便是"天命之象"。

朝臣纷纷上疏，要求贬谪狄青，方能消除天谴。其中，言辞最犀利的要数翰林学士欧阳修。他认为灾异频发，一方面是因为皇帝无嗣，另一方面是因为帝国对狄青这样的武臣太过重用，"至于水者阴也，兵亦阴也，武臣亦阴也，此类推而易见者，天之谴告，苟不虚发，惟陛下深思而早决，庶几可以消弭灾患，而转为福应也"。所以他在建议立储之余，也请求仁宗将狄青外放。

仁宗的沉默，并没有打消欧阳修的热忱。他此后数次上疏，一再申明自己的观点，强烈要求罢免狄青的枢密使之职。

这个宋史超有料

后知后觉的仁宗猛然意识到，他与狄青一起，被悄然放在了帝国朝臣的对立面。当他与狄青一起遭遇舆论讨伐时，他只能牺牲狄青。于是，狄青被罢免，出知陈州，转移了天谴的矛盾。而这时，恰好灾异现象奇迹般地消失了。

范镇等人以灾异要求立储的理论依据便没有了。但范镇的忠诚最终还是感动了仁宗。对这个为了国事须发尽白的老臣，仁宗流着泪说道："朕知卿忠，你的话是对的。但请等上三二年，朕定会有所交代。"

这一年，仁宗47岁。也就是说，他许诺50岁之前定然解决东宫缺位的问题。因为这句承诺，朝臣终于暂时放过了仁宗，不再提及立储之事。

第二年（嘉祐元年，即1056年），狄青在巨大的心理压力下，暴死于陈州，终年50岁。仁宗得知后十分悲伤，亲自为他题碑"旌忠元勋"，并赠官中书令。狄青死后获得如此殊荣，是仁宗对一代名将零落成尘的惋惜，又何尝不是他内心无法言说的愧疚。

冷却的心绪

狄青死了，仁宗的难题仍旧在继续。嘉祐三年（1058）六月，开封知府包拯被任命为权御史中丞。这位威震帝国的刚正之臣，一上任便戳了仁宗的心窝子。包拯当面向仁宗提起立太子的问题："万物皆有根本，太子乃是天下根本，根本不立，祸孰大焉！"

仁宗质问道："卿欲立谁？"

皇帝的怒火，并没有让包拯退却。他慨然回答："臣才能低微，却被委任御史中丞之重责。请求陛下预立太子，是为陛下的宗庙万世考虑。陛下问臣欲立谁，是怀疑臣。臣马上就是70岁的老翁了，也没个儿子，并非想借此给后人谋啥好处，还请陛下明察。（此时的包拯不知道被自己赶出家的小妾已经为他生了个儿子）"仁宗这才释怀，缓和了语气告诉他，需要再考虑些时候。

嘉祐三年（1058）下半年，一直孜孜不倦地劝告仁宗择宗室子入宫的朝臣们，突然集体沉默了。原来仁宗有两位妃嫔董氏和周氏先后怀有身孕。帝国内外喜气洋洋。所有人都期盼并等待上天会降下一位皇子，以解君王之忧。

负责宫廷事务的内侍省加紧修建了一座潜龙宫，准备给即将出世的皇子居住。他们早早预备了大量金帛、器皿、杂物，以供仁宗喜得皇子时封赏内外。

在这洋溢着喜悦的静默中，韩琦突然提议在宫中建学馆，挑选宗室中谨厚好学之人入馆内学习，再从中挑选"可属大事"者。

仁宗回答道："后宫一二将就馆，卿且待之。"此时仁宗仍旧充满希冀，盼望董氏、周氏两位妃嫔能够如愿诞育皇子。

然而，这场孕事，不论对仁宗，抑或对帝国臣民，终究还是空欢喜一场。嘉祐四年（1059）四月二十五日，董氏生下了九公主。一个月后，周氏生下了十公主。

之后两年，十一公主、十二公主、十三公主先后诞生，仁宗到底没能盼来一位皇子。那座充满希冀的潜龙宫，终究没能迎来它的小主人，在满腔愁云中成了仁宗化不开的心伤。

这一年，仁宗已经52岁。随着年龄的增长，他的身体越发羸弱。依靠后宫诞育皇子的希望，似乎变得遥不可及。

嘉祐六年（1061）五月份，翰林学士宋祁因病去世。弥留之际，他向仁宗上了一道遗奏，劝告他早择宗室子入宫："此定人心、防祸患之大计也。"

六月份，宰相富弼因母丧去职，离京前向仁宗上了一封谢表。在这封谢表中，他语气温和地安慰仁宗，保重身体，无须为皇嗣太过忧心。富弼这种模棱两可的态度，让提议早立皇嗣的朝臣无比愤怒。

八月份，司马光给仁宗上了一封奏疏，请他兑现至和三年向范镇等朝臣的许诺，早立皇嗣："如此则天地神祇、宗庙社稷、群臣百姓，并受其福，惟在陛下一言而已。"自仁宗发病以来，已不怎么开口说话。朝臣奏事时，他也多是聆听，并时而点头示意。这一次，他同样陷入了长久的沉默。司马光心思涌动，不知皇帝此番会做何反应。

突然，仁宗开口了，艰难地问道："难道必须要选宗室作皇嗣吗？"还未等司马光作答，他又说道："这是忠臣之言，寻常人是不敢提及的。"

此时，仁宗的思想终于有所动摇。他令司马光将劝嗣的奏疏交给中书。这一年九月份，司马光再次提及立嗣的奏疏。因为他之前每次进谏，仁宗都欣然听取，但始终未有真正的决断。司马光以唐文宗拖延立嗣造成国家动荡的教训为例，苦口婆心地劝说仁宗，为国祚永续，须得早日定下皇太子。

也许终于渐渐接受了自己不能诞育皇子的现实，仁宗深有感触，立即让司马光将奏疏直接送到中书省。

不久，知江州吕海也上了一封奏疏。这位前谏官言辞激烈地列举了近期发生的诸多灾祸，将它们统统归于阴气过盛，唯有早日立嗣方能稳定帝国根本："念根本之重，为宗庙之计，审择宫邸，以亲以贤，稽合天意。"

经过锲而不舍的艰难劝谏，和漫长的拉锯等待，仁宗最终还是在哀伤与无奈中妥协了。盼了那么多年，后宫嫔妃接连有孕，但生出的竟全都是女儿。朝堂内外舆论汹汹。五年多前他向朝臣们发出的"三二年"的承诺，也早该兑现。况且，他52岁了，已经不再年轻。也许天意注定他命中无子，合该择宗室子为帝国皇嗣。

这一年十月初，仁宗在垂拱殿议事时向众臣宣布，选择汝南王赵允让第十三子赵宗实为皇嗣备选，迎入禁中。由于汝南王赵允让已于嘉祐四年（1059）去世，赵宗实此时正为父服丧。两府商议后，决定暂时起复赵宗实为泰州防御使、知宗正寺。仁宗应允，并于十月七日，正式颁制，诏告天下。

仁宗做出这个决定是艰难的，但一旦走到了那一步，又似乎一下子豁然开朗。从前横亘仁宗心间的沉重郁结，就这么轻而易举地散去了。仁宗的情绪变得轻松而愉悦，身体状态也好了很多。

推拒的皇子

然而，令所有人瞠目结舌的是，这个被朝臣历经万难推上来的赵宗实，竟然十分抗拒。他以为父守孝为由，坚决拒绝领命。

面对如此尴尬局面，仁宗与宰相韩琦商议，不如算了。但韩琦生怕再回到过去的形势，当机立断请仁宗赐下手诏，向赵宗实表明一切出自圣意，这样赵宗实必然不会再推辞。

然而，赵宗实再次给了众人一记重锤。哪怕内侍带着仁宗的手诏多次前去汝南王府宣命，赵宗实始终称自

【宋英宗御容】

己有病，不能赴任。令人啼笑皆非的是，汝南王府一个叫孟阳的记室却因赵宗实的坚辞发了财。原来赵宗实为了让孟阳不断地为他向仁宗写辞表，向他许诺，写一封辞表，赏给他十金。而孟阳前后写了 18 封辞表，共得赏赐一千余贯。

从前是仁宗不肯择宗室子作皇嗣，如今竟是宗室子不愿为皇嗣。朝臣不免觉得焦头烂额。事情僵持了九个多月，转眼间到了嘉祐七年（1062）秋天。仁宗准备举行明堂祭礼。谏官王陶进言，指出赵宗实的"知宗正寺"一官，似是而非，并没有明确是皇嗣，难免让人担忧。仁宗宣诏宰相韩琦、欧阳修等人。最终在他们的劝说下，仁宗决定正式立赵宗实为皇子。

嘉祐七年（1062）八月五日，仁宗下诏，向帝国臣民宣示赵宗实的皇子身份："人道亲亲，王者之所先务也。盖二帝之隆治由兹出，朕甚慕之。右卫大将军、岳州团练使宗实，皇兄濮安懿王之子，犹朕之子也，少鞠于宫中，而聪知仁贤，见于凤成。日者选于宗子近籍，命以治宗正之事，使者数至其第，乃崇执谦退，久不受命，朕默嘉焉。朕蒙先帝遗德，奉承圣

业，罔敢失坠。夫立爱之道，自亲者始，固可以厚天下之风，而上以严宗庙也，其以为皇子。"

随后，仁宗又把在京所有宗室全都宣诏入宫，当众郑重宣布了赵宗实的皇子身份。按照惯例，皇位继承人的名字应区别于宗室同辈。仁宗三位早夭的皇子名字中都带"日"字，所以仁宗从中书省给出的十个日字旁的名字中，选了"曙"作为赵宗实的新名字。于是，赵宗实此后，更名为赵曙。这一年，他已经 29 岁。

然而，仁宗的诏书已经公布天下，赵宗实却仍旧坚称自己有病，躺在床上不肯接旨。仁宗无奈至极，只好命同判大宗正事从古、虢国公宗谔两人带着肩舆到赵宗实府中进行开导。两位重臣轮番上阵劝解，都被赵宗实拒绝。此前一直帮他写辞表的王府记室孟阳这一次也忍不住劝解，让他接受仁宗诏令。但不管他们如何舌灿莲花，赵宗实始终只有一句话："非敢邀福，以避祸也。"

孟阳闻言，深感无奈，继续从大局出发，动之以情晓之以理，苦口婆心地劝解："主上为万世计而立皇子，今固辞不拜，假如得请归藩，难道就安然无患了吗?"但赵宗实铁了心一般，根本不予理会。

赵宗实始终不肯接旨，便是拒绝仁宗赐予的"皇子"身份。对于仁宗和帝国朝臣来说，这无疑是一个难过而棘手的事情。

双方的拉锯战一直持续到八月二十七日。在多番努力劝解下，赵宗实终于接下旨意，同意入宫。

八月三十日，仁宗在清居殿召见宗实。之后，他以皇子赵曙的新身份留在了宫中。至此，困扰仁宗君臣七年之久的帝国皇位继承人问题，终于尘埃落定。

嘉祐八年（1063）三月二十九日凌晨时分，仁宗在福宁殿病逝，终年54 岁。距离赵曙皇子身份的确立，仅仅过去了半年时间。当帝国朝臣在宰相韩琦的带领下为仁宗送终时，不少人心中暗自庆幸。若立嗣一事再拖个一年半载，帝国未来恐怕又是另一幅景象了。

迟来的报复

英宗自四岁入宫，到二十九岁被立为皇子。漫长的二十五年间，他饱受折磨与煎熬，而这一切皆因仁宗的迟疑不决所致。他的内心深处是怨恨的。然而仁宗已逝，他唯有将满腔的怒火报复在其妻曹太后身上。

仁宗刚刚去世，他便借医官之事打压曹太后。因仁宗暴亡，英宗归罪于医官孙兆、单骧，坚称这是一起医疗事故。据《东坡志林》记载，英宗想要处死二人，但曹太后认为并非医官过失，坚持从轻发落。这是英宗首次与曹太后公然对立。

许多朝臣支持曹太后的意见，认为仁宗去世乃天命，非医官之责："先帝初进兆等药，皆有验，不幸至此，乃天命也，非医官所能及。"

但英宗态度强硬至极，竟以皇权压人。"上敛容曰：'闻兆等皆两府所荐，信乎？'对曰：'然。'上曰：'然则朕不敢与知，唯公等裁之。'"

最终，这场争执以双方各退一步而结束。孙兆、单骧保住性命，却被贬黜在外多年。"嘉祐八年（1063）四月甲戌兆编管池州，骧峡州，同时文降者十二人，弛骧、兆得远地云。"

此后，他更是不惜诈病来惩罚折磨曹皇后。曹皇后满腹委屈，数次向宰执哭诉英宗对她的无礼。在韩琦等人的反复宽慰下，曹太后得以暂解郁结，尽力与英宗相处。

但她心中对现状还是有着清醒的认知。英宗并不认可她这位名义上的母亲，而满朝士大夫口中说得冠冕堂皇，赞美她圣德无双，实际上却是为英宗说项。他们需要她这位太后在新帝不豫之时出面管控帝国朝局，却又希望她在新帝病愈后及时还政，以避免步上章献太后临朝称制十一年的局面。

英宗的身体一天天好转，帝国朝臣无不欢欣鼓舞。他们开始筹划着让太后还政，却赫然发现，从前不慕权利的曹太后对还政竟然有些抗拒。

【宋仁宗皇后曹氏画像，现藏于台北故宫博物院】

实际上，曹太后起初对权势的确并无太大眷恋。在陪伴仁宗的二十多年间，她始终谨守本分，从未逾矩，也因此获得了贤后的美名。

在她垂帘之初，知谏院司马光曾上疏重提当年章献刘太后恋权不放的旧事，并劝告曹太后以此为戒："凡名体礼数所以自奉者，皆当深自抑损，不可依章献明肃皇太后故事，以成谦顺之美，副四海之望。"

这道奏疏令曹太后不快的同时，也给她提了个醒。所以她更不愿在半百之年因一张薄薄幕帘而毁弃以往的美好声誉，让朝臣动辄将她与专横的刘太后相比。故而，她在垂帘后始终谨言慎行，恪守礼仪，从不做出格之举。

然而，随着英宗对她与仁宗敌意的逐渐显露，她的内心发生了微妙的转变。此时，把握权柄无异于把握住事情的主动权，所以她一改初衷，试图延长垂帘的时日。然而，帝国的朝臣却心惊胆战。他们唯恐当年刘太后至死不肯还政的局面再次重演，所以想方设法力促曹太后早日撤帘还政。

英宗在多次"诈病"后发现，他折磨曹太后的目的虽然达到了，却同时使得大权更牢牢地掌握在曹太后手中。旧日怨恨，加上新生矛盾，英宗对曹太后的态度更加恶劣。两个人之间的隔阂更深了。这对曹太后的伤害无疑是深刻的。

曹太后不愿还政的理由，表面上是英宗的精神状态尚未完全恢复如常，实质则是自英宗患病之后多次对她的无礼所造成的深重矛盾。多数朝臣也清楚症结所在，因而为了促成曹太后还政于英宗，展开了一场苦口婆心的持久规劝。

司马光向曹太后上书，说道："皇帝内则仁宗同堂兄弟之子，外则殿下之外甥婿，自幼之岁，殿下鞠养于宫中，天下至亲，何以过此。又仁宗立为皇子，殿下岂可不以仁宗之故，特加爱念，包容其过失耶！"

他又将英宗对曹太后的无礼归于生病，因为得病才乱了孝谨温仁的本性，并声称英宗一旦病愈恢复清明，必会报答她的恩德："古之慈母，有不孝之子，犹能以至诚恻隐抚存爱养，使之内愧之非，革心为善，况皇帝至孝之性，禀之于天，一旦疾愈，清明复初，其所以报答盛德，岂云细哉！"

韩琦等人的规劝也和司马光如出一辙。他们都是站在英宗的立场上，希望曹太后包容英宗的无礼，用自己的慈爱去感化他的乖戾。然而，曹太后虽然性情温和，但达到司马光韩琦等人的要求，还是非常困难。

她知道，他们之所以对她与英宗之间的关系这般关心和紧张，无非是怕她凭借代理国政的身份，发懿旨将英宗废黜，使他们在仁宗时期就一直苦心孤诣为确立皇嗣而做的努力功亏一篑。

实际上，这并不能怪韩琦、司马光等人多想。在韩琦为仁宗送殡回来后，曾收到曹太后遣中使送来的文书。他打开一看，都是英宗在宫中所写的一些讽刺曹太后的"歌词"，还有英宗在宫中的种种过失。

韩琦看后，当着中使的面把文书烧掉了，让他回禀曹太后："太后每说官家（英宗）心神未宁，则语言举动不中节，何足怪也！"韩琦仍旧是以英宗的病情来搪塞他对曹太后的失礼之举。

宰相韩琦与参知政事欧阳修等人又进宫规劝曹太后。曹太后涕泪横流，哭诉英宗对她的无礼举止，请韩琦等人为她做主："老身殆无所容，须相公作主！"

韩琦却仍旧将其归于英宗的病情，认为英宗病好了就不会再这样，请曹太后多加宽容。曹太后愕然之中，委屈更甚。

参知政事欧阳修从旁开解，赞美曹太后："太后事仁宗数十年，仁圣之德，著于天下。妇人之性，鲜不妒忌，可是当年温成皇后那样骄恣，太后都能处之裕如，那还会有什么不可容忍的事？难道现在母子之间反倒不能容忍了吗？"

在几人的劝说下，曹太后这才渐渐消气。等到他们去劝说英宗时，英宗张口就说："太后待我无恩！"这样深刻的偏见，让宰臣们苦恼不已。

十二月，英宗身体又好了些，司马光建议开讲经筵。第一天由吕公著讲《论语》，刘敞讲《史记》。吕公著是仁宗朝前期宰相吕夷简的儿子，不仅治经穷年，而且极善讽喻。他通过史书不断劝谏英宗尊重曹太后。在众臣的协力之下，英宗终于有所感悟，与曹太后关系得到缓解，曹太后也终于松口撤去了帘幕。曹太后撤帘后的第三天，上朝的大臣们从英宗眼中看到了久违的神采与英气。久藏于英宗心中的这段由仁宗多年迟疑造成的巨大心理创伤，似乎也终于痊愈。

治平元年（1064）四月二十八日，在众臣的陪同下，英宗乘大辇出皇城，来到相国天清寺和醴泉观祈雨。这是英宗病愈后的首次出城。帝国百姓怀着热切的心情前来观瞻，御道两旁不时传出他们由衷的欢呼，众臣对此也十分欣慰。

为了证明英宗精力已恢复如常，可以不知疲倦地料理国政，且"裁决如流，悉皆允当"，宰相韩琦有一天竟拿出十几件急需处理的公务请求英宗裁决，而英宗也没有令他失望，迅速而果断地给予了正确的批复。

韩琦激动不已，拿着这些已有批复的公务又去请示曹太后。曹太后"每事称善"，也很是满意。

英宗的身体日渐康健，这无疑是一种美好的昭示。他开始积极治国，想要一展帝王抱负，垂询国政也变得井井有条。有一天，他问富弼："国家积弊甚众，何以裁救？"富弼答道："恐须以渐厘改。"英宗又问："宽治如何？"枢密副使吴奎答道："圣人治人固以宽，然不可以无节。"英宗听了欣然点头。

英宗锐意治国的表现令群臣欣慰不已，他们悬着的心绪似乎终于可以放下了。然而，不久之后，英宗再次给了众臣一个措手不及。

短暂的欢愉

治平三年（1066）初冬，英宗又一次"不豫"。只是这一次，他再也没能好起来。当时，谁都没有想到，这竟是天子的最后一个冬天。

十月初，英宗还专门写了手诏给新提升为直龙图阁兼侍读的王广渊。他在手诏中说道："朕疾少间矣。"意思是，我的病很快就要痊愈了。然而到了十一月，英宗非但没有如他说的那般痊愈，病情反而加重了。英宗有时甚至神志不清，语言失序。英宗就算神志勉强清醒时，也只能依赖于床榻边的御笔来传达旨意。

众臣见此情景，不免忧心忡忡。看着英宗在病榻上挣扎着处理国事，他们心中已做好了最坏的打算。据《续资治通鉴长编》记载，十二月二十一日，英宗病情再次加剧，两府大臣前来探望。

待众人探视完毕，宰相韩琦上前奏道："陛下久不视朝，中外忧惶，宜早立皇太子，以安众心。"英宗此时已口不能言，只得略点了点头，以示同意。韩琦便立即命人将笔送到英宗手中。英宗握着笔十分吃力地写下了"立大王为皇太子"七个字。

然而，韩琦看后却说："必颖王也，烦圣躬更亲书之。"英宗只得又拿起笔，费力地添上了"颖王顼"三字。大约从韩琦逼立太子的行动中看出了不祥之兆，英宗禁不住落下了眼泪。

韩琦立即叫来内侍高居简，让他拿着这份英宗的"御札"，命翰林学士草制。翰林学士承旨张方平来到英宗的病榻前，英宗说了几句话，但张方平根本听不清楚。英宗只好费力地在床上写画，张方平终于弄懂了他是想立太子。

然而，此等国家大事，必须要天子御笔亲写才可以。于是，张方平便要求英宗写下手诏。英宗只得勉力打起精神，提笔写下"来日降制，立某为皇太子"十个字。但这十个字中最关键的名字却写得很不清楚。张方平无奈，只得要求英宗明确皇太子的名字。英宗先写"颍王"又写"大王"。张方平这才退下。

　　第二天，立颍王赵顼为皇太子的诏书宣之于帝国上下。

　　治平四年（1067）正月初八，宋帝国的天空再次响起沉重的丧钟。英宗病逝于福宁殿中，终年35岁。此时距离他登基，仅仅只有三年八个月。

3. 想要逆风翻盘，却无奈铸就冤案，被理想撕裂的改革皇帝——宋神宗

　　乌台诗案是苏轼一生遭遇的最大政治危机。不仅苏轼险些命丧狱中，而且因此受到牵连的大臣多达39人，其中更是不乏元老重臣。

　　许多人都以为背后主谋是变法派的舒亶等人，实际上却是极为欣赏苏轼的宋神宗。既然宋神宗很欣赏苏轼，却又为何要陷苏轼于如此险境呢?

　　元丰二年（1079）七月二日，31岁的宋神宗在崇政殿上接到了一份苏东坡的诗册《元丰续添苏子瞻学士钱塘集》，连同一封弹劾他的奏折。

　　这份诗册当然不是供他欣赏的，而是作为苏东坡"讥讽新法"的证据。带头弹劾的人是监察御史里行舒亶和御史中丞李定，附议的有国子博士李宜之。神宗当时给出了什么指示，是何态度，史书未有记载。他的回应在第二天："诏知谏院张璪、御史中丞李定推治以闻。"同时把他前后收集到的四封弹劾苏东坡的奏折，以及御史台"收集"到的作为苏东坡罪证的诗集，一块批给了中书门下，由其颁给御史台根勘所审理此案。

　　七月四日，宋神宗再次对中书门下颁下旨意："令御史台选牒朝臣一员乘驿追摄。"中书门下把这一圣旨下发至御史台根勘所，由其派遣人员前往湖州捉拿正在那里任职的苏东坡。同时，神宗还派出了亲信宦官皇甫遵

与御史台官员一同前往监捕。

七月二十八日，皇甫遵一行人到达湖州后，免去了苏东坡的太守官职，"拉一太守，如驱犬鸡"，毫无尊重可言。从湖州到开封的二十多天行程，苏东坡被押解着"一路示众"。八月十八日，苏东坡被押至开封御史台的监牢，接受审讯。

这就是宋代历史上著名的"乌台诗案"。

【苏东坡《木石图》】

谁是主谋？

该案涉及苏东坡的一百多首诗词，从七月发案到十二月结案，历经半年多。苏东坡几乎被判处死刑。这是他首次切身体会到皇权的冷酷与无常。虽然最终惊险地躲过了这场生死浩劫，但他被贬"检校员外郎充黄州团练副使"，"不得签书公事"，有职无权，过着清苦、艰难的流放生活。

与他有过诗文唱和的友人、官吏，受到牵连的多达39人，或被贬官，或被罚俸。如为他说情的司马光、张方平等正直贤臣，都遭到了贬官外放。

对于士大夫，宋帝国给予了极大的宽容，自诩"祖宗谨重用刑……太祖建国，首禁臣下不得专杀。"宋太祖赵匡胤还立下了"不杀士大夫"的誓言。

这并非空谈。有宋一代，无故诛杀大臣或者重狱的情况，都不算多。

而北宋更是如此，在乌台诗案前，将文官大臣下狱，几乎处死的现象，更是空前少有。乌台诗案，是宋代开国以来，首例严重的文字狱。那么，谁是这起文字狱的主谋呢？

宋代是实行高度集权的封建王朝，其民政、军政、财政三权分力，互为牵制。皇帝将大权控于手中。对于官吏的任免，他才具有最终决定权，"自两府而下至侍从官，悉察圣旨然后除授。"

很显然，舒亶、李定等人虽然弹劾了苏轼，但他并不能决定这起冤案。真正掌控全局的人，是宋神宗本人。

实际上，这不是神宗第一次接到弹劾苏东坡以诗讥讽新法的奏折。熙宁四年（1071年），沈括到杭州检查浙江农田水利建设时，苏东坡正在杭州任通判一职。作为好友，苏东坡热情地招待了他。然而，别有居心的沈括，却将苏东坡的新诗抄录一番，把认为是诽谤的诗句标注出来，并做了详细注解，呈给神宗。彼时，神宗看后不过一笑置之，并不理会。他并不怀疑苏东坡对他的忠诚，对百姓的热爱。

很显然，舒亶等人虽然是这起冤案的始作俑者，但真正的决定权却是掌握在神宗手中。那么，神宗为何这次却顺着舒亶等人的意愿，同意将苏东坡下狱呢？这还得从宋神宗的理想说起。

大帝之仰

宋神宗是有"大帝"情怀的。他寄望有一番大作为，做出一番大事业，期盼着在自己的统治期内灭夏平辽，一统江山。神宗是一个欲复汉唐雄风而励精图治、有着雄心壮志的青年。这在他登基之前，便有所体现。尚在潜龙之时，他已有好学的美名。"颖王天资好学，博览群书，于经、史、子、集无所不涉。"

在东宫读书常常废寝忘食，以至于其父英宗不得不命令内侍提醒他按时休息，按时进餐，不要一味读书。

面对父亲的关心和担忧，他回答："听读方乐，岂觉饥耶？"

作为宋帝国的准继承人，神宗赵顼没有普通文人的科举压力，却如普通文人那般如饥似渴地汲取知识。这种"勤学"精神，在宋代帝王之中是极为罕见的。

治平四年（1067）正月，宋英宗因病去世。年仅 19 岁的神宗继位，接过了父亲手中已然身患顽疾、步履沉重的帝国。执政不久，他便大刀阔斧地进行了一系列有计划、有远见的改革。这足以说明，这些改革不是宋神宗赵顼的心血来潮，而是经过了深思熟虑。他在年少时便已建立了自己独特的政治理想，心中早已怀有"大帝"的远大抱负，"用武开边，复中国旧地，以成盖世之功"。他要让宋帝国在他手中得到治愈，焕发出汉唐那般的盛世荣光。

《宋史》对他的评价颇高："其即位也，小心谦抑，敬畏相辅，求直言，察民情，恤孤独，养耆老，振匮乏。不治宫室，不事游历，励精图治，将有大为。"

然而，在殚精竭虑的改革之中，宋神宗当初的雄心却在连番的打击中一点点磨灭。

破碎的雄心

神宗从父亲英宗手中接手帝国时，帝国已然是一副积贫积弱的局面。他自继位起就制定了"富国强兵"的蓝图。熙宁二年（1069）二月，神宗任命王安石为参知政事。不管有没有后来那场轰轰烈烈的变法，神宗的这项委任都足以震惊当时的朝野。因为不论从资历、学识还是从威信来看，韩琦、司马光、吕公著、富弼等元老重臣无不在王安石之上。神宗这项委任无疑向帝国传递了一个讯号，他绝不是因循守旧之君。他将要无畏地起航，为自己一生的理想奋勇前进。

他首先想解决的问题是严峻的财政亏空。起用王安石不久，神宗便推行了一系列以理财为首要目标的政策。如均输法、青苗法、市易法、方田均税法等法令的相继执行。接着他又采取一系列强兵之策，以实现开疆扩土、建立功勋的雄心。

真宗朝的澶渊之盟，仁宗朝与西夏边境的冲突，最终都是以宋帝国的妥协得以解决。在神宗看来，这些无疑都极大地损害了大宋王朝的威信。他对辽与西夏多年来的不断骚扰，对祖先所遭受的种种屈辱，始终耿耿于怀，无法忘记。据《宋史》记载，他曾对大臣说："太宗自燕京城下军溃，北虏追之仅得脱，凡行在服御宾器，尽为所夺，从行宫嫔尽陷没，股上中两箭，岁岁必发。其弃天下，竟以箭创发之故！虏乃不共戴天之仇，反捐金缯数十万事之。为人子孙，当如是乎！"话中激愤之情溢于言表。

所以神宗想要富国强兵，消除来自周边政权的威胁，夺回国家的尊严，改变真宗、仁宗时期"仁文有余，义武不足"的景况，重新树立宋帝国"天朝上国"的伟大光辉形象，恢复汉唐时的辽阔疆域。实现这个目标尽管十分艰难，但年轻的神宗信心满满，如东升的旭日，他坚信未来必是耀眼的辉煌。

然而，在种种殚精竭虑的努力下，神宗还是遭受了现实的连番打击。首先是变法遇到的重重阻难，韩琦、富弼、司马光、文彦博、曾公亮、苏轼、范镇、苏辙、吕公著、张方平等老臣全部站在了变法的对立面。

这些大臣无论是德行、才学，还是声望及影响，均可使任何朝代相形见绌。他们提出的反对意见，不能不令神宗认真对待。

反对变法的领袖人物是老臣司马光，他与王安石的私人关系其实很不错。二人对彼此的人品与学识都很认可。但因迥异的政见，这对昔日的好友闹得势同水火。司马光是中国最为传统、最为典型的知识分子，其人品、学问均可为世人楷模。尽管他口口声声地强调"祖宗之法不可变也"，但其实他并非那种泥古不化之人。他只是担忧年轻的神宗操之过急，求治心太急之下会虑事不周，用人亦欠妥，才以此提醒神宗缓缓图之。神宗也了解司马光的苦心，对他非常尊敬，屡次想要重用他。但因司马光与王安石政见处处不合，神宗为了新法的顺利推行，无奈之下只得将他外放。

苏轼也是王安石的好朋友，他们因政治见解不同而分道扬镳。但当时一人之下、万人之上的王安石并未对这些文坛上的朋友、政治上的敌人实行打击报复，也从不对他们进行人身攻击。所以，在后来王安石罢相退居金陵时，又能与这些昔日老友相互唱和，推心置腹，令人感动。

王安石本人品格高尚，但他手下那些变法的同伴却并非都是如此。贤能忠正的老臣反对变法，被排除在朝堂之外，这就给了投机分子钻营之机，如吕惠卿、李定、舒亶等人，都打着变法的旗帜，走进了朝廷重臣之列。这些人以新法为幌子打击政敌，谋取私利，搞得朝堂清正之气不再，民间怨言四起。变法的推行越发困难重重。

与此同时，神宗的强兵计划也连番遭遇了挫折。在大宋对外的战争中，他虽然没有亲临战场指挥战斗，但是时刻关心着每场战争的过程及结果。宋军打了胜仗，他会欣喜万分地与群臣举杯同庆；宋军败了，他则心情沉痛地几天几夜不吃不喝不睡。

然而，困境比他想象中的还要艰难。熙宁初年，他曾对军队进行过一番大刀阔斧的改革，但无奈军队积弊太多，致使熙宁三年（1070）宋军在反击西夏军队入侵的战役中多次失利。虽然对羌人用兵，宋军接连攻占了熙、河、眠三州，但是满朝文武还没来得及高兴，辽国就趁机犯境，宋军再次遭遇惨败。接着，辽国派遣使者逼迫宋朝廷重新划分蔚、应、朔三州界线，并屯兵边陲，扬言大举南下，攻打宋帝国。

神宗无奈之下做出让步，割地赂辽，了结此事。神宗甚至有今不如昔的感觉。他难过地对臣子说："天使中国有胜夷狄之道，但后世倒置尔。"

有雄主之梦的神宗，在沉重的现实面前，终于伤心地意识到，他恐怕毕生也难以实现理想了。自此，他陷入了一种焦虑的状态，开始频繁地更换执宰大臣，不断"洁责中书，意欲有所更张"。

杀鸡儆猴的深意

迫于紧张的政治环境和舆论氛围，神宗想要寻找突破，将话语权牢牢地控制在手中。面对帝国内外的各类声音，他需要一个警醒，来震慑他们。

怎么办呢？杀鸡儆猴。但为什么苏轼成了被杀的那只"鸡"呢？宋神宗讨厌苏东坡吗？实际上，宋神宗非但不讨厌苏轼，还非常喜爱他的才学，对他颇为礼遇。据史料记载，他时常在用膳的时候阅读苏轼的诗文。对于苏轼的人格，他也十分欣赏。

　　初登帝位之时，他为政经验不足，如何令朝堂达到有效的平衡状态，是他的当务之急。于是，敢于直言的苏轼，便成了他要恩宠的对象。但随着神宗在新法上所遭遇的种种挫折，他的心态渐渐发生了变化。这种情况下，曾经令他褒扬的"直谏"，便显得有些刺耳。

　　而苏轼却没意识到神宗心理的幽微转变，仍旧直率地直抒胸臆，发表自己的政见。苏轼不仅批评他人，而且间接地批评起新法的支持者宋神宗本人。常年在地方任职的苏轼，奋斗在新法施行的前线。对于新法中的弊端，他的认知更加清醒与全面。作为一个心怀百姓的贤官，他做不到视而不见，于是直率地向朝廷反映出新法中的种种害民之措。他频频上书，向神宗陈述新法弊端，还在与友人、同僚的诗词唱和中毫无顾忌地议论改革的弊端。加上他文辞飞扬，传唱度极广，使得舆论和民心都受到一定程度的影响。

　　在神宗看来，苏轼的所作所为，无疑是公然与他唱反调。这令他本就受挫的雄心，越发地破碎。于是，当李定等人将弹劾苏轼的奏折送到神宗的龙案上时，他默许了。

　　台谏弹劾的官员何其多，但神宗都给予了宽大处理，唯有苏轼成了例外。苏轼是反对新法的一面醒目的旗子，而这面旗子遮盖了他的视线。他需要利用苏轼达成自己的政治目的，实现某种突破。

　　乌台诗案后，心有余悸的苏轼，从此的确在言论上收敛许多，心境也发生了许多变化。而神宗也达到了自己的目的。他终于满意了，再也没有人敢于公然和他对着干，帝国的言论得到了一定的控制。

幽微的歉意

宋神宗其实并不想杀苏轼，既然已经达到了"儆猴"的目的，又何须一定要杀掉"那只鸡"呢？所以当两宫太后向他为苏轼求情时，他顺水推舟地答应了。其母高太后后来谈及乌台诗案中苏轼的获释时，说道："此先帝意。"这句话正是神宗对苏轼隐晦含蓄的歉意。

在神宗近二十年的皇帝生涯中，除了生病等极特殊的情况，他总是在朝堂中批阅奏折，与朝臣讨论问题或专心致志地读书学习。他自始至终兢兢业业，殚精竭虑地为了帝国的前途辛勤操劳。现存史料中，未曾发现有关神宗游山玩水、沉溺酒色的任何记载。这样勤恳清正的皇帝，放在浩瀚的中国历史中，都是极为罕见的。

神宗在 34 岁以前，史籍中没有他任何因病不能上朝的记载。史料中，神宗首次生病不能上朝是在元丰五年（1082）八月。神宗的这场病断断续续，反复了半个月左右。这年十月初一，宋朝廷接到种谔、沈括的奏报，宋军在与西夏的永乐之战中战败。永乐陷没，主将及将士几乎全部阵亡。神宗听到后先是不敢置信，继而悲痛欲绝，早朝时"当宁恸哭，宰执不敢仰视"，回到后宫又"涕泣悲愤，为之不食。"

宋神宗的一生都在寻找富国强兵之法，为帝国未来寻一个光明的出口。然而，他一生的努力又都是徒劳。这是清醒者最大的痛苦。

永乐之战的惨败给了神宗重重一击，使得他本就未痊愈的身体更是雪上加霜。此后神宗"郁郁不乐，以至大渐"，身体再也没有好起来。

元丰八年（1085），神宗在福宁殿忧郁而逝，带着遗憾与不甘离开了这个他为之付出毕生心血且深深爱着的国家，终年 38 岁。

他的时代终结了，但他留下的问题、争端和艰巨的任务，被他的儿子扛在肩上，继续沉重地前行。他那巍然的雄心，破碎的理想，透过历史的层层尘埃，直至今日依然清晰可见。在他父辈伟大的荣光之后，那道身影，是那么黯然，那么落寞。

4. 当皇帝也需要演技，十个处女成就的皇位——宋孝宗的"谨慎"源于他的危机

　　宋孝宗赵瑗是宋太祖赵匡胤的子孙，宋高宗赵构是宋太宗赵光义的子孙，那么宋高宗为何会选定孝宗作为自己的养子，继承帝国大统呢？

　　被选为养子后，赵瑗度过了漫长的三十年才被高宗册立为皇子，有了正式的名分。他是怎么打败其他竞争者，走上至尊之位的呢？

　　孝宗以平民之身成为九五之尊，是幸运的。但他又是不幸的。虽然他自 6 岁进宫，但是直到他 61 岁时高宗才去世。在这漫长的 55 年里，他始终生活在高宗的阴影之下，难以舒展雄心与抱负。

　　高宗去世后，他为何不顾臣子劝阻，执意要禅位给儿子光宗？他与儿子光宗，又是如何走到了死生不见的地步呢？

　　绍兴三十年（1160）的 2 月 22 日，南宋帝国朝堂内外均笼罩在一片前所未有的喜悦中。这一天，宋高宗赵构身穿龙袍，腰系犀带，在皇家禁军的拥护下，驾临垂拱殿。宰相汤思退带领群臣入殿参拜，请求册立皇子。

　　高宗欣然应允，并御笔亲题，"瑗可立为皇子，改名玮"。随后，命学

士周麟之在朝堂上当场依此书拟诏。诏书拟好后，立刻交付三省（尚书、中书、门下）执行。与此同时，高宗还派遣朝臣前往太庙，告慰祖宗在天之灵，帝国有了正式的皇子。

据《朝野杂记》记载，这封册立皇子的诏书于 2 月 23 日宣布天下。至此，盘旋在帝国朝臣心头多年的立嗣事件，终于尘埃落定。帝国上下"动色相庆"，一片欢欣。

这一天，已改名赵玮的赵瑗百感交集。从默默无闻的宗室后裔到帝国的继承人，这条路，他已如履薄冰地走了近 30 年。

【宋《女孝经图·贤明章》局部，图中为宋代皇帝】

战火纷飞的微末之年

赵瑗原名赵伯琮，于建炎元年（1127）十月二十二日深夜，出生在秀州城青杉闸一所简陋的官舍内。他的父亲赵子偁是宋太祖赵匡胤的六世孙，与宋高宗赵构是同辈，是其远房堂兄。

宋太祖赵匡胤一生共有四个儿子，赵德秀、赵德昭、赵德林、赵德芳。赵子偁隶属秦王赵德芳一支，是他的五世孙。秦王一支历经数代，延续到北宋末期时已趋微末。宣和元年（1119），赵子偁经舍试合格，授官嘉兴县丞。这个低阶官职，他一任就是许多年。

赵子偁的妻子张氏是宋仁宗时枢密使兼侍中张耆的五世孙女。二人先后育有两子，长子名伯圭，次子便是伯琮。

据《宋人佚事汇编》记载，有一天，张氏梦见有个人怀抱一只羊来到她面前，告诉她将有条新生命借其身投胎，请她记住以羊为识。醒来后不久，张氏果然有孕，之后经过十月怀胎生下伯琮。于是其父赵子偁便以"羊"作为他的小名。

伯琮的出生，给这个境遇寥落的家庭带来了难得的喜悦与生机。然而，这种喜悦终究是短暂的，因为此时宋帝国远没有从靖康之变的浩劫中恢复过来。

山河零落，硝烟弥漫。仓促建立的南宋朝廷，在金兵穷追的铁蹄下疲于奔命。高宗带着满朝文武东躲西藏，从南京狼狈地逃到扬州，终日哀叹，为帝国的前程忧愁。此时高宗不会知道，秀州城内这个刚刚出生，嗷嗷待哺的男孩，将会在六年后成为他的养子，并陪伴他度过55年的漫长时光。

建炎三年（1129），金兀术领兵渡江南下，接连攻占建康、杭州等地。原本平静的秀州也一度面临战争的威胁，幸亏抗金名将韩世忠等人退守江阴、华亭、秀州一带，组织了激烈而顽强的抵抗，这才使得秀州免于金兵战火的蹂躏。

同样是这一年，正在扬州行宫内淫乐的高宗赵构，于深夜突然得知金兵来袭，受到惊吓，至此患上了不育之症。

在抗金将领的保卫下，赵伯琮一家虚惊一场，没能陷入颠沛流离的逃亡境地。就这样，年幼的伯琮在铁蹄与刀戈声中，平凡寂静地度过了人生的最初几年。

君王的隐疾

宋高宗赵构后宫嫔妃不少，但他即位之初为避金兵四处逃命，无暇他顾，所以膝下唯有贤妃潘氏于他称帝的次月（即1127年六月）为他生下的独子赵旉。

赵旉出生时便体弱多病，之后跟随赵构颠沛流离，始终未能得到妥善的照料。建炎三年（1129）四月，苗傅、刘正彦在杭州突然发动兵变，逼迫高宗赵构退位，年仅三岁的赵旉被二人拥立为帝。之后在韩世忠、张浚等将领的营救下，苗刘兵变被顺利平定，高宗成功复辟。但围绕在他身上的痛楚并未就此停歇。

这年七月，因宫人不小心踢到金炉发出声响，正在病中的皇太子赵旉受到惊吓，病情加重夭亡，年仅三岁。

痛失独子，高宗悲伤不已。然而，他却没有太多心力沉湎于哀痛。金兵铁骑始终穷追不舍，帝国前途未卜。他甚至连为爱子办一场葬礼都无法实现。仓促之中，他将赵旉的尸骨草草葬于建康城中铁塔寺法堂西边的一间小屋下面，谥曰"元懿"。高宗于逃跑途中丧失生育能力。这本是宫廷秘闻，谁知却不胫而走，引起朝堂内外议论纷纷。元懿太子赵旉夭折，帝国皇储空缺，高宗将面临后继无人的困境。许多大臣为此忧心忡忡。他们认为储君乃一国之本，关乎一国国运，若长期无人，将会引起帝国人心不安，使本就动荡的朝局更加混乱。

就在元懿太子赵旉死后的第三天，乡贡进士李时雨上书，建议挑选贤良的宗室之子为皇储，暂摄皇太子之位，以稳人心，定国势。等到有皇子诞生再将其退于藩封。此时高宗正沉浸于丧子和丧失生育能力的双重痛苦之中，看到上书后勃然大怒，认为李时雨此言是对他的极大羞辱，于是下令将他查办，"押出国门"。

不久，金兵大举渡江南侵，高宗再度南迁，朝臣的"立嗣"之声暂且停歇。在广大军民的顽强抵抗下，金兵最终北撤。逃亡多时的高宗得以回到绍兴，安定下来。此后，南北双方进入对峙状态，南宋王朝在金兵战火与屠戮后的土地上,渐渐恢复了生机与活力。与此同时,立嗣之事再次被朝臣提上日程。许多人甚至提出选立太祖赵匡胤子孙为嗣的想法。

实际上,自宋太祖赵匡胤在"斧声烛影"的传闻中不明不白地死去之后,坊间便有"太祖之后,当再有天下"的传言。

北宋灭国之后,有人称金太宗完颜吴乞买酷似宋太祖赵匡胤,所以金人在靖康之变中尽掳宋太宗子孙,是报太宗"前世"夺位之恨。

元祐太后孟氏也受到此种传言的影响,"尝感异梦",于是从旁劝说高宗。据《宋史》记载,高宗听后"大寤",他也感到储位空悬于社稷无益,于是公开表示:"太祖皇帝神威英武,一统天下,而其子孙却没能承嗣继统。如今遭遇多事乱世,太祖后裔更是凋零离散,情实堪悯。我若不效法仁宗皇帝,为天下着想,怎能慰太祖在天之灵。"

高宗既然已经表明态度,朝野上下纷纷上书,请求选立太祖之后为皇嗣。

大臣李回在奏疏中在夸赞太祖传位其弟太宗的同时,也极力夸赞高宗:"艺祖(即宋太祖)不以大位私传其子,其心至诚,足见兄弟手足情笃。陛下为天下远虑,远承艺祖之举,实可昭格天命。"

大臣张守也说:"艺祖诸子不闻有失德之处,而太祖终舍子而传位太宗,其高风亮节,胜于尧、舜百倍。"

据《宋史》记载,建炎四年(1129),上虞县丞娄寅亮上疏高宗,直截了当地提出立太祖子孙为嗣的请求:"昌陵之后,寂寥无闻,奔进蓝缕……太祖在天莫肯顾歆……欲乞陛下于子行中遴选太祖诸孙有贤德者,视秩亲王,俾牧九州。"

李时雨与娄寅亮均位于远离权力中心的基层社会,他们的上疏正是民意呼声的反映。此时高宗也逐渐意识到,恢复对太祖后裔的优待,有助于稳固民心。所以,他对娄寅亮的上疏给予了认可,"帝读之,大感歎",并表示:"太祖以神武定天下,子孙不得享之……朕若不法仁宗为天下计,何以慰在天之灵。"他感慨万千,立即召娄寅亮入朝,不久升其为监察御史。

据《建炎以来朝野杂》记载,岳飞、张浚等抗金将领也相继上疏,请求高宗"择宗室之贤，优礼厚养，以为藩屏。"

已出任参知政事（副宰相）的秦桧内心其实很不赞同，但迫于朝野内外的强烈要求，也不得不附和众议，假惺惺地表示，一定要择取门风敦厚、守礼知法的宗室后代。

于是，在多方促使下，高宗当众宣布，要在"伯"字辈中选取宋太祖赵匡胤的子孙。这是因为他是太宗赵光义的六世孙，"伯"字辈与他属于叔侄关系。"选嗣之事乃理义之举，只要出于诚心，不难实行。当在'伯'字行中选择太祖后裔，以顺辈分长幼之序。"

高宗选太祖后裔接入宫中抚养的决定，无疑平息了帝国臣民对于太宗系占据皇位的不满，也使宋室南渡后威信零落，甚至想要下"罪己诏"来挽救民意的高宗，难得地获得了朝野上下一致的认可。

他自己也十分高兴。绍兴二年（1132）正月，他从绍兴回到临安。五月份开始着手选嗣事宜。他派同知行在大宗正事（管理宫廷宗族事务）赵令畤负责访求太祖后裔。

当时，太祖"伯"字辈可查的后代共有1645人。经过重重筛选，赵令畤选出了10位七岁以下的儿童，之后又经过一番严格审查，最终留下一胖一瘦两个男童供高宗做最后定夺。

胖男孩叫赵伯浩，瘦的男孩叫赵伯琮。高宗见过二人后，决定留下胖男孩伯浩，于是赐给伯琮300两银子，遣他出宫回家。

伯琮恭敬谢恩后手捧银两，迈着十分稳重的步子走了。然而伯琮还没有走出殿门，高宗又突然改变主意，将他召回，说要重新审取，于是让二人叉手并立，以便他细细观察。这时，一只猫从俩人脚下走过。伯琮仿若未见，始终目不斜视，端正沉静。而伯浩却飞起一脚向猫踢去。

高宗不悦，认为伯浩此举太过轻狂，将来难当社稷重任。于是高宗把他遣返出宫，留下了伯琮。

因为年龄尚幼，伯琮还需要人护持。在他进宫之前，高宗就已做好相关安排，决定将选定的养子交予婕妤张氏和才人吴氏抚养。伯琮被选定后，高宗便带他去后宫见张氏、吴氏以及已故太子生母潘贤妃。当时三人正在聊天。潘贤妃因丧子不久，触景生情，难过地掉头。张氏则温柔地微笑着向伯琮招手，于是伯琮便投入她的怀抱。之后，高宗便把伯琮便交给了张氏抚养。就这样，年仅 6 岁的赵伯琮留在了陌生的皇宫，开启了与以往截然不同的人生。

【宋高宗赵构《草书＜洛神赋＞》局部，现藏于辽宁省博物馆】

深宫中的崭新岁月

然而，正在帝国臣民期盼着高宗明确入宫宗子的身份时，高宗却止步不前了。

这一年，高宗仅 26 岁，正是年富力强、精力充沛的年纪。他觉得自己还很年轻，谈及皇位传递还为时过早。更何况，伯琮此时只是幼童，长大后学识如何，德行如何，都是未知，还需要作长久的观察与考验。所以，他并没有按照帝国臣民的期许，给予伯琮正式的名分。高宗只是在伯琮入宫的第二年给了他一个防御史的虚职，并将他改名为赵瑗，以此区别于一般的宗室子弟。

虽然没有明确赵瑗的身份，但高宗对他并没有怠慢。他深知，对于这个大张旗鼓选定的皇嗣备选人，其成长的好坏不仅影响自己的声誉，还极有可能对帝国的未来产生巨大影响。所以，他十分重视对赵瑗的教育，闲暇之余还会亲自教导他读书写字。

赵瑗也没有令高宗失望。他聪明好学，又颇为稳重知礼，很得高宗欢心。据《建炎以来朝野杂记》记载，高宗曾颇为自豪地向侍从夸赞："此子天资特异，严若神人。朕自教之读书，性极强记。"

当然高宗夸赞赵瑗的同时，也是夸赞自己慧眼识珠。不久，高宗便下诏封赵瑗为建国公，并一再表示："我为宗庙社稷前途着想，不敢有一毫私心之念。现既已在宗室子弟中选得艺祖七世孙养于宫中，一定要将他好好地养育成人。"

有张氏的慈母关怀，又有高宗的悉心栽培，赵瑗的宫廷生活似乎顺风顺水。然而，这样平和温馨的局面，在绍兴四年（1134）有了微妙的改变。

绍兴四年（1134），孤独寂寞的吴才人，也想抚养一个孩子。高宗于是又挑选了宋太祖的另一个七世孙，秉义郎赵子彦的 5 岁儿子赵伯玖，赐名为璩，交给吴才人抚养。这样，赵瑗便不再是高宗唯一的养子，自然也不再是唯一的储君候选人。

绍兴五年（1135），抗金大将张浚奏请高宗早日确立正式储君，但高宗只是含糊地回答："宫中现已收养了艺祖后代二人，年长者（指赵瑗）9 岁，不久当令他就学。"

这并不是高宗的搪塞之辞，9 岁的赵瑗的确到了接受正式教育的年龄。高宗对此事也很是重视。他命宰相赵鼎在宫中新建一座书院，取名"资善堂"，以供赵瑗读书之用，同时暗中物色合适的教师人选。这年六月，赵瑗正式入资善堂学习，负责启蒙教学的是当时号称"经学深醇""名德老成"的著名学者，宗正少卿范冲和起居郎朱震。

二人无论在学识上还是在德行上都是名扬天下的贤者。其中，范冲曾负责为高宗讲解《左氏春秋》。范冲在解释经义时，常能结合时政，多有讽谏。高宗对他颇为赏识，称赞他"德行文字，为时正人"，不愧为当世"端良之士"。高宗认为凭其"兼数器之长，施及童蒙，绰有余裕"，是担任赵瑗教师的"上选之人"。

起居郎朱震是政和年间的进士。他为人刚正不阿，敢于犯颜直谏，素以"学术深博，廉正守道"著称于世，被誉为士大夫之楷模。高宗任用二人的诏书下发后，朝野内外无不称颂，都认为是"极天下之选"。

两人受命后，对待赵瑗的教育也是任劳任怨，竭尽全力。他们除了教授赵瑗学文识字、读书诵经外，还注意对其进行为人之道、处世之则方面的训导，故而常在解释诗书经义的同时，"导以经术仁义之言"。

为了使赵瑗保持端重谦静的品性，高宗还特地为他举行了隆重的拜师仪式，嘱咐他每次见师傅，必须设拜鞠躬，施行大礼，以便从小养成尊重长者、谦虚好学的品德。而赵瑗确实也没有让高宗失望。他曾在墙壁上题诗一首，表明自己不会因为成为储君备选人而自傲骄矜，"富贵必从勤苦得，男儿须读五车书。"

高宗对此也非常满意，不久，进封赵瑗为建国公。

赵瑗的优秀，获得了许多朝臣的支持。大臣赵鼎、沈与求在赵瑗被封建国公后，便委婉地劝说高宗早日立他为嗣。他们先是以恭维的口气称赞高宗能"为宗庙社稷大虑"进封赵瑗为国公，这是前所未有的"盛德之举"。

高宗听了自然十分高兴。赵鼎于是便进一步指出应当早日立储，以安社稷。沈与求等人也在一旁附和赵鼎："陛下念艺祖创业之艰，而圣虑及此，这实在是历代帝王难能之事。"听到这里，高宗才发现两人的真正目的是劝自己立赵瑗为储君，心情顿时大变，模棱两可地岔开了话题。

在赵瑗于资善堂就学后不久，岳飞拜访资善堂，见到他后，高兴地说："社稷得人矣，中兴基业，其在是乎！"此后，岳飞多次不避高宗的忌讳，上书请求立赵瑗为皇储。许多朝臣将领也上书请求确立赵瑗的名分。然而，岳飞对国家社稷的一片忠心，却深深地刺痛了高宗敏感的心结。岳飞等主战派对赵瑗的青睐，在刚经历"苗刘兵变"不久的高宗看来，无疑是难以忍受的。况且，他此时只有 29 岁，仍旧没有放弃自己诞育子嗣的希望。于是，不久，高宗将另一位入宫宗子赵伯玖封为崇国公，赐名璩。显然，高宗此举大有制衡之意。

【南宋《中兴四将图》局部，图中人物为岳飞与张俊】

绍兴七年（1137）二月，因太阳有异状现象，高宗诏内外官吏推荐能言极谏之人。知漳州廖刚应诏上书，指责高宗迟迟不立赵瑗为皇嗣，导致人心不稳："陛下有建国之封，将以承天意，而示大众于天下后世者也。然却不正式确定其为皇子，岂有所待耶？"

这年七月，因天下大旱，高宗再次下诏求取救灾之策，并极言政事之失。简州州学教授黄源趁机上书。与廖刚相比，他的语气更为激烈，他极力劝告高宗应立赵瑗为储君。待他日皇子诞生，再退居藩服。但高宗对此毫不理睬。

绍兴八年（1138）正月，进士李焘再次恳请高宗早日定下储君，锻炼其才能，以安定人心。但高宗仍旧充耳不闻，不予理会。事实上，这时的高宗仍旧心心念念着自己诞育皇嗣。所以不管朝臣如何劝谏，他都很难听得进去。相反，为了遏制赵瑗在臣民心中的威望，削弱他的独尊地位，他刻意抬高赵璩的身份，使两人并驾齐驱，互相牵制。

绍兴八年（1138年）八月，高宗准备封赵璩为吴国公，遥领节度使。朝臣对此议论纷纷。虽然宰相秦桧内心十分支持高宗此举，但他此时拜相不久，根基尚不稳定，故而不敢公然与民意作对。

大臣王庶首先表示反对。他认为立两位储君候选人将会导致政局动荡，"并后匹嫡"，绝非明智之举。许多朝臣表示赞同，劝阻高宗进封赵璩。秦桧见状，也不得不向宰相赵鼎表态："我岂敢专断一词，公（指赵鼎）若采纳众议，我定当与您同奏。"

第二天，赵鼎与秦桧一起向高宗汇报廷议结果，再次强调，赵瑗虽无皇子之名，但天下人都已视之为皇子，故而待他的礼数不能不与他人（意指璩）有异，否则将人心不稳，引起朝堂内外动荡不安。

在他的劝说下，高宗虽表示暂将进封赵璩之事搁置，但内心非常不快。

此时，秦桧也在一旁，但他看出了高宗的情绪，故而一言未发。等到次日朝对结束后，他留下单独向高宗奏事，立即表明对高宗进封赵璩的支持。

正为此事恼火的高宗，听了他的话很是欣慰。高宗觉得满朝文武，唯有秦桧能真正懂得自己，于是对他的宠信又增了几分。不久，赵鼎等人先后被罢职，秦桧的权势也如日中天。有了秦桧的支持，高宗最终于绍兴九年（1139）三月，正式下诏封赵璩为崇国公，遥领保大军节度使，同时命他前往资善堂就读。这样，赵瑗的地位就更加岌岌可危了。

绍兴十年（1140）五月，金军再度大举南侵。高宗陷入忧惧之中，他匆忙下诏命岳飞率军御敌。岳飞趁机送上一个密奏，劝他早日立储，以安人心："今欲恢复，必先正国本以安人心，然后陛下不常厥居，以示不忘复仇之意。"

在岳飞看来，立储之事不仅是宫廷之事，它是关系抗金复国的大事。早立储君，不仅可以安定臣民之心，而且可以调动将士和百姓抗敌的热情。然而，他的一片拳拳忠心，在高宗看来却是极为扎心。自"苗刘兵变"以来，高宗对武将一直防备极深，尤其是岳飞等手握重兵的主战派。他们坚决反对高宗的求和政策，屡屡上书抗议，言辞激烈，令高宗反感之余又不免忧惧，怕他们会效仿苗傅、刘正彦等人，拥兵叛乱。

在这封密奏前，岳飞入京面圣时，曾奉命与赵瑗见过一面。他对稳重谦敛的赵瑗印象极好，称赞他"英明俊伟"，堪负家国社稷之重任。高宗闻言十分生气，当面斥责岳飞，让他专心军务，不要对朝中事指手画脚：

"卿握兵于外，此事非卿所专预也。"

但忧国之切的岳飞出于大局考虑，此后还是多次劝告高宗早日立储。高宗对此深恨不已。

文武百官对赵瑗的拥护，无疑加深了高宗心中的不安。于是，赵瑗在宫中的地位，也变得更加微妙与尴尬。

然而，除了高宗的防范与猜忌外，赵瑗还面临着来自宰相秦桧的强烈阻难。

来自宰相的阻难

秦桧与赵瑗的矛盾由来已久。

秦桧凭借高宗的宠信，大肆结党营私，排除异己，大批忠正之臣被贬出朝堂。他对金国卑躬屈膝，一味乞和，对贤臣能士不择手段地诬陷迫害。其党羽遍布朝野，为非作歹，气焰嚣张。

据陆游的《老学庵笔记》记载，有一次，秦桧孙女崇国夫人的狮猫丢失了。本是一件小事，却令临安府出动人马进行全城搜查。

秦桧的种种恶迹，令少有大志的赵瑗十分憎恨。出于对国家社稷的担忧，前途担忧，赵瑗便时常向高宗反映秦桧及其党羽的不法行径。赵瑗的所作所为，无疑令秦桧对他深恶痛绝。于是秦桧挖空心思地想要削弱他的地位和影响力，将他排挤出皇储备选人之列。

赵鼎罢相后，秦桧在朝堂独断专行。他利用手中权力不断阻挠高宗正式册封赵瑗为皇子。对于那些拥立赵瑗的朝臣，他也不遗余力地给予了多方排挤与打击。

绍兴十一年（1142 年 1 月 27 日）除夕夜，岳飞与其子岳云、部将张宪，被秦桧以"莫须有"的罪名杀害，在民间掀起轩然大波，民心浮动。高宗用岳飞之死换来了与金国的屈辱和议，也换来了他母亲韦氏的归来。

绍兴十二年（1142）正月，在朝堂内外的呼声中，高宗进封十六岁的赵瑗为普安郡王，以安民心。陈桷、方云翼等人趁机再提立储一事。高宗心中不快，未有给予表态。于是，秦桧趁机污蔑陈桶、方云翼等人"专任己意，怀奸附丽"，奏请高宗将他们全部罢职。同时，秦桧还污蔑赵鼎等人极力主张早立皇子，是认为高宗终将无子断后。

秦桧的污蔑果然勾起了高宗心中的隐痛。高宗他开始怀疑赵鼎等人建议立赵瑗为皇子可能是另有所图。据《建炎以来朝野杂记》记载，秦桧见高宗对赵鼎不满，便趁热打铁，指使党羽极力网罗罪名，上章弹劾赵鼎，说他为相期间，"累年不恤国事，邪谋密计，深不可测，与范冲辈咸怀异议，以微无望之福。用心如此，不忠孰甚焉。"

高宗勃然大怒，将赵鼎一贬再贬，最后竟被发配到漳州、潮州等偏远边地。除了打击拥护赵瑗的朝臣，对于赵瑗本人，秦桧也想方设法地刁难打击。

16岁的赵瑗已近成人，按照宋代以往惯例，不适合继续留在后宫生活。于是，绍兴十二年（1142）三月，赵瑗移居朝廷为他建造的郡王府，结束了"起居饮食未尝离高宗膝下"的生活，此后只在每月的朔望两日参与朝拜。

绍兴十三年（1143）底，赵瑗的生父赵子偁在秀州病逝，讣告于次年正月传入都城临安。接到噩耗，赵瑗悲痛万分，然而悲痛之余却左右为难。一方面，赵瑗作为储君候选人，一直由高宗抚养，二人虽无父子名分，却有父子之情。另一方面，生父去世，若不服孝，心中难安，也有违礼制。

朝廷大臣也就此事议论纷纷，有的主张服丧，有的反对，一时间难以形成定论。宰相秦桧极力主张赵瑗服丧。他觉得这是一个削弱赵瑗地位的好机会。于是秦桧指使党羽联名上书，以宋英宗被仁宗收为养子后，也曾为生父服丧三年为由，极力劝服高宗，同意赵瑗赴秀州奔丧。

高宗思虑再三，觉得不让赵瑗为生父守丧，有违祖制，同时也对自己名声影响不佳。最终高宗采纳了秦桧等人的意见，让赵瑗赶往秀州为生父送葬，并让他解职守丧三年。

秦桧还趁机停发赵瑗的月俸。连高宗也觉得他做得太过分，特命从内藏库（南宋由皇帝直接支配的财库）拨出部分经费以补赵瑗日常不足。在秦桧的恐怖独裁下，原本积极谏言立储的朝臣也不再开口，以免遭到报复。但也有一些刚正不屈之人，不惧秦桧权威，公然与之对抗。

据《宋史》记载，福州州学教授黄石代曾写信质问秦桧。高宗已在位十九年，至今国无储君，"国家安危莫大于此"。秦桧身为宰相，非但不劝谏立储，反而从中作梗，意欲何为？

秦桧看信后勃然大怒，很想狠狠教训一下黄石代。但他转念一想，又觉得黄石代职位低微，自己以一国宰相之尊与之计较，反而抬高他的声誉。于是秦桧多番思虑之下，还是强忍着怒火，放过了黄石代。

【宋孝宗《御笔楷书七绝》】

绍兴十七年（1147），赵瑗孝期已满，仍以普安郡王遥领节度使。这一年，他已经 21 岁。随着年龄的增长，他对帝国朝局的关注更加密切，也因此洞察到更多秦桧及其党羽的恶迹，对他们的不满也更加强烈。

据《宋史》记载，一次，衢州发生百姓反抗斗争，秦桧为了给高宗营造一种"太平"的盛世假象，便没有奏告高宗，私自派禁卫军前去镇压。

在宋代，禁卫军的调令需要皇帝本人亲自下发，任何人不得私自调遣。秦桧此举显然是公然的僭越。赵瑗获知后将此事上报给高宗，严厉指责秦桧擅权。高宗也十分不满，就追问秦桧。秦桧以"区区小寇，不足烦圣虑"为由搪塞过去。此时，高宗对秦桧仍旧颇为倚重，此事便不了了之。对于告密的赵瑗，秦桧自然恼恨不已。

二人之间的矛盾，高宗也心知肚明。但他觉得赵瑗也许是对秦桧的一种制衡，可以防止秦桧过度专权，影响自己的统治。于是高宗便睁一只眼闭一只眼，假装不知。有时他拿一些大臣私下告发秦桧不法的事质问秦桧时，反而推说是赵瑗讲的。

叶绍翁的《四朝闻见录》记载：一次，建康盗贼四起，地方官不堪其扰，如实上报朝廷。为了维持向高宗吹嘘的"太平盛世"谎言，秦桧把这些奏章全部扣下，匿而不报。后来，高宗从大臣张说那里得知此事，质问秦桧。秦桧反复向高宗探问如何得知。高宗推脱不得，于是推到赵瑗身上。秦桧对赵瑗更加忌恨，极力阻挠其成为皇子。

面对秦桧的阻难，赵瑗并未畏缩。他仍然利用一切机会打击秦桧及其党羽的气焰。赵瑗也在与秦桧的不懈斗争中，声誉日隆，加上他性格温和，心胸开阔，左右之人"未尝见喜愠之色"，毫无意外地获得了帝国臣民的由衷期许与拥戴。

绍兴二十五年（1155）十月，秦桧病重。他命家人封锁消息，企图由秦熺接替他的职位，继续把持朝政。赵瑗得知后，赶紧向高宗汇报。高宗立即亲自赶到秦家，名义上是探病，实际上是观察虚实。实际上，朝堂上批判秦桧的呼声此前已十分高涨。高宗深知若再任其党羽纵横下去，将会影响到自己的地位。于是，他拒绝了秦熺继任为相的请求，勒令他告老还乡。

秦桧纵横南宋朝堂半生，最后一个计谋被赵瑗打破了。这天深夜，他在忧伤惊惧中死去。

十个处女的考验

秦桧虽然死了，但赵瑗的储君之位仍旧没能定下。实际上，除了秦桧及其党羽的反对外，后宫中也有一股敌对他的势力。

赵瑗进宫时吴氏只是才人。绍兴十三年（1143）吴氏被册立为皇后。

这个宋史超有料

自绍兴四年（1134），她领养了赵伯玖后，便一直对其悉心照顾。她一生没有子嗣。对于赵伯玖，她付出了母亲般的温柔与爱意。

这样的感情，自是赵瑗难以比拟的。所以，不论是出于感情，还是出于自身利益考衡，她都倾向于立赵伯玖为皇嗣。哪怕后来赵瑗的养母张氏去世，高宗又将赵瑗指送给她养育，她的立场仍旧没有改变。表面上，她对赵瑗与赵伯玖一视同仁，实际上仍旧偏袒自己亲自养育长大的赵伯玖。所以，当秦桧及其党羽压制赵瑗，劝说高宗提高赵璩（赵伯玖）的身份和地位时，吴氏是极为赞同的。而高宗的生母韦氏也同样支持赵伯玖。

绍兴十二年（1142）八月，在金国度过了十五年艰苦岁月的韦氏历经长途跋涉，回到了临安。她在靖康之变中与徽、钦二帝一同被掳往金国，受尽苦难与屈辱。宋高宗赵构于帝国陆沉之际继承帝位。他虽呼号着迎回二帝，实则只是笼络民心的虚伪之举。他心中真正牵挂的也唯有生母韦氏一人。他称帝后遥尊韦氏为宣和皇后，又大封外祖一家。

每次遣使前往金国，高宗都要尽力打探韦氏的消息。经过十几年的交涉，金国终于答应放归。高宗极为高兴，他带着庞大的仪仗队亲自北上迎接，还命赵瑗一同前往，希望能获得韦氏的欢心。但韦氏历经磨难归来，心灰意冷，不愿过问政事，对于立储问题始终未曾明确表态。韦氏虽没有明言，但在吴氏的影响下，她也在日常诸事中偏向赵璩，很显然更加属意于他。高宗唯恐拂了她的心意，不敢随意做出决定。

在秦桧与吴氏等人的怂恿下，绍兴十五年（1145）二月，高宗加封赵璩为检校少保，进封恩平郡王，出宫就居郡王府。这样一来，赵瑗便与赵璩并为郡王，地位相当，号称"东西府"。

实际上，高宗内心深处一直更加青睐赵瑗。此时他求医问药已有十几

【宋高宗御容】

载，一直未能诞育亲子。于是高宗也不再抱有奢望，若想江山延续，唯有选择养子。高宗对赵瑗的喜爱，无形之中便加深了。

当然，他的喜爱与赵瑗本人的品性息息相关。据史料记载，赵瑗生活简朴，没有贵子的奢华与铺张，为人谦逊朴素，至于珠宝奇珍之物，更是"心所不好"，未加积蓄。朝野上下对赵瑗不吝溢美之词，称赞他恭敬持重，处事谨慎，"天资英明，豁达大度"，进退皆在常度。

高宗对此也颇为得意。据《建炎以来朝野杂记》记载，高宗曾以赞赏的口气对近臣说："卿亦见普安（指赵瑗）乎？近来骨相一变，非常人比也。"

虽然高宗偏向赵瑗，但要立他为皇嗣，仍旧困难重重。前朝有秦桧及其党羽的反对，后宫有皇后吴氏与太后韦氏的反对，他只能暂且搁置，伺机而动。

秦桧死后，从前被迫三缄其口的朝臣再次蠢蠢而动，重提立储一事。其中以晋原人阎安中最为著名。他在考进士的策文中表达观点，强调太子乃天下之本，挑选太祖两位后裔入养宫中已过二十几年，考察时日不可谓不久。储君一直未定，嫡长一直未分，这将会引起朝臣的观望猜测，朋比结党。而朋党之风一开，则必为社稷遗祸，这是关系到国家安危的大事。所以，他恳求高宗，"早正储位，以系天下之望"。

高宗读后十分感叹。自秦桧专权以来，他已经很久没有听到如此刚直的立储之言。于是御笔钦定阎安中为探花（进士甲等第二名）。高宗此举无疑给观望中的朝臣吃了一颗定心丸，他们纷纷上书，请求立赵瑗为储君。利州路提刑范如圭搜集有关奏章三十六篇，用袋子装上，送给了高宗。

他出发前，亲朋好友无不忧虑，担心他此举会触怒高宗。而范如圭本人也做好了最坏的准备。然而，让所有人意外的是，高宗非但没有生气，反而非常感动。他特地询问宰相陈康伯的看法。陈康伯本来就主张立储，于是赶紧趁机称赞范如圭"爱君之至"，请求高宗顺应民意，早日定下储君。高宗十分高兴，当即表示同意。

不过，鉴于皇后吴氏与太后韦氏的反对，他心中还是有些迟疑。为了进一步甄别赵瑗与赵璩的优劣，他做了最后一个考验。

他故意同时给俩人各送了十名如花似玉的宫女。赵瑗见到来人有些不知如何处置。他的老师史浩看穿了高宗的用意，叮嘱他要谨慎行事。赵瑗深以为然。果然，没多久，高宗又把这些宫女悉数召回，并派人逐个检查身体，发现赐给赵璩的十名宫女均已不是处女，而赐给赵瑗的宫女却仍旧完璧如初。

至此，他终于下定了最后的决心。

【宋孝宗《草书＜后赤壁赋＞》局部，现藏于辽宁省博物馆藏】

绍兴二十九年（1159）九月，韦太后病逝，阻碍赵瑗成为皇储的最后一个主要障碍已不复存在。据《建炎以来朝野杂记》记载，大臣张焘上奏请求立赵瑗为嗣。与以往含糊的态度截然不同，这一次，高宗明确地回答："朕思念此事已经很久了，个中缘由一言难尽。你的话很合朕意，明年春天一定举行立储典礼。"

绍兴三十年（1160）二月，韦太后丧事完毕后，高宗便正式昭告天下："普安郡王贤明之至，可授少保、使相之职，爵进真王，以示与恩平郡王之别。"他还为自己此前关于立储之事的犹豫，作了辩护："朕久有此意。对于二王并立，必擘国之祸乱，岂有不知？只是担心显仁皇后（即韦太后）意所不欲，才迟迟未决，致使拖延至今。"

群臣听罢，纷纷赞誉高宗德行非凡，虽上古圣帝贤主也远不能及。据《宋史》记载，高宗非常高兴，进一步解释说，他立储并非因朝臣劝谏，而是出自自己的本心："这事原本出于朕之内心，并非因臣下建议而如此。朕曾读唐宪宗史事，宪宗每遇大臣有论及储嗣者，便怒而斥之，真可谓不达事理。"

不过，高宗虽然宣布赵瑗承继储君之位，但他始终没有给予其皇子称号。直到宰相汤思退进言，高宗才于绍兴三十年（1160）的二月二十二日，为赵瑗举行了隆重的皇子册封礼仪。

自 6 岁入宫，至 34 岁被正式立为皇子，围绕赵瑗 30 年之久的储位问题，终于画上了一个圆满的句号。然而，他的喜悦并没有持续太久，因为金主完颜亮的铁蹄声突然于帝国的身后轰隆而来。

太上皇与今上

完颜亮是金国的第四位皇帝，他于金皇统九年（1149）发动宫廷政变，杀死金熙宗，夺取帝位。即位后，他进行了一系列的政治改革，积极推动女真汉化的进程，为此不惜大开杀戒，铲除了大批思想保守的女真贵族。初步稳定统治后，他便想南下灭宋，做一个真正的天下之主。他曾派画工随使臣到达南宋，偷偷画下临安青山绿水的美景图。看了这幅画，完颜亮对临安的湖光山色很是向往，还在画上题诗："万里书车一混同，江南岂有别疆封？提兵百万西湖侧，立马吴山第一峰。"

为了灭宋，完颜亮疯狂地进行战争准备。他不顾统治区内百姓的生存困境，大肆搜刮财物以作军资，同时对南宋不断挑衅，寻找各种借口想要撕毁合约，伺机南侵。

对于完颜亮的野心，南宋不少爱国之士早有察觉，并多次上疏恳请高宗给予重视。被闲废多年的抗金老将张浚便是其中之一。他曾两次上书，谈及金国异动，恳请高宗早整军事，以作防范。然而高宗不仅没有重视，反而愤怒地收回了刚委任张浚为洪州通判的任命，仍旧将他押回永州闲置。他还警告其他大臣，若再敢危言耸听，必然严惩不贷。

绍兴二十九年（1159），完颜亮南侵之势已十分明朗。出使金朝的使臣归来后也向高宗报告完颜亮的军事野心："金人必叛盟，宜为之备。"甚至连奉命出使南宋的金国使臣施宜生也委婉地向南宋当局透露金兵即将南侵的消息。但令众人愤怒的是，高宗仍旧无动于衷。绍兴三十一年（1161），完颜亮公然撕毁绍兴和约，大举南侵。高宗不得不从偏安一隅的美梦中艰难地醒来。

高宗意识到，想要维持绍兴和议的苟安，已经不可能。一场大战即将来临。他不得不罢免投降派汤思退的宰相职务，重新起用主战派的陈康伯为相。在陈康伯的鼓励与协助下，他开始着手进行防御准备。然而，一切已为时过晚。

这年九月，完颜亮发兵六十万之巨，自西向东，分兵四路向宋发动全面进攻。其中，完颜亮亲率主力进攻淮南。战争初始，由于宋军的顽强抵抗，各路金军战况不佳。但不久，这样的有利局面便被打破了。负责淮西防务的守将王权，先是胆小如鼠，停滞不前，后又不听指挥，擅自率军后撤。他的无能导致宋军在淮河一线的防线全面崩溃，淮南、江南、浙西制置使刘锜被迫退回镇江。之后，金兵长驱直入，饮马长江。

消息传到临安，南宋朝堂顿时陷入一片惊惧之中。文武百官偷偷把亲属送走，时刻准备逃走。高宗也十分惊慌。他甚至想故技重施，逃亡海上，还下诏说："若敌未退，当散百官而走。"宰相陈康伯十分气愤。他将高宗给他的手诏烧毁，入宫责问高宗："百官岂可散得？百官一散，主势益孤，国家休矣！"在陈康伯等主战派的支持与安抚下，高宗这才暂时打消逃亡的念头，并难得地表示，要亲自"御驾亲征"。

此时，老将刘锜因战前失利，忧愤交加，病情加重。高宗于是派知枢密使叶义问代替他主持江淮诸军事务，命中书舍人虞允文为参赞军事，从旁协助。然而，叶义问此人胆小懦弱，毫无军事才能。他到镇江后，在不了解战况的情况下便令宋军渡江出击，结果大败而归，损失惨重。

叶义问吓破了胆，以督促援兵为借口，仓皇逃回建康，任由身后大军六神无主，乱成一团。幸好虞允文颇有胆识和才略。他见形势危急，不顾亲随的劝阻，冒着越职违制的风险，毅然担负起抗击金兵渡江的重任。他迅速召集将领，组织军队，整顿行列，沿江布防，严阵以待。

这时，北方各族人民不堪忍受完颜亮的残暴统治，趁着其南下攻宋，纷纷起兵反抗。东京留守完颜雍趁机发动政变，宣布废黜完颜亮，自立为帝（即金世宗），并很快控制了黄河以北地区。

完颜亮进退失据，索性孤注一掷，决心在采石一带强行渡江，以做最后一搏。结果被虞允文率领的宋军打得大败。完颜亮深受刺激，已失去理智。金军内部军心散乱，几个将领不堪忍受，杀死完颜亮后率军北撤，归附了金世宗完颜雍。

此时，金兵的西路军、中路军、东路军均遭到宋军的重创。加上完颜亮已死，金军全面溃败。宋金两方形势顿时发生了逆转。南宋由守转攻，金军节节败退。而此时刚登基不久的金世宗正忙于平定国内的人民起义，无暇顾及南宋。所以，宋军若能乘胜追击，极有可能收复失地，恢复中原大业。

然而，面对抗金形势的一片大好，高宗反应十分冷淡。他一心想要维持南北对峙的局面。当他来到建康御驾亲征时，虞允文恳切地提出，完颜亮已死，完颜雍根基未稳，此时正是恢复中原故土的天赐良机。高宗听了，也只是冷淡地随口搪塞了几句。在建康停留几天后，他便不顾朝臣的反对，匆匆返回临安，随即下令各路宋军停止进击，待命而动。

绍兴三十二年（1162）正月，金世宗遣使来告即位之事。许多大臣认为绍兴和约已撕毁，不必再依礼接待金国使者。即便接待，也应以平等的姿态，不应以称臣自居。然而高宗却坚持继续之前的求和政策。他这一系列卑躬屈膝的投降政策，引起朝野上下一片声讨。

与高宗天怒人怨的境遇相比，赵瑗显然备受帝国朝臣的期待与信赖。在秦桧专权时期，他便不惧秦桧权威与之做斗争。此次金兵南侵，他更是斗志坚决，意志昂扬，与软弱屈膝的高宗形成鲜明对比。所以百姓自然而然便把抗金复国的愿望寄托在了他身上。

高宗对此也心知肚明。他深感自己的统治已难以继续下去。无奈之中，高宗只得表示自己"倦于政事"，今后将"以泊淡为心，颐神养志"，宣布传位于养子赵瑗。

绍兴三十二年（1162）五月，高宗宣布立皇子赵瑗为太子，开始了禅位的第一步行动。

据《建炎以来系年要录》记载，在册立赵瑗为太子的同时，高宗也在着手准备自己退位后的闲居之处。经过反复挑选，他最后选定了秦桧位于城西的旧宅。此处依山傍水，幽静秀丽，且距皇宫不远，是个理想的养老之地。高宗命人修整一番，改名为"德寿宫"。

六月十日，高宗再下御旨，宣布禅位。

六月十一日，紫宸殿外，百官垂首恭立，神情端肃。高宗的退位仪式，与太子赵瑗的登基仪式均在这里举行。

禅位仪式开始前，先由高宗召赵瑗入内宫，谕以禅位之意。赵瑗听后极力推辞，退到大殿侧门旁边，打算出殿回东宫。经高宗再三劝勉，赵瑗方才流泪答应。

随后，在一片喧闹的鞭炮声中，高宗最后一次正式登临紫宸殿。宰相陈康伯、副相叶义问、汪澈等率文武百官依次入殿参拜，三呼万岁。礼毕，宰相陈康伯代表百官上奏，奏毕再行奏礼。群臣纷纷落泪，有的甚至号啕大哭。

高宗不禁也触动了心弦，流下眼泪。君臣对答毕，高宗起身离座，在一片鞭炮声中返回后殿，文武百官也随之退出殿门外，退位仪式结束。

稍后，文武百官在殿外廊下恭敬站立，听内侍宣读禅位诏书。诏书宣读完毕，百官三呼万岁，等候新皇出殿上座。

过了一会儿，赵瑗身着龙袍，在侍从与禁卫的前呼后拥下，来到紫宸殿。百官按次进入殿中，迎接新皇。在阵阵鞭炮、乐声以及帝国臣民的赞颂声中，赵瑗在百官们的反复劝谏中，踏上了龙座，是为孝宗。

这一年，孝宗已经36岁。他踌躇满志，雄心勃勃，深信自己的时代到来了。他终于可以放开手脚，大展宏图，做一个比肩汉武唐宗的英伟君王。

然而，不久之后孝宗便难过地发现，事情远没有他以为的那样简单。

德寿宫中的父与子

为了振兴朝纲，孝宗首先从高宗时期的冤屈案件入手，给予重审纠正。即位第二个月，他便决定正式为岳飞平反，不仅恢复了岳飞的名誉，还斥百万巨资在岳飞家乡为他建祠，供百姓纪念。同时厚待岳飞的家人与子嗣，并大力贬斥秦桧余党。孝宗此举获得朝野内外的一片热烈赞颂。

除了岳飞，如赵鼎、范冲等被秦桧陷害含恨而死的忠臣，他也恢复其名誉，厚待其子孙。那些尚且在世的，他纷纷召回朝堂，予以重用。如辛次膺、胡铨等名臣，在孝宗的恳诏下，纷纷回朝。辛次膺因批判秦桧卖国投降，玩弄权术，被秦桧罢职，居乡赋闲20年。胡铨对秦桧的批判更为激烈。他曾于绍兴八年（1138）上书抨击秦桧及其党羽，"专务诈诞，欺罔天德"，强烈要求高宗将秦桧等人斩首示众，以谢天下。胡铨表示，自己"备员枢属，义不与（秦）桧等共戴天"。若朝廷继续苟且偷安，胡铨则"宁赴东海而死"，也不愿身处小朝廷"求活"。因为这封奏疏，胡铨被秦桧恨之入骨，将他冠上"狂妄凶悖，鼓众劫持"的罪名，发配边地编管。

孝宗即位后立即起用两人。辛次膺初任御史中丞，不久升同知枢密院事，进而担任参知政事（副宰相）。胡铨也被授予权兵部侍郎一职。

此外，孝宗还起用高宗时期那些坚持抗金、清正廉洁的官员，如张浚、陈康伯、虞允文、周必大、陈俊卿、留正、胡晋等人。

为了改变高宗时期权臣独政，排斥异己的混乱政局，孝宗鼓励百官积极参政，共商国是。为此，他极为关注人才选拔，大胆提拔任用新人。

据《续资治通鉴》记载，即位第九天，孝宗颁下一道求谏纳言的诏书，鼓励百官进谏直言，畅谈时政。他认为，"古先极治之朝，置鼓以感（延）敢谏，立木以求谤言，故下情不塞于上闻，而治功所由兴起"，故而，他极力倡导直谏之风。

孝宗此时已经意识到，高宗传给他的帝国，完全是一个吏治腐败，国弱民贫，政局动荡的烂摊子。但最大的难点还不在这里，因为他发现，太上皇并不像他对外宣称的那样"淡泊为心，颐神养志"。高宗虽然退居德寿宫，但仍旧对朝政处处插手，多方桎梏。

赵构在民意的声讨中被迫禅位，但他显然没有反思自己的为政过错，反而想要继续维持苟安的状态不变，甚至还想将这一想法灌输给立志北伐的孝宗，希望他沿袭自己求和的老路。

这在对待张浚一事上便有着鲜明的体现。孝宗即位没几天便亲下手诏，召回以抗金闻名的老将张浚入京，共商恢复中原大计。张浚一生坚持抗金，忠心报国，为人正直，毫无私心，是一名令人尊敬的贤者与名将。他本是一名进士出身的儒臣。靖康之变时，金人立张邦昌为伪帝。张浚拒不向张邦昌称臣跪拜，逃入太学躲了起来。后来张浚听说高宗在南京称帝，于是逃出开封，投奔而去。

看到山河零落，百姓危难，张浚痛不可抑，毅然弃文从武，召集百姓抗击金军侵略。但由于他性情刚烈，反对屈辱求和，力主收复失地，招致高宗等人的厌恶。绍兴和议达成后，张浚被解除兵权，此后被贬斥在外长达 20 年。据《齐东野语》记载，绍兴末年，完颜亮毁约南侵。张浚眼见国势危急，不顾自身安危，接连向高宗上书，请求领兵抗敌。张浚的请战被高宗断然拒绝。高宗甚至说："朕宁至覆国，不用此人！"

后来迫于舆论压力，高宗虽然将张浚召回，却仅授予他建康知府兼行宫留守的虚职，始终不肯恢复其兵权。

【宋高宗《御笔草书七绝》，据说是他在德寿宫中所作】

被冷落二十年的老将张浚，接到孝宗的手诏，激动万分，立刻马不停蹄，从建康奔赴临安。孝宗尊敬地对他说道："朝廷所恃唯公。"孝宗的态度与曾经的高宗形成了鲜明的对比。张浚不免感慨万分。他鼓励孝宗坚定意志，定要不畏艰险，锐意恢复中原。君臣二人情投意合，相谈甚欢。孝宗随即任命张浚为江淮东西两路宣抚使，负责统一指挥两淮前线诸路军马，并破格加其少傅衔，进封魏国公。

然而，孝宗此举却让太上皇赵构极为不满。据《四朝闻见录》记载，一次，张浚的儿子入德寿宫觐见。赵构迫于张浚在百姓中的美誉，不得不缓和了态度，对其曲意抚慰，不但仔细询问其父张浚的日常起居，还说："朕与卿父，义则君臣，情同骨肉，卿行奏来，有香茶与卿父为信。"

这些话果然迷惑了不少人。谁知赵构表面上虽称赞张浚，内心却极为恼火。所以当不久后孝宗前来问安，在他面前称赞张浚时，他严厉训斥孝宗，让他不要相信张浚："毋信张浚虚名，将来必误大计。他专把国家名器财物做人情耳！"

但此时的孝宗，尚有一腔豪情。所以不论高宗如何反对，他还是顶住压力，坚持己见，始终对张浚极为尊敬。他还亲自书写《圣主得贤臣颂》一文送给他，赞美他是难得的贤臣。高宗对此十分气愤。

据《宋史》记载，孝宗去探望他时，向他"力陈恢复大计"。他愤怒地说，等我死了，你再谈论恢复大计。"大哥（指孝宗），俟老者百岁后，尔却议之。"孝宗听了极为惶恐。

隆兴元年（1163）四月，在孝宗和张浚的主持下，南宋方面不宣而战，发动了对金的战争，史称隆兴北伐。但因孝宗恩师史浩的消极阻拦以及用将不当等因素，隆兴北伐以失败告终。

太上皇赵构得知败讯后，竟然"日雇夫五百人，立殿廷下，人日支一千足，各备担索"，准备随时逃亡，给孝宗施压，使他放弃北伐，力主和议。

在赵构的支持和推波助澜下，主和派再一次占据上风。张浚在朝堂备受排挤，深感无力，遂于隆兴二年（1163）四月递上辞呈。不久，这位一生为国的忠正老臣，带着满腔的遗憾，在失望与哀伤中溘然长逝。

隆兴二年十一月，在太上皇赵构与宰相汤思退的力主下，隆兴和议达成。

这是孝宗的雄心第一次遭受挫折。但他毕竟与高宗不同，短暂休养后，便又恢复了斗志，念念不忘雪耻。为此他起用虞允文等抗金将领，整军经武，积极为北伐做准备。然而，天不假年，虞允文不幸病逝，朝中再无可用之将，北伐计划就此流产。孝宗恢复中原的希望再次落空。朝臣颓废，不思国事，他失望之余，渐渐变得消沉。

在太上皇赵构的耳提面命下，他渐渐开始接受了偏安一隅的现实。据岳珂的《桯史》记载，有一次，孝宗到德寿宫问安，太上皇对他大谈和议："天下事不必乘快，要在坚忍，终于有成而已。"若是以往，孝宗必然觉得十分刺耳。然而这一次，他却觉得很有道理，还请赵构将这句话写下来，由他挂在选德殿上，用以日日告诫自己。

孝宗不再对北伐念念不忘，太上皇赵构，至此终于心安了。

历代帝王都标榜仁孝，但唯有宋孝宗赵昚的"孝"名副其实。他身上呈现出的孝顺和温情，放在整个历史领域都是极为罕见的。但从他一生的经历来看，人们不难发现，这种极致孝顺的面纱之下，是他一生拘谨、不得自由的辛酸写照。

晚期的孝宗已然放逐了自己。他心灰意冷，再也没有找回年轻时踌躇满志的豪情。与明亮而又炽烈的理想相比，他的一生似乎太过暗淡。所以他把那些未能实现的心愿放到了儿子光宗的身上。也许在他心中，自己并不是一个合格的好皇帝，至少远没有达到曾经的自我期许。

但无论如何，他总归是个合格的好儿子。也许，他就此获得了心灵的安慰。

岁暮之悲

淳熙十六年（1189）正月二十日，孝宗正式向百官宣布禅位，着令百官早日准备禅位相关事宜。正月二十八日，孝宗将高宗居住的德寿宫改名重华宫，作为自己禅位后的居所。

淳熙十六年（1189）二月二日，禅位仪式与登基仪式再次在紫宸殿上演。孝宗和多年前的高宗一样，端坐在殿上，最后一次接受百官的朝拜和奏言，然后离殿前往重华宫。不久，禅位诏书传出。诏书宣读完毕后，百官拥立太子即位，是为光宗。

这一年，孝宗63岁。实际上，他早就有了禅位的想法，但先前碍于太上皇赵构健在，无法付诸行动。淳熙十四年（1187）十月初八，赵构病逝，终年81岁。丧事尚未办完，孝宗便私下召学士洪迈入宫，以为太上皇守丧三年为借口，表达了自己准备禅位的想法。

如今，他终于得偿所愿，把帝国平稳地交付于儿子手中。此后他也成了太上皇，将会如从前的高宗那般，在自由舒心的余生里颐养天年。然而，他万万没想到的是，他与高宗之间的温情故事，并没有在他与儿子光宗身上再现。

对于儿子光宗，孝宗无疑是一位慈爱的好父亲。在正式册立赵惇为太子后，孝宗亲自挑选饱学之士担任老师，还百般审慎，选取端稳忠正之臣作为太子随从。对于赵惇的学业和生活起居，他也十分关心，经常传唤有关官员询问具体情况。在繁忙的政务之余，他还会亲自教导赵惇读书。

然而，这个在他眼中"资质极美"的儿子却是一个懦弱不孝之辈。赵惇的皇后李凤娘更是历史上少有的悍妇。

据《齐东野语》记载，淳熙末年，孝宗决定退位。一天，他与宰执大臣谈话，再次表示自己想要禅位于太子。大家听了纷纷称赞，只有知枢密院事黄洽一言不发。孝宗问他："卿意如何？"

黄洽答道："皇太子圣明至德，可负大任，然李氏却不足母仪天下。"恳请孝宗再认真考虑。谁知黄洽的肺腑之言却使得孝宗很不高兴。黄洽随即请求辞职，并意味深长地说，"陛下异日思臣之言，欲复见臣，亦不可得矣。"

此时的孝宗不会知道，黄洽此言竟在不久的将来一语成谶。

光宗即位后，李凤娘成为皇后。她的行为更加跋扈嚣张起来，甚至连已成为太上皇的孝宗也不放在眼里，对他与太上皇后谢氏十分无礼。孝宗十分气愤，一度想要废黜李凤娘，但被老臣史浩以光宗初立不宜废后为由劝阻。

没想到，李凤娘非但不知收敛，反而越发肆无忌惮。她还与宦官勾结，妄图干预朝政。光宗对她极为不满，却又不敢与她分辨，渐渐抑郁成疾。

住在重华宫的孝宗听说儿子有病后，十分担忧，一面叮嘱御医精心养治，一面派人四处寻找良药。为了防止李凤娘从中作梗，孝宗准备在光宗前来探望他时亲自把药给光宗。然而，李凤娘在宦官的通风报信下得知了消息，于是在光宗面前进谗言，诋毁孝宗，并极力阻止光宗前往重华宫。

为了进一步巩固权势，李凤娘要求光宗册立自己所生的嘉王赵扩为太子。光宗觉得"立储"事关重大，需要与太上皇商议后才能决断。谁知李凤娘竟不经光宗允许，独自跑到重华宫，请求孝宗同意立其子为太子。

孝宗觉得光宗即位不久，此时立太子还是太过匆忙。没想到李凤娘竟当场生气，讥讽孝宗以养子身份继承帝位。孝宗大怒，拂袖而去。李凤娘回到皇宫便带着嘉王赵扩到光宗面前哭诉，声称孝宗非但没有同意立嘉王为太子，还要废黜她的皇后之位。

在李凤娘长期的挑拨下，光宗此时对父亲孝宗已十分不满。光宗听了她添油加醋地哭诉，更是怒意横生。此后长达一年多的时间里，光宗都没有再去重华宫探望孝宗。

【宋孝宗《池上诗团扇》，现藏于美国大都会艺术博物馆】

然而，孝宗此时却还不知真相，每天殷切地盼望着儿子前来，以享父子天伦之乐。绍熙二年（1191），李凤娘趁着光宗离宫祭祀，把光宗宠爱的黄贵妃残忍杀害。光宗得知后悲痛不已。恰好在祭祀时，天气陡变，突下暴雨，祭祀被迫停止。光宗悲伤之余又受惊吓，刚刚好转的病情再次加剧。

　　孝宗得知儿子重病，急忙前去探望，却见光宗独自躺在床上不省人事，身为皇后的李凤娘却不知所踪。他极为震怒，令人把李凤娘招来，训斥了几句。几天后，光宗病情好转，李凤娘立即在他面前哭诉诋毁孝宗，还称孝宗要训斥他。光宗至此对孝宗更加不满，更不愿去重华宫探望孝宗了。

　　绍熙三年（1192）三月，病情好转的光宗重新开始听政。朝臣们纷纷上书，请光宗前去重华宫问安。光宗迫于群臣意见，只得启程去了一次重华宫，此后又连着半年之久不曾前去。这年十一月，在百官的反复劝谏下，光宗才又一次前往重华宫。孝宗欣喜万分，以为光宗回心转意，从此父子无隙。然而，让他难过的是，光宗此后仍旧一如从前，喜怒不定，若即若离。

　　绍熙四年（1193）重阳节，百官向光宗庆贺后，请他前往重华宫探望孝宗。有些大臣甚至跪泣苦谏。光宗终于有些松口，答应前去。谁知这时，李凤娘出来阻拦，以天气寒冷为由请他回宫饮酒。

　　百官震怒，却敢怒不敢言。只有中书舍人陈傅良上前拉住光宗的衣角，恳请他不要改变主意。然而，李凤娘却一脚将陈傅良踢倒在地，怒声呵斥他逾礼。陈傅良只得哭泣着退到殿下。光宗对此竟无动于衷，弃百官于大殿，若无其事地随李凤娘回宫饮酒去了。

　　孝宗在重华宫中日夜期盼着光宗前来探望他，却只能一次次地失望。寂寞孤独之中，他想召见一些旧臣前来谈话，却又被李凤娘暗中阻拦。

　　重华宫前车马稀清，门可罗雀。念及昔日德寿宫前车水马龙的繁盛，孝宗不禁老泪纵横。回想起当初黄洽对他的忠言，他不由悔恨万分。此时，他也终于清醒地认识到，儿子对他，并没有他对高宗的那份孝心。他想要的父慈子孝与欢度天伦，再也不可能实现。

　　孝宗万念俱灰，转而诵读佛经道书，以期获得心灵的解脱。然而，多番努力，他终究还是难以释怀。他变得寡言少语，时常凄然落泪，渐渐抑郁成疾。

绍熙五年（1194）四月，孝宗的病情加重。百官劝说光宗前往重华宫探望，却被他置之不理。光宗宁愿与李凤娘去玉津园游玩都不愿去探望垂危的老父。

五月份，孝宗病情恶化，已到了行将就木之时。他希望在离世前再看一眼自己疼爱了一辈子的儿子。他每天都要多次询问光宗是否到来。但光宗虽然知晓孝宗的心愿，却仍旧不愿去探望。宰相留正忍无可忍，带着百官再三泣请光宗满足太上皇最后一个愿望，但光宗还是无动于衷。留正与几位朝臣无奈之中拉住光宗的衣角，悲泣劝谏。光宗执意离开，竟至龙袍撕裂。留正等人终究没能劝动光宗，不禁痛哭失声。他们苦等两日，没有盼来光宗的回心转意，却接到了一纸停职诏书。

重华宫中，孝宗得知消息后，彻底绝望了。禅位前夕，孝宗曾兴致勃勃地对朝臣们说，太上皇生前80岁时，不愿举行盛大庆礼，以淡泊为志。朕以后70岁时，你们也不要大肆铺张。然而，他终究没有等来他的70岁。绍熙五年（1194）六月九日深夜，孝宗带着悲伤与心碎离开了人世，终年68岁。

以平民之身成为九五之尊，孝宗是幸运的。但他又是不幸的。自6岁进宫，至61岁时高宗去世，在这长达55年的时间里，他始终生活在高宗的阴影之下，难以舒展雄心与抱负。

谨言慎行地奋斗了一生，挣扎了一生，理想终究还是败给了沉重的现实。最为重视的亲情又在岁暮之年给了他重重一击。

孝字是他一生的亮迹，更是他一生的桎梏。生命若能重来，也许他会选择做一个凡夫俗子，锄禾桃源间，泛舟折碧莲。一生悠游，不必困于君父与臣民的殷期与审视，也不必遵于帝王之路的莫测与波谲。他也许会在历史的角落无迹地走来，又无迹地离去。但他终究能获得对自己生命的完整主宰，有院一座，有房两间，妻贤子孝，恬静温暖。当夜色四合，星光满窗，他枕着一弯辉月，酣然入梦。也许，那才是他内心深处向往的极致与圆满。

第二章

帝国宫廷九重天——凄艳的红颜

1. 没有效仿武后称帝，她依然把自己活成了不朽传奇——真宗皇后刘娥

　　刘娥自幼父母双亡，寄人篱下，出身低微。她在伴侍真宗之前，曾嫁给蜀地的银匠龚美。她实际上是以"二婚"身份进入宫廷的。刘娥被册封为皇后那年，已经 44 岁。她到底有什么魅力，可以在真宗佳丽如云的后宫脱颖而出，获得他延绵一生的信赖与宠爱呢？

　　刘娥与武则天有着诸多相似之处，但实际上她从来没有想过要效仿武则天称帝，因为她的"偶像"另有其人。可是，既然不想称帝，她为何又迟迟不肯归政于仁宗呢？

　　经过多年不断的探索与实践，刘娥创设了一套有关垂帘听政的制度。这部文献记录总结了她垂帘听政期间的各种相关制度，是她毕生从政的心得与成就。但这部文献为何没有流传下来呢？

大中祥符五年（1013）十二月二十四日，宋帝国朝堂发生了一件大事。一个月前被册为德妃的刘娥，被宋真宗赵恒力排众议，立为皇后。这一年，刘娥 44 岁。所有人不解，她已是韶华不再的暮春之年，何以在佳丽如云的后宫脱颖而出，获得君王长宠不衰？彼时，刘娥头戴凤冠，身穿祎衣，隆重地接受帝国臣民的朝拜。当她望向夫君真宗时，微乱的心便再

次坚韧起来。别人艳羡她一朝封后，天下闻名，唯有她自己知道，从 15
岁到 44 岁，她是如何将这半生泥泞踏成一条锦绣康庄。

以爱之名的宫廷进阶

　　宋太祖开宝二年（969）正月，刘娥出生于山西的一户武将之家。据
《宋史》记载，她的祖父刘延庆曾在五代晋、汉二朝做过右骁卫大将军。
她的父亲刘通是宋太祖时的虎捷都指挥使，后因官拜嘉州（今四川乐山）
刺史，举家迁至成都华阳。刘娥出生不久，刘通便在征伐刘汉的路上去世
了。不幸的是，刘娥的母亲庞氏也在不久后病逝。襁褓中的刘娥就这样成
了无父无母的孤女，辗转被母亲庞氏的娘家收养。

　　寄人篱下的日子不好过，年幼的刘娥早早便做了艺妓。她善于用鼓演
奏，歌唱得也颇为动听。年龄稍长，外祖家将她许配给一位名叫龚美的银
匠。婚后她随龚美一同来到帝京开封谋生。但龚美的生意并不好做，走投
无路之下便想把刘娥卖掉，再嫁他人。这时，有人向他引荐了襄王赵元休
（即日后的宋真宗赵恒）的府臣张耆。

　　据《续资治通鉴长编》记载，襄王赵元休听闻"蜀妇人多才慧"，便
想纳一名蜀女为侍妾。当张耆把刘娥领到他面前时，只一眼他便心动了。
这一年，刘娥年方 15，是极为美好的豆蔻之年。赵元休欣喜地买下刘娥。
此后二人出则成双，入则同寝，朝夕不离左右。赵元休的乳母刘氏认为刘
娥惑主太甚，对她颇为不满。恰好有一次，宋太宗向乳母刘氏问起襄王为
何近来日渐消瘦："太子近日容貌瘦瘠，左右有何人?"刘氏趁机上告，声
称皆是因襄王终日与侍妾刘娥厮混的缘故。宋太宗闻言大怒，勒令赵元休
把刘娥赶出王府。他不敢违抗君父之命，又不舍刘娥，于是就将她偷偷寄
养在了张耆家中。张耆为了避嫌，至此每日睡到襄王府，叮嘱家人务必精
心照料刘娥。

　　据《宋史》记载，刘娥"性警悟，晓书史，闻朝廷事，能记其本末"。
而刘娥早些年寄篱于外祖家，未曾受过太多的诗书教导。她"晓书史"的

学识，正是在张耆家中的这十几年间苦修而来。她博览群书，精研琴棋书画，用这段被迫沉寂的孤独岁月勤勉地栽培自己。

至道元年（995），赵元休被册为皇太子，改名赵恒。至道三年（997），宋太宗驾崩，赵恒登基为帝，是为真宗。他没有忘记刘娥多年的温柔陪伴，想将她接入皇宫。出于尊重，他询问了乳母刘氏的意见。此时非同往日，刘氏怎敢再加阻拦，自然极力赞同。于是，刘娥很快被迎入后宫，成为真宗众多嫔御中的一员。这一年，刘娥28岁，面对后宫花团锦簇的美丽少女，她的心中难免不安。但真宗很快用实际行动昭示了他对她的独特情感。

在张耆家中的那段清修时光最终在多年后给了刘娥一份惊喜的丰厚回馈。由于通晓史典，每当真宗"阅天下封奏"遇到疑难时，刘娥总能援引先秦的事例、制度对答，并为真宗提供最为恰当的建议。容颜渐逝没有消减她的魅力，她再次用充盈的智慧与静谨的性格牢牢吸引住了真宗的目光与牵念。

【宋真宗皇后刘娥像，现藏于台北故宫博物院】

景德元年（1004）刘娥被封为正四品美人，大中祥符二年（1008）又升为正三品修仪。大中祥符三年（1010）四月十四日，司寝李氏为真宗诞下了一个儿子，取名赵受益，即为后来的宋仁宗赵祯。李氏原是刘娥的侍女，因庄重寡言，引起真宗注意，成为其司寝。在真宗的支持下，刘娥将赵受益据为己子。大中祥符五年（1011），母以子贵的刘娥再次升为正一品德妃。

真宗郭皇后已于大中祥符元年（1007）去世，此时后位空缺已有五年之久。实际上，真宗早有立刘娥为后的想法，但他知道刘娥的出身将会面临着怎样的阻难与非议，所以一直静待时机。如今，刘娥"诞育皇嗣"，这无疑是一个最名正言顺的理由。这一次，真宗决定力排众议，将他心中最爱的女子捧上帝国后宫最尊贵的位置。但他的朝臣显然并不能体悟他对刘娥的深情与厚谊。参知政事赵安仁直言刘娥出身卑微，不宜为天下之母。

真宗听了不开心，更不甘心。第二天，他又找到宰相王钦若，并把赵安仁的意见告诉了他。王钦若未置可否，却对真宗说："陛下不如姑且问赵安仁，他认为立谁为皇后合适。"真宗随后果然向赵安仁提出了这个问题。赵安仁答道："德妃沈氏是前朝宰相沈义伦的后代，适合做皇上的配偶。"

真宗次日又把这个情况告知王钦若。王钦若慨然道："陛下不讲，我也知道他会这样，赵安仁曾做过沈义伦的门客。"真宗恍然，不久便罢免了赵安仁的参知政事，而王钦若却因此更得圣宠。

由于当时宰相王旦忽请病假，刘娥担心他是针对自己而回避，便劝说真宗推迟此事的议程。待王旦病愈述职，真宗立即征询他的意见。王旦表示同意，真宗欣喜不已。至此立刘娥为后一事最终确定下来。

此后，刘娥以一个崭新的身份赫立于真宗身侧，陪他走过赞颂与荣光，也陪他走过"造神"的疯狂与希望破灭后的寂寥暮年。

不豫的天子

大中祥符九年（1016）初夏，宋帝国遭遇了一次百年难遇的蝗灾。起初是京畿地区率先上报灾情，帝国君臣此时正处于"拜神朝圣"的热情与疯狂中，所想到的灭蝗之法自然是建道场祷告。

他们的祷告当然不会有任何作用，所以，京东、京西、陕西、河北等路也很快上报特大蝗情。帝国的君臣似乎仍旧没有意识到这场蝗灾的严重性，对付蝗虫的方法主要还是祷告。

在真宗如此虔诚的"拜神"举措下，各地出现了一些"匪夷所思"的消息。开封府、相州等处有官员上疏，声称田地里的蝗虫大规模地自行死去。更夸张的是，有些地方的官员甚至称本地蝗虫不吃庄稼，还有些地方上报，其辖区蝗虫遇到雨水便死。

真宗看到这些奏报，十分兴奋。在他看来，这无疑是天神给予的回馈。所以，他兴致勃勃地拿着地方送来的死蝗虫给众臣赏看，得意扬扬地炫耀："朕派人到郊区各处视察蝗灾。派去的人回来都说蝗虫纷纷自行死亡，这是他们带回来的。"

次日，便有大臣以此取悦真宗，他们拿来死蝗虫，言之凿凿地对真宗说，蝗虫的确是自行死亡，于是便顺势提出举办盛大仪式以示庆贺。被宰相王旦坚决阻止，才未能成行。

几天后，真宗正与朝臣议事，忽见蝗虫遮天蔽日地飞过，殿阶上竟还落了一些。真宗不免变了颜色，庆幸地说道："幸亏没有举行庆典，否则必然成为笑柄。"

实际上，虽没有举行庆典，但真宗依然成了当时与后世的笑柄。因为不久，他就再次相信了蝗虫可以自行死亡的说法。他派人到兖州视察灾情，然而使者回来后一味地讨好真宗，声称蝗虫不吃庄稼，只吃豆叶，还给真宗带回了硕大的谷穗。真宗怕他们欺骗自己，又问另一批使者，所讲竟然如出一辙。多番折腾，使者都坚称蝗虫不吃庄稼。至此，真宗还是相信了。他高兴地与宰相王旦分享自己的喜悦。

王旦面对痴狂的君王与举朝的疯狂，无奈之下只得附和道，蝗虫会自行死亡全仰神灵的庇佑，否则庄稼早就被吃光了。

于是，真宗对这场严重的灾情又盲目乐观起来。他一面下令继续拜神祷告，一面下令各地积极组织人力捕打蝗虫，焚烧蝗虫卵。

然而，他们对前一项指令执行得虔诚而热烈，对后一项指令却极为敷衍，以至于蝗灾再一次加剧。灾情由京东西、河北、陕西、河东发展到江淮地区。铺天盖地的蝗虫把庄稼全部吃光，连百姓的屋顶都布满乱飞的蝗虫。

灾情再也无法遮掩，有些官员只得向朝廷如实报告。真宗心中郁郁不乐，本就羸弱的身体每况愈下。

有一天，真宗正在吃饭，忽觉天色变暗，于是问侍从发生何事。侍从报告，是蝗虫飞过，遮住了阳光。真宗放下筷子到外面一看，蝗虫遮云蔽日，乌压压的漫天都是，过了好一会儿才全部飞走。

据《宋史》记载，真宗默然回到桌前，既不说话也不吃饭。这件事无疑对真宗造成了很大的创伤。他满脑子的幻想被现实戳破，不仅难堪更是难过。他一生都在追求赞美与荣光，最终却把自己变成了尴尬与荒唐。

不久，真宗就病了，此后再也没能好起来。蝗虫并不会因为他的心伤与病体而有所减少。由于帝国没能及时采取有效的措施，蝗灾进一步加剧，直到第三年才终于平息。

此后，真宗失去了曾经的活力，与此同时也失去了那股匪夷所思的天真与热情。不满 50 岁的他，从此消沉落寞，进入了老态龙钟的哀伤暮年。

因为身体欠佳，晚年的真宗常把政事交予皇后刘娥处理。为此曾引起群臣公议，但真宗仍一意坚持。

天禧四年（1020），真宗的病情进一步恶化。据《宋史》记载，由于"帝久疾居宫中"，帝国军政大事的决策权落入刘娥之手，"事多决于后"。早在天禧三年（1019），真宗已委任刘娥的"哥哥"刘美担任侍卫马军都虞候，并主管本司事务，执掌了军权。其他几位军队首领也与刘娥关系密切。这些经验与历练，为她今后垂帘听政打下了坚实的基础。

刘娥对政事的干预，引来了以宰相寇准、李迪等人的反对。他们多次想要劝谏真宗对刘娥进行防范。但真宗并无他们那般担忧。他此时正处于疾病带来的痛楚中，精神时好时坏。可能预感到自己时日无多，有一天，他与心腹宦官周怀政说，想让皇太子赵祯监国。

周怀政兼任左右春坊事，属于东宫（太子）属官。出于对真宗的忠诚，他对刘娥擅权也十分忌惮，故而大力支持。他赶紧找到宰相寇准，传达了真宗的旨意。寇准于是秘密谒见宋真宗，决定实施此事。与此同时，寇准坚称，丁谓是奸猾之人，要求真宗罢免丁谓。

真宗悉数答应寇准所请。寇准欣喜不已，找到翰林学士杨亿，请他秘密起草太子监国的诏书。然而，杨亿却难掩激动之情，回到家后不小心向妻弟张演泄露了此事。

得知信息的丁谓十分恐慌，处心积虑地想要反击寇准。而此时的寇准对即将到来的没顶之灾却浑然不觉。

黯然退场的铁血宰相

在丁谓与寇准之争中，刘娥起到了关键性的作用。丁谓一派，无论从实力还是人数上，都远弱于寇准一派。但他胆敢与寇准对抗，最重要的原因是皇后刘娥的暗中支持。实际上，起初刘娥对他们二人并无太多的倾向性。她与丁谓、曹利用、钱惟演等人的结盟在某种意义上是寇准一派逼迫的，因为寇准一派人中不少人（如李迪、杨亿等）都反对真宗立刘娥为后。

与寇准一派截然不同的是，丁谓率先看到了刘娥在政局中的重要，千方百计地巴结笼络。丁谓早年靠迎合并支持真宗大搞造神活动而得到真宗的特殊信任。同时，宰相寇准的推荐也使他得到重用。起初，丁谓对寇准称得上毕恭毕敬。一次共同进餐，寇准的胡子沾上了菜汤。时任参知政事的丁谓竟亲自离座为寇准揩拭胡须。但他的讨好并没有获得寇准的嘉奖，寇准反而不悦地说："你是参知政事，乃国家重臣，怎么能为长官擦拭胡须？"丁谓当众受到嘲笑，颜面扫地，心中对寇准恼恨不已，两人的仇怨就此结下。

曹利用早些年曾与寇准一同在枢密院供职，一向被寇准轻视。后来曹利用在澶渊之盟中又遭寇准威胁，因此多年来一直对寇准怀恨在心。

钱惟演是吴越末代君主钱俶的儿子，随父归顺宋朝后被授予右屯卫将军。因他博学多才，颇有文名，得到真宗重用，于大中祥符八年（1015）

升其为翰林学士。虽才高八斗，但钱惟演却是个醉心仕途的钻营之徒。他善于看风使舵，尤其注意用婚事拉关系。为了巴结刘娥，他将自己的妹妹嫁给了刘娥的干兄刘美。后来他又看中丁谓权势鼎盛，就与丁谓做了儿女亲家。天禧四年（1020），钱惟演由翰林学士升任枢密副使，正式进入执政大臣之列。

本来刘娥对寇准一派早有不满之意，加上寇准力主太子监国，却全然越过她。寇准的轻视令刘娥十分不快。这时有人指控刘娥侄子刘从德的岳父王蒙正非法霸占百姓盐井。宰相寇准力主严惩王蒙正。这件事彻底激怒了刘娥，使她走向了与寇准对立的丁谓、曹利用、钱惟演等人的阵营。

所以，当丁谓、曹利用向真宗提出罢免寇准的请求时，刘娥从中一力支持，而病中真宗竟然糊涂地忘记了不久前与寇准的约定，同意了丁、曹二人的请求。这年七月，寇准被罢相，改任太子太傅。八月，真宗任命参知政事李迪为宰相，钱惟演力荐丁谓拜相，同时诽谤寇准私下结党，提出将他贬出京城。但真宗深知寇准为人，并没有答应钱惟演所请。

然而不久，帝国宫廷爆发了一件震慑朝堂的大事。内侍省都知周怀政眼见着寇准被罢，让太子监国的事也泄漏了，他已经成为刘娥、丁谓等人的眼中钉。周怀政心中十分焦急，决定铤而走险发动政变，请求真宗退位称太上皇，并要求"罢皇后预政"，杀死丁谓，重新起用寇准为相。

他联络宋真宗的亲信客省使杨崇勋、内殿承制杨怀吉、阁门祗候杨怀玉等共同策划，准备于旧历七月二十五日起事。但是事发前一天晚上，杨崇勋、杨怀吉突然转向，跑到丁谓处告密。丁谓半夜乘妇女乘的车到曹利用家制定了破坏周怀政等人政变的方案。次日天一亮，曹利用就进宫，逮捕了周怀政，使政变彻底流产。宋真宗派人审讯周怀政，周怀政供认不讳。宋真宗又亲自审问，周怀政只是祈求宋真宗宽恕。

据《涑水记闻》记载，为表忠心，周怀政掏出一把小刀，把自己的胸脯划得鲜血淋淋。真宗受到惊吓，旧病复发。刘娥传令拘捕周怀政，又从宫中搜出寇准奏疏，以寇、周谋废皇上的罪名，将周怀政处死，将寇准贬出京师。

周怀政一案牵连甚广，受到牵连的还有枢密副使周起、签署枢密院事曹玮（曹彬之子）、寇准的女婿王曙、翰林学士盛度、知开封府王随、卫尉卿慎从吉、侍御史知杂事杜尧臣等一批文武大臣与宦官。

由于牵连甚广，周怀政一案拖了几个月才了结。这时已到了寒冬时节。十二月的一天，真宗召宰相和执政到承明殿，对他们提出让皇太子赵祯上朝听政，而皇后在后宫详断。宰执同意真宗的提议，只是要求两府大臣都兼带太子东宫职衔，以便名正言顺。

然而，在拟定兼东宫官并晋升官阶时，丁谓全然不征求李迪意见，事事独断，引起李迪强烈不满。后来二人竟公然争吵，甚至动起手来。众人劝说无果，二人随后又在长春殿当着真宗的面继续争吵不休。

两位宰相水火不容，真宗不免恼火，决定将二人各降一级，罢免相位，调外地任职，丁谓出知河南府，李迪出知郓州，并命翰林学士刘筠起草制书。

但丁谓面见真宗时哭泣着表示舍不得离开真宗。真宗感动不已，下令给他赐座。侍者拿来供一般官员坐的坐墩，丁谓拒绝落座。丁谓在没有获得真宗应允的情况下，竟对侍者说："皇上已经让我继续做宰相了。"侍者于是给他换了供宰相坐的杌子。丁谓以这种方式重登相位，而李迪则被迫出知郓州。

在李迪与丁谓之争中，刘娥起了极为关键的作用。因为她对李迪的不满由来已久。早在她的立后风波时，李迪便向真宗进言表示反对："刘氏出身寒微，不可母天下。"这件事使李迪在刘娥心中留下了不好的印象。此外，李迪还有一件在刘娥看来不可饶恕的罪过。

据司马光的《涑水纪闻》记载，真宗晚年因身体不好，喜怒颇为无常，有一次竟对朝臣说，昨夜皇后把后宫的人都叫走了，只把他一个人留在宫中。"昨夜皇后以下皆去，刘氏独留朕于宫中。"众人听了都不敢应声，唯有李迪说道："果真如此，何不依法治之？"谁知，过了一会儿，真宗又改口说没有这样的事。这时，刘娥正好就在帘后，将李迪这句大逆不道的话听得真真切切，由此对他的憎恶无疑又加剧了。

又有一次，真宗拟议让皇太子赵祯带"总军国事"衔，与宰相及执政大臣共决国事。这一决策实际上无形中排斥了皇后刘娥。奸猾的丁谓表示反对，而李迪却极力赞同。忠正的李迪不知道，此时他已然成了刘娥的眼中钉。这种情况下，他在与丁谓的斗争中落败，也就不难理解了。

孀妇的雷霆手段

乾兴元年（1022）二月十五日，已是弥留之际的真宗在寝殿最后一次召见宰执。据《续资治通鉴长编》记载，宰相丁谓对奄奄一息的真宗说道："皇太子聪明睿智，天命已定，臣等竭力奉之。况皇后制裁于内，万务平允，四方向化。敢有异议，乃是谋危宗社，臣等罪当万死。"

真宗听了宰相这般真挚的誓言，濒死的面容上露出欣慰的笑意。而此时默立于病榻旁的皇太子赵祯，悲痛之中却又满腹茫然。13岁的他要如何御领天下？他尚未做好准备。

乾兴元年（1022）二月十九日，延庆宫中响起了刺耳沉郁的丧钟声，缠绵病榻多年的真宗，留下"尊后为皇太后，军国重事，权取处分"的遗诏，带着对幼子与帝国的深切牵挂，离开了人世，终年55岁。

北宋以中书、枢密院分掌政务、军事，并称二府。中书首脑是宰相和参知政事，枢密院首脑是枢密使和枢密副使，两府大臣为朝廷领班人物。当时的宰执是宰相丁谓、冯拯，参知政事任中正、王曾；枢密院长官是枢密使曹利用，枢密副使钱惟演、张士逊。

宰相丁谓大胆地提出去掉"太后权军国大事"中的"权"字，被参知政事王曾果断拒绝："皇帝冲年，太后临朝，关系到国家命运，称'权'犹足示后。"一字之差，却是天壤之别，王曾坚持太后刘娥只能代理国政。在王曾的坚持下，丁谓最终没有得逞。

13岁的皇太子赵祯，在惶然与无措中登上了皇位，成为帝国新皇。他此时尚未成年，还不具备垂询国事的能力。遵照真宗"皇太后权同处分军国事"的遗诏，与新皇一同登上御殿接受百官朝贺的还有帝国皇太后刘娥。

　　遗诏中的"权"字虽然是"代理"的意思，但明白无误地剥夺了新帝的权力，而将国政的裁决权交到了皇太后刘娥的手中。朝野上下早已领略过这位先帝遗孀的非凡政治才能，一些阿谀奉承之辈趁机钻营。针对次年改元一事，有翰林学士为迎合皇太后垂帘摄政，绞尽脑汁地想出了"天圣"二字，取其"二人圣"之意。刘娥对此颇为受用，欣然应允。

　　帝国朝堂既然有了"二圣"并立的局面，那么朝会的章程自然也会随之有一些变动。朝臣就太后上朝的仪式展开激烈的讨论。参知政事王曾援引东汉太后垂帘摄政之例，请刘娥与仁宗每五日一御承明殿视事，皇帝在左，太后在右。但宰相丁谓表示反对。他认为，皇帝只在每月初一、十五朝见群臣即可。其中，国政大事由皇太后与皇帝召见辅臣共同决定。一般朝务由内侍雷允恭传奏至后宫，由太后批奏后再传出。王曾坚决抗议，认为这会造成提升宦官的权力："两宫分处，宦官揽权，这是祸端的征兆。"谁知，刘娥竟然同意了丁谓的奏议。

　　乾兴元年（1022）二月二十五日，仁宗与刘太后一同登殿听政，大殿之上挂起了一张薄薄的帷帘。宋帝国至此开始了它的首次垂帘摄政时期。令帝国臣民没有想到的是，那张薄薄的帷帘，竟然挂了长达十年之久。然而，他们更没想到的是，就在这张帷帘挂起后的不久，刘娥便对帝国中枢进行了一次全面的清洗。他们首次感受到来自幕帘之后那灼灼逼人的气焰。

　　乾兴元年（1022年）二月二十九日，也就是刘娥垂帘听政的第五天，她下诏贬道州司马寇准为雷州司户参军，这一贬所是由丁谓亲自圈定的。参知政事王曾认为对寇准的责罚太重，丁谓满含威胁地说道："'居停主人'恐也有些牵连。"原来王曾在寇准初次遭贬时，把自己的宅第借给他居住。王曾也不敢再与丁谓争辩下去。

　　据《宋史》记载，知制诰宋绶起草贬斥寇准制书时，丁谓嫌制书中的用词不够严厉，亲自添上"当丑徒干纪之际，属先皇违豫之初，罹此震惊，遂此沈剧"。

在刘娥的默许下，寇准被一贬再贬。这位为帝国立下赫赫功勋的老宰相最后竟被贬至雷州担任司户参军这一微职。帝国百姓对此愤愤不平。民间盛传着一句话："欲得天下宁，当拔眼中'丁'；欲得天下好，莫如召寇老。"

大家尚未从朝堂波谲云诡的变数中回过神来，刘娥再次做了一个令所有人出乎意料的举措。丁谓被罢相位，贬至崖州司户参军，比寇准的贬谪地还要偏远。

很多人对此不解，丁谓与皇太后刘娥不是关系融洽的盟友吗？为何却落得与寇准一样的下场呢？实际上，刘娥对丁谓的不满由来已久。丁谓早年靠着鼓吹天书下降取得真宗信任。那时真宗东封西祀，广建道观，担心国家财力不够，身为三司使的丁谓却告诉真宗，"大计有余"。在他的怂恿支持下，这场劳民伤财的荒诞闹剧得以从容开展下去。丁谓也因功荣进二府。真宗晚年多病，一直糊里糊涂，凡事依赖大臣。丁谓借机欺下瞒上，排除异己，甚至交结宦官，专权跋扈。真宗糊涂，但代夫干政的刘娥却十分清楚。对于丁谓的跋扈，她自然心生不满。

刚刚垂帘听政的刘娥急于向帝国臣民证明她的威严不可挑衅。对于那些胆敢侵夺皇家权力，将她视作软弱妇人的臣子，她是绝对不能容忍的。而丁谓却不知所谓，屡屡触犯她的逆鳞。

一天，刘娥派内侍向中书传旨，因仁宗年幼起不来床上早朝，恐稽留百官班次，要宰执到太后那里议事。恰好那天丁谓生病未来，只有次相冯拯一人在中书。他觉得兹事体大，

【北宋《景德四图·太清楼观书》局部，现藏于台北故宫博物院】

不便自己做主，就说："候丁谓出厅商议。"丁谓来了之后，对刘娥的懿旨不以为然，进殿奏道："臣等止闻今上皇帝传宝受遗，若移大政于他处，则社稷之理不顾，难敢遵禀。"本就对他跋扈作风极为不满的刘娥，对此十分恼火，下定了铲除丁谓的决心。不久，就被她抓到了一个天时地利的契机。

真宗丧事时，丁谓为山陵使，宦官雷允恭为都监。雷允恭是真宗身边的一个宦官，因揭露周怀政而得宠。雷允恭曾与丁谓、刘娥合作驱逐前宰相李迪，故而与他们二人都有较为密切的往来。真宗死后，他被委派负责修建宋真宗的陵墓。他自认为有皇太后与宰相的双重靠山，气焰十分嚣张。在修建陵墓的过程中，有人对他说："今山陵上百步，可宜子孙。"于是雷允恭就自作主张改移了山陵。然而当他向刘娥汇报时，刘娥却不同意，让他与山陵使丁谓商议。丁谓明知此事不妥，却没有反对。于是在雷允恭的主持下，移百步穿穴，不料在新址施工时，先是穴中有石，凿穿石头后又遇地下水，导致工程无法如期进行，严重延误了工期。

刘娥大怒，不顾丁谓的劝阻，坚持把雷允恭逮捕治罪。在审理过程中，刘娥又发现了雷允恭的贪污问题。最终，雷允恭被判死刑，他的同党被惩治了七十余人。雷允恭死后，丁谓与刘娥之间的主要缓冲纽带便消失了。

早有除掉丁谓之心的王曾，及时地把握住了时机。他找机会单独面见皇太后刘娥，指责丁谓和雷允恭二人包藏祸心，"擅移皇堂于绝地"，还指出丁谓与雷允恭串通一气。朝臣上奏均由雷允恭转交，而雷允恭每每先交丁谓审批，然后才交给太后。这无疑是藐视太后及皇上全权处理国政的权威。

刘娥勃然大怒，招来丁谓大加斥责。丁谓一再为自己辩白，说了半天却发现刘娥与仁宗早已气愤离席。丁谓大惊失色，不知如何是好。

那天，宰执们正在资善堂用餐。刘娥忽召众人到承明殿议事，唯独不召丁谓。丁谓心中害怕，恳请同僚帮忙求情。钱惟演许诺一定尽全力，却被次相冯拯制止。

到了承明殿后，刘娥取出丁谓托雷允恭让后苑工匠制造的金酒器让大家观看，又拿出雷允恭求丁谓办事的条子，其用意昭然若揭。

冯拯趁机禀告丁谓的专权与跋扈："自先帝升天，政事皆由丁谓与雷允恭同议，号称得旨禁中，臣等莫辨虚实，幸得太后神得其奸。"丁谓与雷允恭沆瀣一气，试图架空刘娥，这是刘娥最大的逆鳞。所以她听了冯拯之言，愤怒不已，打算重惩丁谓。

参知政事任中正还想为丁谓求情，称他是先帝顾托大臣，虽有罪，需按律议功。王曾毫不留情地驳斥："丁谓以不忠得罪宗庙，有什么可议的？"最终，丁谓被罢相，贬为太子少保，分司西京。不久，又在丁谓家中搜出他写给尼姑刘德妙的两篇颂文，居然题作"混元皇帝赐德妙"。刘娥大怒，将他再次重贬。

之前丁谓贬谪寇准时，曾对冯拯说道："欲与窜崖，又再涉鲸波如何？"当时冯拯惧于丁谓的跋扈，不敢反对，如今轮到他执笔，于是对参知政事鲁宗道说："鹤相（丁谓绰号）始欲贬寇准于崖州，尝有鲸波之叹，今暂出'周公'涉鲸波一巡。"于是把丁谓贬为崖州司户参军。丁谓的贬黜之地比寇准当初还要偏远，寇准没有过海，他却过了海。

刘娥垂帘约三个月，就将跋扈的首相丁谓贬到崖州，将大宦官雷允恭处以极刑。朝廷不禁为之震栗，然而她之后的手段，再次向帝国臣民证明，她绝非深宫中不谙权谋的妇人。

在重贬丁谓的同时，朝中许多臣子不免惊慌，因为丁谓为相多年，他们与丁谓或多或少都有些牵连。但刘娥却及时宣布："中外臣僚有与丁谓往来者，一切不问。"在她的授意下，侍御史方谨言将从丁谓家查抄的所有士大夫书信一把火全烧了。

刘娥的这手"恩威并施"，在向帝国臣民展现她卓越能力的同时，也赢得了他们的尊敬与惧怕。

幕帘分割的乾坤

丁谓被贬后，帝国臣民似乎也在观望，这位先帝的遗孀，接下来要将帝国带往何方？

就在他们翘首以盼的时候，刘娥再次做出了一项惊人之举。她听从宰相王曾等人的建议，将真宗尊奉为宝的"天书"，与真宗一道葬入永定陵中，积极促使尊神崇道热潮的降温。这标志着，真宗时期劳民伤财的荒诞造神活动终于落下帷幕。深积的民怨在一定程度上得到了有效的疏解，帝国政局呈现出久违的新生与活力。

随着时间的推移，刘娥的政治才干越发地展露出来。她主持下的帝国朝堂，基本都是忠正有才之臣，鲜少有阿谀奉承之辈。丁谓被贬逐后，刘娥晋升王曾为宰相，重用张知白、鲁宗道、冯拯、薛奎、王曙、蔡齐等正直贤臣。

王曾端庄持重，忠直清廉，曾多次明里或暗里与奸相丁谓做斗争。最终在他的筹谋下，除去了丁谓这颗帝国的毒瘤。

张知白也是出了名的廉洁贤官。他身居高位，却甘守清贫，决不接受任何礼赠。史书赞美他"慎名器，无毫发私"。仁宗得知其病危时曾亲临慰问，见他家舍简陋，不禁动容。他去世的时候，甚至因为家贫而无以为葬。刘娥亲至其家告祭，下诏由官府提供葬礼之具，又请王曾等人共同抚恤其亲属。

鲁宗道更是少有的刚正之臣，他在真宗时曾为谏官，多次因直言敢谏惹得真宗厌烦。但真宗也深知其忠贞贤能，只好无奈忍之。刘娥垂帘听政时，鲁宗道更是不畏权贵，多次直言劝谏，也因此成为贵戚之家的眼中钉。贵戚对其恨之入骨，甚至拆解姓，称其为"鱼头参政"，意思是其骨鲠如鱼头一般坚硬。

但即便如此，刘娥依然存有一种天然的戒备。真宗刚刚下葬时，她曾流着眼泪，真挚地对宰执说道："国家多难，若非众卿同心协力，哪能有今日。如今丧事已毕，卿等可将子孙及内外亲族的姓名写来，当例外推恩。"

宰执见太后如此恩遇，不仅感激涕零，莫不尽书三族及亲戚姓名呈上。然而，很快，他们便发现这是一场彻头彻尾的骗局。刘娥得了名单后，画成图贴在壁上，每当臣下有拟官之奏，必照图核查，确信不是两府亲戚，方予批准。

因为刘娥的重用与赏识，诸多贤臣得以各展所长。也因为这些贤臣的制约，使得刘娥始终没有做出出格的举止。清醒的主政者，刚正有为的贤臣，双方在博弈中推动着帝国前进的车轮。在刘娥垂帘听政的11年间，帝国内政外交安定有序，发展稳妥顺遂。

宋帝国在初创之时，宋太祖、宋太宗始终积极加强中央集权。他们相继创立并完善了多项制度，将权力集于君王之手，这就需要君王付出更多的时间与精力独裁政治。然而，真宗自澶渊之盟后，热衷于"天书封祀"的造神活动，已无暇总揽朝政。这种情况下，他势必要让出一部分皇权，以减轻自身压力。于是，真宗选择了他最为钟爱的枕畔之人刘娥，为他分担一部分朝政带来的压力。

然而，人性是复杂而多面的。作为一位颇具权力欲的女子，即便有着与真宗感情的加持，刘娥也难以遏制权欲滋生的蛊惑。据《宋史》记载，乾兴元年（1022）八月，刘娥曾宣谕内外："俟上春秋长，即当还政。"天圣二年（1023）二月，她又对宰臣强调："吾受先帝顾托之深，皇帝富于春秋，助成治道，用乂斯民。期见抱孙之欢，永遂含饴之乐，此君之志矣也。"

但是，在她尝到了大权在握的快感之后，越发欲罢不能，为之深深迷恋。她也在权力的蛊惑中一步步背离了自己的初衷，使得当初那些还政的承诺无形中成了空言。

垂帘的太后渐渐衰老，而年幼的天子渐渐长大。这个被所有人意识到的事实，却被刘娥理所当然地无视。年迈的太后丝毫没有还政的迹象，对帝国政事仍旧保持着一如既往的热情。帝国朝臣忧心忡忡，然而让他们更加忧惧的是，此时刘娥多次透露出想要凌驾于皇帝之上并取而代之的危险讯号。

早在天圣二年（1024），刘娥就想在举行大典的天安殿受尊号册，被宰相王曾劝阻，最后改在天安殿发册，文德殿受册。

天圣四年（1026）十二月，仁宗对辅臣说："朕打算在元日朝会时先率百官为皇太后上寿，然后御天安殿受朝贺。"百官惴惴不安，刘娥假意谦让道："怎么可以因为我的缘故使大朝会拖后举行呢？"宰相王曾明知这话并非刘娥本意，却赶紧接着她的话抢先奏道，"陛下以孝奉母仪，太后以谦全国体，请如太后命。"刘娥听了王曾的话，心中恼怒不已，却不好表示出来。刘娥回去后不知与仁宗说了什么，使得仁宗颁下的诏书仍是先为太后上寿，后举行朝会。

天圣五年（1027）元旦，在例行的大朝会举行之前，文武百官目睹了仁宗皇帝亲自为刘太后上寿的场面。大朝会仍在天安殿举行，皇太后则在会庆殿中贺寿。

天圣七年（1029）六月二十日，东京开封下了一场暴雨，置放真宗"天书"副本的玉清昭应宫被雷电击中起火，烧得只剩下了两座小殿。枢密副使范雍看出刘娥有修复之意，赶紧劝道："先朝以此竭天下之力，遽为灰烬，非出人意。如果再修，则民不堪命，非独所以祗天戒也。"宰相王曾、吕夷简也表示赞同，刘娥默然不语。她心里想到的是另一件事，罢免王曾的相位。虽然她十分赏识王曾的公正和才智，但也厌恶他拘泥礼仪时常对她的阻拦行为，从受尊号册到每年上寿，王曾总是和她过不去。她想要驾临朝廷举行庆典的天安殿，在王曾的阻拦下，始终没能如愿。她想要大封其姻亲，也多次被王曾搁置。如今玉清昭应宫发生大火，作为宰相的王曾，负有管理不谨之罪，国家遭受了这样的大难，宰相理所当然要引咎去位了。

这一年，王曾被罢去宰相之职，出知兖州。仁宗对他虽然十分信赖，却也只得屈从于太后的威势。

天圣七年（1029）冬至，帝国如期举行郊祀天地大典。仁宗又要率百官先到会庆殿为皇太后刘娥贺寿，然后到天安殿受朝。新任秘阁校理范仲淹提出异议。他认为："天子有事亲之道，无为臣之礼；有南面之位，无北面之仪。若奉亲于内，行家人礼可也，今顾与百官同列，亏君体，损主威，不可为后世法。"在满朝噤声的高压氛围下，范仲淹毫无畏惧，接着又上了一封《乞太后还政疏》。他在奏疏中恳请太后刘娥还政："今上皇帝春秋已盛，睿哲明发，握乾纲而归坤纽，非黄裳之吉象也。岂若保庆寿于长乐，卷收大权，还上真主，以享天下之养。"然而，范仲淹的奏疏竟让宰执不敢上呈。范仲淹气愤之下辞去馆阁之职补外，出为河中府判官。

【宋《女孝经图·后妃章》局部】

对于刘娥的逾礼行为，恪守礼仪的朝臣始终保持着高度的警惕。虽然有时迫于形势无奈地保持缄默，但在合适的时机，他们仍旧会挺身而出，勇敢地申明自己的立场。

天圣九年（1031），翰林学士兼侍读学士宋绶再次提出让皇帝御前殿处理日常国务的要求。刘娥很不高兴，宋绶被出知应天府。

虽然刘娥在朝堂一手遮天，却也不是毫无顾忌。一天，她悄悄召见宁国军节度使、驸马都尉李遵勖，问他："外议如何？"李遵勖迟疑良久，决定如实相告："臣无他闻，但人言天子即冠，太后宜以时还政。"刘娥听罢，只得借口说："我并非舍不得放权，皇帝年纪还小，内侍太多，恐怕不能辖制。"

一天，她又问参知政事鲁宗道："唐武后如何主？"鲁宗道不禁提高警惕，严肃回答："武后乃唐之罪人，几危社稷。"刘娥听了，默不作声。

殿中丞方仲弓为了巴结她，提出按照天子的规格，依唐朝武后故事，为刘氏立七庙。刘娥问宰执的意见。众人不免震惊，正猜度她的心思，鲁宗道率先反对："立刘氏七庙，如嗣君何？"刘娥遂作罢。

不久，又有人献上《武后临朝图》，刘娥生气地把它摔到地上，厉声说："吾不作此负祖宗事。"

尽管刘娥如此表示，但满朝士大夫仍旧忧心忡忡，唯恐她效仿唐朝武后称帝。实际上，这并非朝臣们对她无端臆测，因为她与武则天确有许多相似之处。

首先，她们二人均出身于式微家族，背景惨淡，成为皇后的过程曲折艰辛。但二人都聪颖睿智，极得夫君宠爱，并以此为依仗攀上权力巅峰。

其次，二人侍奉的夫君均是帝国的第三位帝王，能力远逊于前两位开国之君，且晚年健康状况不佳。这就给了她们参政的契机。

因为武则天的前车之鉴，宋帝国的朝臣自然便会对刘娥时刻保持高度的警惕与防范。然而，刘娥虽然与武则天一般恋栈权柄，却与她的行事作风有着本质的区别。

武则天为了巩固权力，曾大杀李唐宗室。而刘娥对待赵氏宗亲却十分优厚。据《宋史》记载，她垂帘听政不久，宋太宗长子赵元佐去世，刘娥给了他极大的死后哀荣，"赠河中、凤翔牧，追封齐王，谥恭宪"。除了给予死者优待，她对生者也给予了丰厚的待遇。

刘娥除了遵照赵氏祖训不让宗室掌权外，尽可能地提高他们的地位与待遇，比如宋太宗第八子赵元俨。在仁宗即位后便拜太尉、尚书令兼中书令，徙节镇安、忠武，封定王，赐赞拜不名，又赐诏书不名。到了天圣七年（1029），赵元俨又被封为镇王，同时给予可佩剑上殿的殊荣。明道初年，赵元俨又拜太师，换河阳三城、武成节度，封孟王，改永兴凤翔、京兆尹，封荆王，迁雍州、凤翔牧，可谓位极人臣。

对待赵氏家族中的晚辈，她也颇为关怀。据宰相王珪记载，尚为儿童的赵世延，在面见刘娥时，因能背诵唐诗数十篇而得到嘉奖，"遂赐名，以为右侍禁，稍迁西头供奉官"。

对待那些反对她的宗亲，她也宽容以待。如赵廷美之孙赵承庆，因其名与刘娥祖父刘延庆中均有"庆"字，故而犯讳。刘娥遣近侍令赵承庆改名。赵承庆置之不理，刘娥于是亲自过问此事，没想到赵承庆很是气愤，态度十分强硬，坚持不改。刘娥对他的无礼举止也没有追究责罚，此事不了了之。

由此不难看出，对待赵氏宗亲的问题上，刘娥始终是宽容的，这一点与武则天有着本质的区别。

实际上，刘娥的确有向往与效仿的对象，但她效仿的榜样并非武则天，而是辽国的承天太后萧绰。

心之所往

辽乾亨四年（982），辽景宗耶律贤去世，其子耶律隆绪即位，是为辽圣宗。圣宗尊其母萧绰为皇太后，此后萧绰开启了长达27年的摄政生涯。

据《契丹国志》记载，萧绰虽然垂帘听政，手握辽朝大权，但她始终以夫家利益为先，并没有代子立己的想法，始终一心一意地为国谋利，培养儿子辽圣宗，希望他能成为辽国优秀的君王。

宋辽两国自景德元年（1004）签署澶渊之盟后，双方休兵言和，礼尚往来，互派使节通好。萧绰的事迹也因此得以广传中原大地。刘娥对这位备受辽国朝野上下尊崇的皇太后自然了解甚深。

萧绰生前名为辅佐圣宗，实际上也是凭借圣宗掌控辽国大权。但因她对圣宗的栽培与惜护，使她死后也获得无上尊荣，美名得以垂范青史，千古流芳。其结局与死后备受争议，被史家诟病为"唐之罪人"的武则天形成鲜明对比。

神龙元年（705）正月二十二日，当了15年皇帝的武则天在"五王政变"中被推翻。十二月十一日，这位曾经大权在握，显赫一时的女皇帝凄凉地死在了上阳宫，终年82岁。据《资治通鉴》记载，临终时，武则天留下遗诏："去帝号，称则天大圣皇后。"然而，这封遗诏并没有挽救她的身后名誉。唐帝国上下对她褒贬并至，甚至连如何安葬、立谥都成了当时极有争议之事。其后，想要效其称帝的唐中宗皇后韦氏与安乐公主均落了个悲惨的结局。

这些前车之鉴，必然会给刘娥带来深刻的警醒。在她看来，同样掌控帝国最高权力，萧绰的做法无疑比武则天更加英明与睿智。萧绰没有学习武则天称帝，便也没有留下她那样的千载恶名，被钉在历史的耻辱柱上，饱受后人无尽的侧视与诽议。既能手握大权，享受权力带来的愉悦，又能免唾于史书，还能不负夫君真宗对她的深恩厚谊与临终之托，何乐而不为呢？显然，刘娥对自己的期许并不仅限于对生前权力的掌控，她也很注重身后名声的评议。而萧绰用她生荣死哀的辉煌一生，向刘娥展现了这种美好愿望的可行性。那么，在政治上效仿萧绰，也就顺理成章了。

实际上，刘娥也始终以赵家妇眷自居。据《宋史》记载，一次宋太宗的两位公主进宫朝见。刘娥见她们穿得太过朴素，"命左右赐以珠玑帕首"。不久，真宗弟弟润王赵元份（宋太宗第四子）的夫人李氏以自己年老脱发为由，也请赐帕首。刘娥训诫道："大长公主是太宗的女儿，先帝的妹妹，你们不过是赵家的家眷，怎能跟她们攀比？"

对本家刘氏外戚赏赐食物时，她也总是用扣器盛装，特别交代："尚方器，勿使入吾家也。"她的侍婢看到仁宗的宫女有"簪珥珍丽"时十分羡慕，刘娥责诚道，那是天子嫔御的饰物，你们不能学，"彼皇帝并御饰也，汝安得学"。

刘娥要的是手中实权，所以表面上能尽力维护赵家的地位，以至于敢于在多年后的遗诏中发出"无愧前古"之声。

刘娥在鲁宗道回答武则天乃"唐之罪人也"时的沉默以对，便昭示着她对鲁宗道说法的认可。很显然，她想获得武则天的辉煌成就，却不想重蹈武则天的凄凉覆辙，被后人评价为"宋之罪人"。

实际上，即便她想效仿武则天称帝，条件也是不允许的。

重阻与岷障

在武则天所处的唐代，士庶之争还存有不可忽视的余焰。庶族代表的新兴力量仍旧是一股强大的政治势力。而武则天"唯才是举"的用人方针，恰好给力争进取的庶族提供了大量进入仕途、参与政权的珍贵机会，所以也获得了他们由衷的拥戴。

而刘娥所处的宋代，门阀士族已然走向末路，彻底衰微。宋代选官

"家不尚谱牒，身不重乡贯"。一些名门贵族，在时代浪潮的冲击下，有时也只是显赫一时的昙花乍现。比如历经仁宗、英宗、神宗三朝的元老重臣富弼，其家族在他死后不久便"家世零替"，令人唏嘘。

这种情况下，宋帝国的朝堂上，众臣合与不合多取决于政见的异同与个人秉性的喜好，带有很强的个体性与主观性。因此士、庶之争的界限十分模糊。刘娥便很难如武则天那样取得稳定集团的支持与拥护。所以她选择所依靠的政治势力也时常变动，比如她利用丁谓、曹利用等人得以垂帘听政，也在一定时期内允许丁谓大权在握。但她意识到丁谓已对自己构成一定威胁时，便采纳王曾的建议，借着"真宗山陵事件"名正言顺地处置了丁谓、雷允恭等人。

与唐代皇子娶妻"妙择天下令族"相比，宋代皇帝则大多不甚讲究门第。有宋一代出身低微的皇后比比皆是，刘娥便是其中的一例。她没有显赫的门第，便难以发展外戚势力作为自己地位的保障。她的父母早逝，又无兄弟姐妹，刘氏家族无人可依。前夫龚美虽被她改刘姓认作兄长，也被委以右侍禁、内殿崇班、洛苑副使等职，但龚美出身银匠，个人能力与素养均十分有限，无法在政途取得更长远的进步。

钱惟演把妹妹嫁给刘美，从而成为刘娥的外戚。他才学出众，在文学史上的地位很高。但他攀权附贵，品格饱受世人诟病。钱惟演在政治上备受排挤，也不能成为刘娥的依仗。

实际上，刘娥也曾试图拉拢一批刘姓朝臣，但是屡屡碰壁，始终未能如愿。

比如知开封府刘综，在一次奏对后，真宗对他说道："卿与中宫近属，已拟卿差遣，当知否？"刘综听了顿时明白了怎么回事，当即委婉地拒绝道："启陛下，臣本是河中府人，出于孤寒，不曾有亲戚在宫中。"这件事得罪了刘娥，不久刘综便被贬出京师，"出知庐州"。

龙图阁直学士刘烨权开封府时期，有一天刘娥单独留下他，提及他的家谱，开门见山地便要与他攀亲："知卿名族十数世，欲一见卿家谱，恐与吾同宗也。"对于刘娥抛过来的橄榄枝，刘烨直接拒绝道："不敢。"之后，刘娥又多次提起此事，都被刘烨拒绝。不得已刘烨以身患风眩为由，乞求出知河南府。

从刘综与刘烨对刘娥拉拢的态度可以看出，士大夫对依附后族的抗拒。刘娥不能以身份拉拢到有力的刘姓朝臣，便无法结成可以抗衡政敌的势力。这种势单力薄的局面，注定了刘娥无法效仿武后称帝。　宋朝立国"专务矫失为得"，为巩固帝国的中央集权，一开始便制定了严密的亲属回避法。他们对宗室、外戚严加防范，以避免汉唐外戚与宦官祸国的悲剧。这些防范的律法固然很好，客观上可以起到一定的制约作用。但它能不能生效，还要看当权者是否真正执行。宋太宗赵光义即位后便下诏重申其中要害："先皇帝创业垂二十年，事为之防，曲为之制，纪律已定，物有其常。谨当遵承，不敢逾越。"真宗时期，也多恪守祖宗家法，并无过分逾越。到了仁宗时期，则执行得更加到位。这与当时的清正士风有着密不可分的关系。

与前代相比，宋帝国的政治结构已发生了极大的变化。其中一个重要体现便是，公卿贵族累世相传的统治被士大夫为基础的文官体制所取代。这样使得宋帝国的朝堂更加自由、开放、通达。宽松的政治氛围也随之产生了一批以匡正天下为己任，敢于谏言的贤臣。真宗时期，谏官权力日益加重。他们奏事时既可以博得君王宠信，又能名扬一时，往往进擢的机会多，晋升速度也较快，所以他们参政的热情也很高。他们"开口揽时事，议论争煌煌"，这对当时的政治势态产生了积极而深远的影响。

刘娥虽然站在帝国权力的巅峰，却也受到这些正直敢言的贤臣的约束。她也处于种种桎梏中。她越发清晰地认识到，这个承平已久的赵宋帝国早已获得了臣民的广泛拥护与支持。她完全没有武后称帝时的优越环境，也没有她身后的庞大力量。作为帝国的皇太后，安然居于幕帘之后，才是她最好的位置与归宿。

既然不想效仿武则天称帝，又没有称帝的条件，那刘娥面对群臣的"还政"呼声，为何迟迟不予回应呢？这又与辽国另一位萧太后的经历息息相关。

来自邻国的警钟

对于刘娥来说，天圣九年（1031）注定是刻骨铭心的一年。此时她已经63岁，与她相伴近40年的夫君离开她已有9个年头。尽管刘娥身处帝国权力巅峰，尽享帝国尊荣，但重重深宫之中，难免孤独凄清。

这一年，她向来疼爱的侄子刘从德不幸病逝，年仅24岁。她的干兄刘美去世时，刘从德只有14岁。刘娥念他年幼失父，对他更为爱惜，待他长成，便令他独知州府，给予锻炼。

刘从德虽未就职中央，但对刘娥的影响力依然非同小可，远非一般朝臣所能比拟。他曾向刘娥荐士，但所荐如戴融、李熙辅、郑胰等人均为庸碌谄媚之辈，但刘娥均赐予京官，还嘉奖刘从德，"能荐士"。

天圣八年（1030)，枢密副使姜遵病逝。赵稹暗中贿赂刘从德，请他向刘娥举荐。枢密副使隶属两府，官高位重，岂能轻易授予，朝臣对此反对尤为激烈，但刘娥仍旧执意依从刘从德所荐。赵稹最终成功代替姜遵接任枢密副使一职。这无不体现了刘娥对刘从德的深厚宠爱。

刘从德不幸病逝，刘娥备受打击，悲伤不已，"悲怜尤甚。录内外姻戚门人及童隶几八十人"，其亲属如马季良、钱暖、王蒙正者，皆缘遗奏，各迁两官。台官曹修古、郭劝、杨偕等官员苦苦劝谏，却被刘娥怒而贬出朝廷。

骤失亲人，刘娥孤寂的宫廷生活更添悲伤。同样是这一年，辽国发生了一件大事。

辽太平十一年（宋天圣九年，1031年）六月，辽圣宗耶律隆绪病逝，其子耶律宗真即位，是为兴宗。据《辽史·兴宗本纪》记载，辽圣宗临终前曾留下遗诏，以其正妻齐天皇后萧菩萨哥为皇太后，以辽兴宗生母顺圣元妃萧耨斤为皇太妃。但顺圣元妃萧耨斤仗着自己新帝生母的身份，藏起了辽圣宗的遗诏，自称皇太后，并暗中指使人诬告齐天皇后萧菩萨哥谋反。六月二十五日，萧耨斤把萧菩萨哥的亲属萧锄不里与萧匹敌赐死，萧延留等七人弃市。接着将萧菩萨哥以囚车押赴上京囚禁，又杀其左右百余人。即便如此，萧耨斤仍旧没有放过她，不久之后，又派人赴上京将她缢杀。

这年的七月初一，辽使来到宋都开封，将辽圣宗去世、辽兴宗即位，以及萧耨斤自立为皇太后的消息带到了宋帝国的朝堂。

据《续资治通鉴长编》记载，刘娥得知消息后，很是伤感，"皇太后举哭如上仪"。实际上，刘娥的哭泣并非只是两国外交上的浮泛礼仪，因为虽然她与萧菩萨哥未曾谋面，但却神交已久。

早在乾兴元年（1022）仁宗即位之初，辽圣宗耶律隆绪便对其皇后萧菩萨哥说："汝可致书大宋皇太后，使汝名传中国。"此后，两位皇后便开始了长达多年的交往。每年的正旦与双方寿辰时，两国便互通使节，给予慰问致意。

如今，却突然得知萧菩萨哥死于宫廷政变，刘娥在震惊之余，不免深切同情。然而，除了这层关系外，最为重要的是，刘娥在萧菩萨哥的悲剧中，看到了自身的危局。首先，她们二人都是一国皇后。其次，二人均膝下无子，所抚养的皇子生母均是出身卑微的宫婢。这诸多的相似性，不能不令刘娥悚然心惊，产生一种兔死狐悲的同病相怜之感。虽然，真宗出于对她的爱重而刻意隐瞒仁宗的身世，但实际上这是一个众人心知肚明的"秘密"。   她如今之所以大权在握，所仰赖的最重要一点便是仁宗以为她是自己的生母。在母子深情与孝道的双重束缚下，仁宗才安然尊她为皇天后。若仁宗得知真相，立生母李氏为太后，那么她的下场恐怕并不会比惨然身死的萧菩萨哥好多少。

李焘在《续资治通鉴长编》中指出，真宗去世后，仁宗身世得以保守的根本原因是："人畏太后，亦无敢言。"刘娥对此也心知肚明，所有人都是惧于她手中的权势才不敢向仁宗讲明。而一旦她失去了权势，那么就再也无法管束"人言"，届时真相大白，不过朝夕之间。所以，她曾对李遵勖说："我非恋此，但帝少，内侍多，恐未能制之也。"这句话道出了刘娥内心深处的担忧与不安。她害怕年轻的仁宗受到内侍的蛊惑怂恿，利用其身世之谜打击她这个失势的养母，使她晚年不得善终。

所以，不论出于萧菩萨哥的前车之鉴，还是出于对权力的留恋，刘娥将手中的权柄抓得更加牢固了。然而，这越发加重了朝臣对"女主专权"的恐惧。在他们看来，刘娥越发恋栈权位，欲效唐代武后的意图也越发明显。所以，为了不让武周代唐的历史再次重演，他们要求刘娥还政仁宗的呼声越来越强烈。这无疑加剧了刘娥内心深处的不安。如此一来，她就更加不会放权了。

但她日渐年迈的身体，如同逐渐消逝于深涧的晚阳，那微光正一寸寸地减少，直至泯于无边静寂。与此同时，帝国的天子正雄心勃勃地茁壮成长，如春日里最鲜亮的晨光，耀眼生动，辉照四方。

深渊前的凝思

天圣十年（1032）八月初三深夜，一场突如其来的大火在宫内熊熊燃起。火势迅速蔓延失控，殃及帝后寝宫。刘娥与仁宗得到宦官王守规的及时通报，幸免于难，但八座主要宫殿———崇德、长春、滋福、会庆、崇徽、天和、承明、延庆，均在大火中化为灰烬，连皇帝受命册宝也毁于大火之中。

这场火灾使得帝国上下颇为震惊。那时，人们深信，天灾乃上天对主政者失德的警告，所以，他们不免将审视的目光投向如今"二圣"并立的帝国政局。

而仁宗内心的焦急，也越发明显地表露出来。火灾后的第三天，他诏令群臣直言朝政阙失。仁宗的诏令，给了朝臣上疏还政的最好契机。当月，殿中丞滕宗谅、秘书丞刘越分别上书，要求太后刘娥尽快归政于天子："掖庭遗烬，延炽宫闱，虽缘人事，实系天时……国家以火德王天下，火失其性，由政失基本。"

九月，仁宗下诏将太后阁中金银器物除留供需外，尽付左藏库，按其值换得缗钱，全部充作宫殿的修缮经费。十月，被烧毁的宫殿重建完毕后，全部被改了名。十一月，仁宗便宣布改元。一般宣布改元都是从次年开始，然而仁宗却迫不及待地将还差一个月就结束的天圣十年换了新年号，这无疑昭示着他想要尽快终结"二人圣"时代。

年轻的天子踌躇满志，而垂暮的太后病体沉疴。然而，就在她最后的几年里，难题却接踵而至。

明道元年（1032）二月，仁宗的生母李氏病情加剧，已到了垂危之际。刘娥得知后，将她晋封为宸妃。进封的当天，李氏病逝，至死也没能见上儿子仁宗一面。实际上，这是她默认并接受的结局。

真宗去世时，刘娥很快便令李氏为真宗守陵，"从守永定陵"。此后长达 10 年的时光里，李氏始终"处先朝嫔御中，未尝自异"，所以，仁宗也一直将她当作先帝的普通嫔御。

据《宋史》记载，乾兴元年（1022）真宗病重时，皇太子赵祯虽在资善堂听事，但一切政务均由皇后刘娥决断，朝廷内外都很担忧。时任参知政事的王曾，故意对外戚钱惟演说道："太子幼，非宫中不能立。加恩太子，则太子安；太子安，所以安刘氏。"听了王曾的话，钱惟演思索良久，认为很有道理，于是就转告给了刘娥。

王曾话中深意，刘娥自然懂得，所以她对待年幼的仁宗也颇为尽心。实际上，李氏对这话中真意也十分清楚。作为一个母亲，她希望儿子平安顺遂，将来成为一代明君。而她出身低微，在后宫地位也不显达，对儿子的未来没有任何助益。但她知道，她做不到的，刘娥却能做到。所以，她必须做出取舍，一生不与儿子相认，默默居于先帝嫔御之中，严守秘密。

如何处理李氏的身后事，刘娥起初并没有太多纠结。她希望李氏的葬礼一切从简，意图匆匆揭过此事，让仁宗的身世之秘与李氏一起永埋黄土。然而，这显然只是她的一厢情愿。因为仁宗的身世之谜实际上早已经不是秘密，除了当事人仁宗不晓得外，其余知情者颇多。

所以，刘娥想要葬礼从简的想法遭到了一些朝臣的反对。其中尤以宰相吕夷简反对得最为激烈。他认为李氏虽无皇后身份，却已具备其资格，不能草率行事。据《续资治通鉴长编》记载，吕夷简早朝后，单独留下奏道："闻禁中贵人暴薨，丧礼宜从厚。"刘娥闻言很是惊慌，什么也没说，立即挽着仁宗的手退朝了。不一会儿，刘娥独自返回，质问吕夷简："宰相也管后宫之事吗？"吕夷简道："臣待罪宰相，事内外无不当预。"刘娥怒道："卿何间我母子也！"面对刘娥的怒火，吕夷简从容地回答道："太后他日不欲全刘氏乎？"这句意味深长的话，让恼怒的刘娥平静下来，最终听从吕夷简的劝告，答应在皇仪殿为李氏治丧。"太后与皇帝举哀后苑，以一品礼殡于洪福寺。"退下后，吕夷简又对入内都知罗崇勋说道，"宸妃（李氏）当以后服殓，用水银实棺，异时莫道夷简不曾说来"。刘娥思虑再三，一一应允。

三月一日发丧时，刘娥诏令李氏灵车穿宫城墙而出，吕夷简执意不允。刘娥派罗崇勋询问其中缘由。吕夷简坚持要李氏灵车出西华门，罗崇勋无奈往返多次向刘娥请示，但都被她拒绝。吕夷简严肃地对罗崇勋说道："宸妃（指李氏）诞育圣躬，而丧不成礼，异日必有受其罪者，莫谓夷简今日不言也。"他言语之中，无不在暗示刘娥，如今众人迫于她的权势会对仁宗的身世之谜守口如瓶，但她过世后还能保证秘密一直不被泄露吗？作为帝母，李氏的身份尊贵，若以普通礼制安葬，将来仁宗知晓，必然秋后算账。而生母李氏简陋的葬礼便是一个最好的借口。罗崇勋心生畏惧，赶紧报告刘娥。吕夷简的这番话终于令刘娥放下了最后的固执，答应开西华门，让李氏灵车通过。她深知吕夷简所言并非危言耸听，为了身后家族的利益，她唯有给予李氏最高的尊荣。

在吕夷简的据理力争下，李氏最终穿着皇后的衣着入殓，并按照最高的规格，棺中盛满水银。刘娥对葬礼做了极为周密的布置，从参加人员、仪式时间到一些细节问题都做了保密安排。李氏就这样隆重而寂静地离开了这个世界，至此与她爱逾性命的儿子阴阳两隔。仁宗对此自然一无所知，此时的他正在为一件事焦头烂额。

这年十一月，刘娥决定在翌年（明道二年）二月的太庙祭祀典礼上身穿帝王衮冕。参知政事晏殊拿出《周礼》中王后之服请对，立即遭其斥责。朝臣不免震惊，但迫于刘娥权势，大多唯唯诺诺，不敢表态，但也不乏忠正果敢之人直言反对。

据《续资治通鉴长编》记载，权三司使薛奎质问刘娥，太后身着帝王之服祭祀，是行男性皇帝之礼还是女性后妃之礼。"陛下大谒之日，还作汉儿拜耶？女儿拜耶？"刘娥被问住，一时无法作答。

朝臣们的反对没能熄灭刘娥欲穿帝服祭祀的念想。转眼间到了明道二年（1033）二月的太庙祭祖之期，刘娥不顾满朝的反对声浪，执意要穿帝王衮服出席祭典。一些忠直之臣毫不退让，力争到底，事情一度陷入僵局。最终，双方各退一步，才得以达成妥协。经礼官改造，减去帝王衮服的十二章图案中象征着"忠孝与洁净"的宗彝、藻两章，稍作改变，作为刘娥的典礼服饰。同时，要求刘娥不能佩戴男性帝王的佩剑。

多年后，宰相富弼回顾这段往事时，曾对仁宗说道："庄献（指刘娥）临朝，陛下受制，事体太弱，而庄献不敢行武后故事者，盖赖一二忠臣救护之，使庄献不得纵其欲，陛下可以保其位，实忠臣之力也。"诚如富弼所言，刘娥最终能够克制权力的欲望，没有像唐代武则天谋朝篡位，忠臣的果敢力争与救护，是其中无比重要的一个原因。

宁和之下的暗涌

明道二年（1033）三月二十一日，刘娥病危，仁宗为祈福大赦天下，同时宣布："乾兴以来贬死者复其官，谪者皆内徙。"所谓"贬死者"即此前被刘娥所贬的寇准、曹利用等人，均给予他们恢复旧有官职。奸相丁谓也得以特许致仕，从贬所内迁。但这些并没有给刘娥的病体带来任何助益。明道二年（1033）三月二十九日，刘娥在宫中溘然长逝，终年65岁。

据《续资治通鉴长编》记载，刘娥临终前曾留下遗诏，尊杨太妃为皇太后，继续辅佐仁宗听政。"尊太妃（指杨淑妃）为皇太后，皇帝听政如祖宗旧规，军国大事与太后内中裁处。"

刘娥此举历来令人不解，她是担忧仁宗没有独自执政的能力，还是想继续保持她理想中的女子与男性共治天下的格局？然而，在男权主宰的封建社会，不论是仁宗还是士大夫，都不会允许这种女主称制的情况延续下去。

刘娥去世的第二天，阁门吏按照刘娥遗诏前去催促百官班贺新任皇太后杨太妃。御史中丞蔡齐厉声叱道："谁命汝来？"斥退阁门吏后，蔡齐找到执政说："上（指仁宗）春秋长，习天下情伪，今始亲政，岂宜使女后相继称制乎？"仁宗于是顺水推舟，于四月初一下诏删去了她遗诰中"皇帝与太后裁处军国大事"之语。杨淑妃显然没有刘娥那般强烈的权欲之心，加上左右心腹的劝说，她最终没有遵从刘氏的遗旨，染指政事。

四月初五，仁宗召见被刘娥放逐10年的前宰相李迪，命为资政殿大学士、判都省。十五日，曾因奏请太后还政被贬岭南的林献可也召还京师，命为三班奉职。十七日，仁宗下诏停止新建寺观，罢乾元节进香及贡物，罢上御药并上御药供奉。不久，仁宗再次下诏，内外官员不得以进献物品谋求升迁，也不得为亲戚通表章谋取官职，若有违反，有司实封复奏。

摆脱太后束缚的年轻皇帝，雄心勃勃，试图向帝国臣民展现出不一样的政治气象与崭新天地。被幕帘分割的乾坤，终于完整回到了仁宗的手中。这一年，他23岁，正式开始亲政。

刘娥去世了，但围绕在她身上的最大风浪才真正地开始。正如吕夷简所料，她刚刚去世，荆王赵元俨便向仁宗告知了他的身世，甚至离间说，其生母李氏死于非命。"陛下乃李宸妃有所生，妃死以非命。"

仁宗骤然得知真相，震惊之余又悲痛不已，为自己蒙受了20多年欺骗而震惊，更为生母不明不白的死葬而激愤，一时间充满了对刘娥的仇恨。他立即派兵包围刘娥娘家府邸，同时派李氏的弟弟李用和前往洪福院查验。接着，他亲自赶往洪福院，命人打开李氏的棺木验尸，结果却大出意外。李氏穿着皇后的服饰，面容安详地寝于水银之中，玉色如生。御医验后证实，李氏并非中毒而死。仁宗慢慢平静下来，不由得发出"人言其可信哉"的感慨。随后，他到刘娥神御前焚香泣告："自今大娘娘（指刘娥）平生分明矣。"

生母得以厚葬，在一定程度上平息了仁宗想要清算刘娥家族的怒火，但是未能消除他心中的恨意和遗憾。在他看来，刘娥处心积虑地隐瞒他的身世，这是无法令他释怀的罪行。尤其令他悲愤的是，他没能在生母健在的时候与她见上一面，造就了他一生难以弥补的遗憾。

但同时，他也深知，生母李氏原本只是先帝后宫的一名普通嫔御，因为刘娥的"借腹生子"，才有了完全不同的命运。虽然刘娥阻止他们母子相认，但不论对他还是对生母李氏，都未曾有过苛待。而他能够稳坐于皇位之上，成为帝国至尊，也有赖于刘娥的地位与栽培。再三思虑后，仁宗终究还是放弃了报复刘娥家族的想法，默认了她生前的作为。但他一定要让生母李氏尽享生前未能享受的荣耀。

明道二年（1033）四月初七，仁宗下诏，追尊李氏为皇太后，改葬于永定陵，决定于十月五日下葬。因为这场风波，刘娥在仁宗心中的地位已然发生了翻天覆地的变化。她的葬礼自然再难引起他由衷的悲伤与重视。

与此同时，仁宗对生母李氏的改葬表现出极为深切的哀痛。李氏下葬前，他曾先后于九月十二日、十四日、二十四日三度驾临洪福院哭悼。他身穿孝服，率领文武百官来到洪富院，当众宣读了一篇感人肺腑的悼词，读毕扶棺痛哭，一边哭一边悲呼："母亲大恩，儿终身不能报答了。"在场的人无不感动落泪。

他追封李氏为皇后，而且还执意让她进太庙，供奉于真宗身旁。他的孝心虽诚，但这是逾礼之举，在朝堂上引起了很大争议。已被贬出京师的钱惟演，为表示悔过，上疏请以刘、李两位太后并附真宗之侧。但他的上疏立即遭到了太常礼院的严厉反驳。太常礼院认为太庙自古以来均一帝一后，从未出现"并立太后"之说。经过激烈的讨论，仁宗最终决定仍以真宗第一位皇后郭氏的牌位列于太庙之中，另建一座奉慈庙，分别供奉刘娥、李氏二人的牌位。

四月十八日，群臣"上大行太后谥曰庄献明肃，追尊太后谥曰庄懿"。刘娥被追谥为庄献明肃皇太后（后改章献明肃），李氏被追谥为庄懿皇太后（后改章懿）。奉慈庙的建立，标志着仁宗生母李氏地位的最终确立。但刘娥的身后事并没有就此平稳终结。

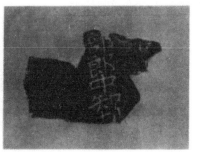

【图为洪福院遗址所出土的石碑残片。1995 年于开封西门外大梁路北侧发现。洪福院建于景祐四年（1037），至仁宗庆历六年（1046）毁于火灾，前后不过 10 年时间，史料中记载极少。】

自仁宗多次在洪福院大张旗鼓地祭拜李氏，已然将自己的孝心与愧疚悉数展露于帝国臣民面前。有不少官员察觉出仁宗对刘娥的微妙心思，为了讨好仁宗，跟红顶白，不断诋毁刘娥。后来还是范仲淹说了句公道话："掩其小故以存大德。"这才止住了愈演愈烈的大臣对刘娥诬害。

但刘娥留在仁宗心中的阴影却没有消失，始终持续而沉重地刺痛着他的心。经过反复的权衡与纠结，他终于还是在帝国朝堂进行了一场隐晦而绝情的清算。

明道二年（1033）十二月，仁宗亲政的第九个月，宫中突然传出了一个消息，震惊了朝野上下。与仁宗结发 10 年的郭皇后被废黜了。郭皇后的被废，名义上是她没能诞育皇嗣，自觉福薄，愿意入道，实际上却是仁宗发泄刘娥当年对他婚姻强横干涉的不满。

在仁宗的婚事上，刘娥曾经不顾仁宗意愿，两次给予霸道干涉。

天圣二年（1024）九月，15 岁的仁宗到了择妻的年龄。他自幼长于深宫，能够接触到的女孩十分有限，但少年心性单纯，一旦有了接触，就很容易产生美好的情愫。

据《宋史》记载，他曾倾心于蜀中大户王蒙正的女儿，遂向刘娥提及。但刘娥却以王姓女孩"妖艳太甚，恐不利于少主"为由拒绝了仁宗的请求。更令仁宗气愤的是，刘娥随后便将这个"姿色冠世"的女孩许配给了刘美的儿子刘从德。

据《续资治通鉴长编》记载，王蒙正的父亲十分反对这场婚事，试图阻拦。但王蒙正期望通过嫁女而实现仕途的进阶，故而不惜忤逆老父执意将女儿嫁给了刘从德。其父阻拦不成，大哭道："吾世为民，未尝有通婚戚里者，今后必破吾家矣！"没想到，他这番话竟在13年后一语成谶。

景祐四年（1037）二月初九，王蒙正因私通其父婢女霍氏，生下孩子，又不承认是王氏骨血，怕其分走自己家财。结果，王蒙正被霍氏告到官府。官府经过审核确认，王蒙正被"除名，配广南编管，永不录用"。

宋沿唐制，"除名"者六年后可再录用，而王蒙正却被明令"永不录用"，可见对其惩罚之严厉。仁宗还特地下诏，不准其女王氏再以国戚身份进入宫中，王蒙正的子孙也不得再与皇族联姻。表面上看，这是王蒙正知法犯法罪有应得。实际上，了解内情的人都知道，这是皇帝在发泄当年没能如愿纳娶王姓女孩的怨恨。

王姓女孩被刘娥许配给侄子刘从德后，刘娥又选取了几位出身世家的女孩进宫，作为仁宗皇后的候选人。仁宗一眼就相中了已故骁骑卫上将军张美的曾孙女张氏，想要纳其为妻。本来，皇帝选中谁，谁就可被立为皇后。但没想到刘娥再次出面阻拦。她觉得与张氏相比，已故中书令郭崇的孙女郭氏更加合适。所以她不顾仁宗的意愿，自作主张地立郭氏为皇后，把仁宗青睐的张氏立为了才人。

刘娥的专断深深刺痛了年少的仁宗，他至此耿耿于心。之后长达九年的时间里，他对郭氏始终冷漠以对。而郭氏凭借刘娥的娇宠，养成了骄横的脾性，从不懂得谦让和容忍。她甚至试图垄断后宫，经常与仁宗宠爱的妃嫔发生冲突。哪怕是刘娥去世后，她仍旧不改旧习。

明道二年（1033）十一月，郭皇后与仁宗宠妃尚氏发生争执。因尚美人恩宠倾动京都，郭皇后极为不满。争执中，郭皇后上前打尚美人的耳光。恰好仁宗跑来遮护尚美人，于是郭皇后的一巴掌就落在了仁宗的脖子上。仁宗怒不可遏，命内侍阎文应急传宰相吕夷简进宫，让他"验视"伤痕。最终，在吕夷简的协助下，仁宗不顾台谏官员的集体进谏，执意废黜了郭皇后。这位没有生育，仅有23岁的皇后就这样被迫成了道家的女弟子。

然而，尽管满腹怨言，但不论仁宗还是满朝士大夫，却不得不承认刘娥垂帘期间对帝国做出的功绩。

据南宋文学家朱弁的《曲洧旧闻》记载，仁宗幼年之时，曾受近侍的谗言蛊惑，想把先祖平定南方后获得的珍宝器铭从奉宸库中取出赏玩。刘娥知道后很是不安，唯恐仁宗沾惹不良习惯。于是刘娥趁机对他耳提面命，教育了一番。朱弁评价此事："后（刘娥）之用心，岂不深且远哉！"

曾在真宗末年极力反对刘娥参政的宰相李迪，后来也不禁感叹道："诚不知太后圣德乃至此！"

司马光后来也对她评价道："章献明肃皇太后保护圣躬，纲纪四方，进贤退奸，镇抚中外，于赵氏实有大功。"

昙花一现的曦光

中国古代是典型的男权社会，对女性有着天然的桎梏。由男性制定的礼法制度中，更是存在不少约束女性的条文。比如在政治上，不允许女性执掌，故而女性执政被恶称为"牝鸡司晨"。清代思想家王夫之甚至极端地声称："母后临朝，未有不乱者。"

但即便如此，女性也未完全放弃对权力的追求。一旦有机会，她们也会在有限的空间里努力攫取权力，试图以女子之身主宰男权社会。刘娥便是她们中的佼佼者。

刘娥早在代夫摄政的过程中便品尝到了权力的美味。毫无疑问，她迷恋权力带来的成就感，内心深处充满着一种美好的向往，与男性帝王平起平坐，共治天下。

真宗的一纸遗诏将她推到了历史前台，使她的愿望得以成真，而她也没有辜负历史馈赠的机遇。在她垂帘听政的11年间，她贬黜奸相丁谓，重用王曾、张知白等有才识的贤官。她调整职官机构，改革科举制度，恢复制科，设置学田；她变茶法，驰矾榷，减免赋税，鼓励垦田，整治黄河水患，举办江南水利等。与她的丈夫真宗相比，她的政绩似乎更加斐然卓著，她自己对此也颇为满意。

经过多年不断的探索与实践，她创设了一套有关垂帘听政的制度。天圣九年（1031）六月，翰林学士宋绶、西上阁门使曹琮、夏元亨上《新编皇太后仪制》五卷，诏名曰《内东门仪制》。这部文献实际记录了她垂帘听政期间的相关制度，是她毕生从政的心得与成就。这部文献若能流传下去，必会成为宋代女性政治的典范，之后的宋代后妃均可依此制度继续分享男性的皇权。她在垂帘摄政10年后才推出这部文献，很显然不是为了自己更有效地摄政，而是想将它作为一项可以延续的制度传承下去。

这种想法在男权秩序的视野中，无疑是天真而突兀的。此时正被女主摄政困扰多年的仁宗与帝国朝臣，最为担忧的便是摄政女主的接踵而来，又如何能让这部文献延续下去？

所以，这部被士大夫视为僭越的文献，在刘娥去世后随即便被毁灭。而她临终前委以重任的杨太妃，不论是权力欲望还是政治手腕，都远逊于她。她所期盼的女主与帝王共治天下的蓝图，注定无法延续。

实际上，刘娥早已在与满朝士大夫的不懈博弈中认识到，想要凭借一己之力改变这个男权主宰的世道，无异于徒手攀登天阙，是完全不可实现的痴人说梦。

而且，唐代武后已然做出了惨烈的探索。当晚年的她丧失权柄后，她试图改变男女地位的愿景顿成泡影，甚至因为她对皇权的僭越，对男权自尊的伤害，使得后世之人对"女主"临朝，更加警觉与戒备。有宋一代，更是取前车之鉴，大力约束宫眷，试图将她们拘于内闱方寸之地，终身不得染指男权的疆域。

虽然无奈，但她并不甘心。她偏要在这个男权主宰的世界里，以女子之身实现"立朝纲，平天下"的政治理想。她尽可能在社会主流思想允许的范围内提高女性的社会地位，伸张女性的权利。在她垂帘听政的11年间，一度使女主权力得以彰显。

然而，种种尝试之后，她还是不得不接受这个艰难的事实，要真正挣脱男权社会主流思想的束缚，还需要有更大的时代变革。而这些她是无能为力的。

刘娥的努力，在宋帝国悠悠300多年的国祚中只是昙花一现。但她仍旧用尽全力，为全天下的女子劈开了一道耀眼的曦光。虽然短暂，却还是在她们单调的生命中留下了明亮坚韧的余韵，让她们看到了方圆之外的另一种伟大可能。

她离开了，但她留下的光芒却照耀了后继者的攀登之路。许多年后，帝国的皇太后陆续登场，仁宗皇后曹氏、英宗皇后高氏、神宗皇后向氏、哲宗皇后孟氏、高宗皇后吴氏、光宗皇后李氏、宁宗皇后杨氏、理宗皇后谢氏等等。她们或主动或被动地入局，或短暂或长久地立于帝国权力的巅峰，向世人展示出女子主政的非凡风貌。

据《宋史》记载，弥留之际，刘娥已口不能言，她数次拉扯自己的衣襟，似有所示。仁宗不知其意，泣问群臣何解。礼部侍郎薛奎趁机指出，太后是要更换她身上的天子之服，否则有何颜面见真宗于地下。"其在袞冕也。服之岂可见先帝于地下！"仁宗领悟，于是将她换回了皇太后的服饰。

也许，她临终前的举止，真的如薛奎所解。生命的最后，她放下了对权力的执念，找回了曾经那个满腹深情与柔情的自己，在花意垂垂的春日里，以妻子的身份，盛装华服，去见她挚爱的夫君。

再或者，她其实是想告诉仁宗，希望能以皇帝的葬礼送自己最后一程。

然而，纵有再多不舍与不甘，她终归到了离开的时候。万丈红尘，匆匆而过。那些抨击、争议，抑或赞美与艳羡，于长眠黄土的她而言，都成了无用的喧嚣。

浮生若梦，纷纭变换，为欢几何？不可究诘。

这一生，她来过，求仁得仁，已无遗憾。

2. 北宋"掘墓人"——神宗向皇后为何选中宋徽宗当了皇帝?

　　宋神宗一生共有 14 个儿子,皇后向氏没有生子,所以神宗没有嫡子,所有儿子均为庶出。前五个儿子均幼年夭折,第六子便是哲宗。哲宗死后无子,按照长幼有序的传统,神宗第九子赵佖(哲宗异母弟)是"长",是皇位合理的继承人。但是,按照亲疏有序,神宗第十三子赵似(哲宗同母弟,均为太妃朱氏所生)应为合理继承人。最后却是神宗第十一子赵佶登上了皇位,这是为什么呢? 很多人认为是因为赵佶擅长讨好取悦向氏欢心,实际上,背后原因远不止如此。

　　与真宗皇后刘娥、仁宗皇后曹氏等人相比,神宗皇后向氏显得颇为低调。因为扶立宋徽宗赵佶继位后,便提前撤帘,她赢得了"谦退"的美誉,也给后人留下了一个不恋权柄的贤后形象。但实际上并非如此,她对权力也有着隐晦的渴望。但既然她恋栈权柄,为何又提前撤帘了呢?

治平三年(1066)二月,因英宗龙体抱恙而沉郁多时的帝国朝堂,突然被一件喜事带来了些许久违的生机。

英宗长子颍王赵顼,此时已经 18 岁,到了该娶妻成家的年龄。颍王府翊善(宋代亲王府官职,掌侍从讲授)邵亢于是向英宗上书,请求为颍王择妻:"皇子颍王,天质早茂,姻媾及期。方陛下继位之初,而元嗣克家之日，推之于礼，莫重于斯。"

同时，为了彰显隆重，邵亢极力主张颍王的婚礼应该采用古婚礼："陛下初政，欲治国者先齐其家，颍王且授室，愿采用古昏礼。"

英宗欣然应允，命礼部详定皇子妃聘纳礼仪，同时派遣使者到诸臣之家为颍王择妻。颍王府记室韩维认为，颍王性情聪慧仁孝，举止文雅有度，是当时少有的英才，应从名门望族之中选择德才兼备的女子，方能与之相配："宜历选勋望之家，精拣淑哲之媛，考古纳采问名之义，以礼成之，不宜苟取色而已。"

此时，虽然英宗尚未立下皇太子，但谁都知道，颍王赵顼将是帝国未来毫无争议的继承人。英宗共有四子，即长子颍王赵顼、次子赵颢、三子赵颜、四子赵頵。这几个儿子中，以长子颍王赵顼最为出色，这是帝国朝臣公认的。龙图阁直学士李柬之曾多次在英宗面前夸赞神宗："英睿仁厚，社稷之福也。"

英宗对长子的优秀也深感欣慰。朝臣对颍王的夸赞并非为了讨好这对父子，而是出于更深层次的思虑。因为英宗自继位以来，身体状况一直不好，朝臣认为应该早早立下皇太子，以安社稷。但英宗正值壮年，且继位时日不久，劝立皇嗣的话，谁也不便直接宣之于口。于是，朝臣们想出了一个迂回之法。

治平二年（1065）六月，宰相韩琦与富弼等人向英宗上表，请求序位排在颍王之下。很显然，他们想以此提高颍王赵顼的地位，以保证万一遇到英宗来不及立下皇太子就去世的突发情况，颍王仍旧能顺利登上皇位。

英宗对此也心知肚明，但他觉得自己正值春秋盛年，纵使疾病缠身，此刻言及立嗣还是为时过早。所以一开始，他拒绝了这个提议。但是，朝臣们并没有就此放弃，在他们的一再请求下，英宗最终还是答应了，规定颍王赵顼位于富弼之上。

所以，颍王赵顼虽然没有皇太子之名，却是帝国朝臣认定的继承人。那么，颍王的婚事，对于他们来说便不仅是甄选皇子妃，而是为帝国选择未来的皇后。

他们怀着喜悦的心情，投入了紧锣密鼓的挑选事宜，翘首以盼，期待着这场即将到来的盛大喜事。经过重重严格的挑选，一个姓向的年轻女孩儿脱颖而出，走入了帝国臣民的视野。

系出名门的顶级贵女

向氏出身宋代河内向氏家族，这个家族自她的曾祖父向敏中起便官宦不绝，恩荣不断，是宋代货真价实的名门望族、相后之家。

向敏中，字常之，他的父亲曾为"汉符离令"，一个品级很低的县令。双亲相继亡故后，向敏中早年的生活一度十分穷困。这种穷苦无依的生活境遇，直到他于宋太宗太平兴国五年（980）进士及第，才得以改善。

进士及第后，向敏中步入官场，历知制诰、右谏议大夫、同知枢密院事等官位后，于咸平元年（998）拜兵部侍郎，参知政事。咸平四年（1001）三月进集贤相，次年十月罢相，出知永兴军。大中祥符五年（1012）四月再次拜相，最终于天禧四年（1020）三月，以72岁高龄病卒于相位。

向敏中一生多次拜相，居大任30余年，位高权重，名扬朝野。除了自身才华外，婚姻也是他仕途的极大助力。

向敏中一生共娶有四位妻子。第一位妻子梁氏娶于他进士及第之前，家境普通。梁氏去世后，向敏中续娶张氏。这时，向敏中已经成为朝廷冉冉升起的才俊新贵。续妻张氏出身官宦之家，祖上曾历仕后晋、后周，位居高官，家源深厚。其父张去华于宋太祖建隆二年（961）状元及第，此后历官转运使、开封府判官、秘书少监、左谏议大夫、给事中等显耀之位。

张氏去世后，向敏中娶了第三位妻子宋氏。宋氏出身广平宋氏家族，也是累世簪缨的官宦之家。宋氏去世后，向敏中娶了第四位妻子王氏。王氏出身太原王氏家族，是宋帝国开国元勋王审琦之女。

强大的婚姻关系网为向敏中及其家族带来了丰厚的资源滋养。加上他本人显赫的仕途履历，其家族不论是政治地位还是社会地位，均发生了翻天覆地的变化。这一点在他子女的婚事上有着十分鲜明的体现。

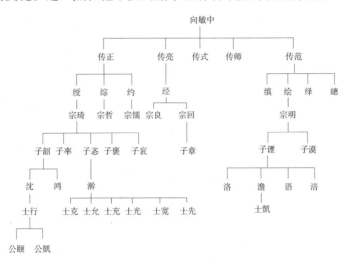

向敏中共有五个儿子，传正、传亮、传式、传师、传范。他们的婚姻关系网也相当庞大。长子传正娶妻李氏，李氏的父亲李沆与向敏中同是太平兴国五年（980）的进士，是宋真宗最为倚重信赖的宰相，被尊称为"圣相"。

次子传亮娶妻吴氏。吴氏的祖父吴廷祚是后周至北宋时期重要将领，北宋建立后官拜同平章事，兼枢密使，曾参与平定李筠之乱，深受宋太祖赵匡胤信任。太祖两次御驾亲征，都是他留守京城开封负责留守事务。吴廷祚的儿子吴元扆娶了宋太宗的女儿蔡国公主，即吴氏之母。所以，吴氏家族即是显赫的武将世家，又是备受恩宠的皇戚。

幼子传范娶妻万年郡主。万年郡主是赵德昭的孙女。赵德昭是宋太祖赵匡胤的次子，于太平兴国四年（979）因宋太宗赵光义的猜忌，于惊惧中自杀身亡。此后太宗一系对其子嗣多有恩抚，比如万年郡主长于宫廷，深受宋真宗的宠爱。向传范与万年郡主的婚姻，是向氏家族与赵宋皇室的首次联姻。

向氏的祖父是向敏中第二子向传亮，向传亮的儿子向经便是向氏的父亲。显赫的家族背景，优越的家学滋养，使得向氏获得了联姻皇室的入场券。

治平三年（1066），向氏与颍王赵顼举行盛大婚礼，不久被封为定国夫人。第二年，宋英宗驾崩，赵顼继位，是为宋神宗。向氏顺理成章被立为皇后。这一年，她21岁，正是大好年华。

寡居之年的政治风波

宋神宗是历史上少有的温情帝王。他一生的心血都倾注到了如何实现富国强兵的伟大理想方面，留给家庭的时间相当匮乏，但向氏并不寂寞。彼时，仁宗曹皇后尚健在，神宗生母高太后仅36岁。宫廷里这三位帝国最为尊贵的女子，彼此相伴，共度深宫中的漫长岁月。

治平四年（1067）三月，向氏在坤宁殿生下神宗的嫡长女。女儿的到来，为夫妻二人带来了更多的欢乐。据史料记载，向氏后来在回忆起自己的婚姻生活时，曾这样说："二十年未曾面赤。"她对自己的婚姻显然是满意的。

熙宁元年（1068）三月，刚满一岁的小公主被封延禧公主。小公主生性机警聪慧，自幼习惯嗜好宛如成人，深受向氏与神宗的宠爱。然而，这种有女万事足的幸福生活却在元丰元年（1078）二月戛然而止。延禧公主因病去世，年仅12岁。向氏与神宗悲痛欲绝。神宗辍朝五日，与向氏一同亲自为爱女送葬。他追封爱女为燕国公主，还下诏为爱女修建十间影堂屋，以祭爱女芳魂。

悲伤的气息尚未消散，帝国不久再次响起沉重的丧钟。元丰二年（1079）十月二十日，仁宗曹皇后病逝于庆寿宫，终年64岁。向氏与婆母高太后、夫君神宗一起为这位一生贤德的皇后举行了盛大的葬礼。

元丰八年（1085）三月，神宗驾崩于福宁殿。向氏接连失去了挚爱的女儿，相濡以沫的夫君，她的世界陷入了长久的暗淡。

这一年，年仅10岁的太子赵煦登上皇位，是为宋哲宗。向氏的身份也由皇后转变成为皇太后。皇太后高氏，则变成太皇太后，与年幼的哲宗一起，走上了历史的前台。

由于高太后一直反对王安石变法。她临朝期间，将神宗朝反对变法的老臣悉数召回朝中，委以重任。尤其是旧党领袖司马光，被她任为宰相。在她的支持下，司马光着手将王安石新法全部废止。

在高太皇太后站在帝国权力巅峰发号施令，挥斥方遒的时候，向氏的身影长久地隐在她的身后。而向氏似乎也甘于这种平庸与平淡，她为女儿延禧公主建了座慈云寺，抱着对女儿与夫君的追忆，在深宫中寂寞平静地度过了 8 年时光。

元祐八年（1093）九月，高太后去世，终年 62 岁。此后，向氏的处境似乎更加落寞。哲宗的生母朱氏此时尚在，她这个嫡母的地位无疑是尴尬的。然而，历史却又出人意料地给了她一些转机。

【宋神宗皇后向氏画像，现藏于台北故宫博物院】

谁当承国？

元符二年（1099）八月，哲宗最钟爱的刘贤妃为她生下了唯一的儿子赵茂。他欣喜之余，不顾朝臣劝阻，执意于皇子满月那日册封刘氏为皇后。九月二十五日，刚出生不足三个月的赵茂不幸夭折。哲宗悲伤不已，辍朝三日。然而，打击却接踵而至，四天之后，女儿扬国公主也突然暴病而亡，年仅三岁。哲宗又为之辍朝三日。接二连三的打击，让哲宗一病不起。元符三年（1100年）正月，哲宗病情愈重，已经无法上朝。实际上他的健康状况一直很糟糕，少年时期便患有咯血症等宿疾。

元符三年（1100年）正月十二日，哲宗在福宁殿驾崩。这个消息对于帝国臣民来说，是一个相当沉重的意外。这一年，哲宗刚刚25岁。他自己恐怕也未曾料到会突然撒手尘寰，故而临终前也未考虑帝国继承人的问题。

年轻的皇帝去世了，没有明确皇位继承人，也没有留下子嗣。那么，该立谁为继承人呢？这是哲宗留给帝国朝臣的问题，也是留给向太后的问题。

正月十三日的清晨，向太后召集朝臣共同议立新君。

宋神宗一生共有14个儿子，前五个儿子均幼年夭折，第六子便是哲宗。第七、第八、第十子也均幼年夭折。所以在哲宗去世时，宋神宗还活着的儿子只有五位，第九子赵佖，第十一子赵佶，第十二子赵俣，第十三子赵似，第十四子赵偲。其中，第十三子赵似是哲宗的同母弟，均为太妃朱氏所生。

有嫡立嫡，无嫡立长。神宗仅存的五位皇子均不是嫡子。按照长幼有序的传统，第九子赵佖是"长"，是皇位合理的继承人，故而成为一些朝臣拥戴的对象。另一位呼声比较高的是第十三子赵似，哲宗的同母弟。按照"兄终弟及"的传统，他也是合理的继承人。

策立当日，向太后垂帘而坐，哀声询问众臣："先帝已弃天下，未有皇子，当如何？"

宰相章惇首先发言。他认为，简王赵似是哲宗同母弟，按照亲疏之别，应当立他为继："依礼典律令，简王乃母弟之亲，当立。"

然而，章惇的提议却遭到了向太后果断而坚决地拒绝，

哲宗以长子身份继位，而非嫡子。他当了皇帝，并不意味着他获得了嫡子的身份。向太后没有亲生儿子，那么神宗所有的儿子便都是他的庶子，没有什么区别。所以，她这么回答章惇："申王（九子赵佖）以下俱神

宗之子，莫难更分别。"

若按"立长"制，便是申王赵佖应该继位。然而申王赵佖幼年时曾患有严重急惊风，几乎丧命，虽由宋代儿科名医钱乙治愈，但还是留下了伴随一生的眼疾。

向太后以他有眼疾，不宜为一国之君为由，排除了他的继承权。既然第九子申王赵佖不合适，那么顺位下去，便以第十一子端王赵佶为"长"。所以，向太后支持的继承人是端王赵佶，"当立端王"。

章惇并没有死心。他说道："端王轻佻不可以君天下。"向太后立刻进行了反驳："先皇帝尝言：端王生得有福寿，且仁孝，当立。"

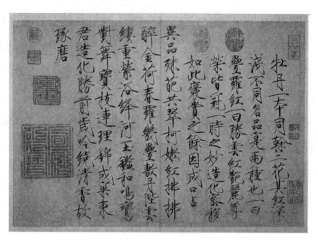

【宋徽宗瘦金体书法】

实际上，向太后不同意立简王赵似很容易理解。首先，若立简王赵似，将是进一步提高其生母朱太妃的身份地位，这对自己的权力与地位是一个极大的威胁。

朱氏出身寒微，其父崔杰早逝，母亲李氏后来带着她改嫁一户姓朱的人家，她因此改姓为朱。熙宁初年入宫后，朱氏为神宗侍御。熙宁八年（1075）进为才人，熙宁九年（1076）进为婕妤，元丰二年（1079）进为昭容，元丰五年（1082）封贤妃，元丰七年（1084）封德妃。

朱氏先后为神宗生下哲宗赵煦、简王赵似和贤穆、贤康、贤孝、贤宜、贤静（即徐国长公主）五位公主。神宗去世后，向氏被尊为皇太后。

而身为哲宗生母的朱氏，却只是依例尊为太妃，没有受到帝母应该得到的荣耀与待遇。

针对这个问题，朝中分成了两派。一派想要通过降低皇帝生母的等级，来凸显垂帘听政的高太皇太后的尊贵。另一派认为，应该抬高朱氏的身份地位，以彰显天子的孝道。

但高太后出于自身权益的考虑，对朱氏一直有所压制。直到元祐三年（1088）秋天，高太后才允许朱氏的舆盖、仪卫、服冠可与皇后相同："依皇后例供进新历……檐子饰以龙凤，伞用红罗，从卫人各有加。冠服度数并依皇后，生辰合奏恩泽之类亦如之。"

这只是在礼仪方面的提高。其他方面，与高太皇太后和向氏仍旧有颇大的差距，比如："皇太妃（朱氏）冠服之属，减皇后五分之一。"即便是规定朱氏在礼仪上与向氏同，但仍旧有所区别："皇太妃宫合依皇后所居制度惟不设鸱尾。"

元祐八年（1093）九月，高太皇太后去世，哲宗亲政。年轻的皇帝急于孝敬他的母亲，不断地给予朱氏更高的礼遇。元祐九年（1094）二月二十六日，哲宗下诏："皇太妃特与立宫殿名，殿名圣瑞。坐六龙舆，进黄伞，出入由宣德正门。"绍圣二年（1095）三月二日再次下诏，规定皇太妃生辰祗应人推恩依皇太后条例。这年的十月七日，哲宗又下诏，皇太妃合奏亲属恩数并视皇太后例，圣节大礼亦如之。

至此，朱氏虽然没有皇后名号，但实际上一切待遇已经和向氏相同。从这个时候起，向氏便感受到了来自朱氏的严重威胁。所以，哲宗去世后，再次册立新君时，她绝不会允许朱氏的儿子再次御极。

除了这一点，还有一个极为重要的原因是向太后与章惇的矛盾。

徽宗之立

宋神宗熙宁时期，太皇太后曹氏和皇太后高氏都反对新法。元祐时期，高氏被尊为太皇太后，垂帘听政。她执政期间，尽废新法，尽逐新党。

元祐八年（1093）九月，执政九年的高太后去世，哲宗开始亲政。第二年四月，他改元"绍圣"，意即绍述熙丰新法。从他亲政起，到距离他辞世的元符三年（1100），在这长达 8 年的时间里，哲宗全面推翻了祖母高太后执政时期所定的政策和方针，重新起用熙丰年间的变法派，立志恢复新法。与此同时，元祐旧党被他悉数赶出朝堂。

帝国朝堂的政局一夕间发生了翻天覆地的变化，章惇、蔡卞、邓温伯等变法派相继被召回，旧党苏辙、苏轼、范纯仁、范祖禹、吕大防等朝臣被贬至偏远之地。

那么，向太后对新旧两党持有什么看法呢？

实际上，她如前面两位太后一般，同样支持旧党，内心对他们充满了同情。比如，她曾为那些被新党诬陷为"诋毁神宗"的旧党朝臣开脱："君有争臣，父有争子，怎生少得。"此外，她还认为哲宗绍符年间对旧党的惩罚过重："行遣元祐人过当，失天下之人心。"并且，委婉地为旧党求情："元祐之人虽不可收用，岂可不与量移。"

以宰相章惇、蔡卞为首的变法派，"专以绍述为国是，凡元祐所革一切复之"。他们对旧党进行了残酷的打压，"元祐旧臣，贬窜死徙略尽"。新党这些举措令向太后极为不满。她觉得这些人是哲宗"行遣元祐人过当，失天下之人心"的罪魁祸首，"内则为（郝）随等所误，外则为（章）惇、（蔡）卞所误"。正是他们的怂恿、引导，才导致哲宗对旧党的大肆贬黜，"误先帝（哲宗）处多"。尤其是章惇，向太后觉得他是神宗晚年用人的失误，"神宗圣明，岂近世人主可比。只是晚年不免错用却人，不免致天下议论"。这种敌意，使得向太后无形中站在了章惇的对立面。

据《皇朝编年纲目备要》记载，章惇曾与哲宗的生母朱太妃暗中联络，谋立哲宗同母弟简王赵似为新君。"初梁从政给事皇太妃阁，阴以简王（即赵似）属章惇。"

此种情况下，向太后自然更加不可能支持章惇立简王赵似的提议。后来她曾与曾布提起章惇与朱太妃勾结一事，仍对其恨意犹然，"诛戮有余"。

这样看来，无论从私人感情还是从利益角度，向太后与章惇的对立，均是必然。那么，在策立新君的大事上，向太后自然不会听从章惇的意见。

在向太后的坚持下，端王赵佶最终被册立为新君，是为宋徽宗。这一年，他刚满17岁。即便不立简王赵似，向太后也还有三个神宗的儿子可以选择。为什么她坚持要立赵佶呢？

这与赵佶的生母早逝有着极为密切的关系。

据《宋史》记载，赵佶的生母陈氏是开封人士。最初入宫时，陈氏只是神宗一个没有名号和品阶的低等侍御。元丰五年（1082）的十月生下赵佶之后，才有了才人（正五品）的品阶。元丰八年（1085）四月，神宗驾崩，哲宗即位。陈氏因例升为美人（正四品）。沉浸在丧夫之痛中的陈氏悲伤不已，她日夜"守陵殿，思顾旧恩，毁瘠骨立。左右进粥、药，挥使去，曰：'得早侍先帝，愿足矣！'"

陈氏对神宗情深义重，神宗逝后始终郁郁不乐，于元祐四年（1089）病逝。这一年，赵佶年仅7岁。

在中国古代宫廷，皇后或妃嫔无子，将会对地位产生很大影响。历朝历代，因无子为由被废黜的皇后比比皆是。这一点，向氏心知肚明。所以陈氏去世后，向氏便借机将赵佶善加抚养，作为一种潜在的依仗。哲宗的突然离世，给了她更多的想象——拥立赵佶为帝。赵佶生母已逝，唯有她这位有拥立之功的嫡母。毫无疑问，她在后宫的地位将更加稳固，她的家族也能得到更多的助益。

而第十二子燕王赵俣、第十四子越王赵偲是一母同胞。他们的生母林贤妃出身名门，是"三司使特之孙，司农卿洙之女"，与向太后的家族一样，具有深厚的政治背景，是向太后的竞争对手。

因此，向氏选择没有母族势力的赵佶，竭尽全力地拥护他为新君，便是顺理成章的事了。

【《听琴图》局部，图中端坐之人为宋徽宗】

迷人的帘幕

徽宗即位之初，反对的声浪并未平息。哲宗母弟简王赵似并不甘心，仍有"不顺之语"。最关键的是，反对徽宗继位的章惇此时仍位居首相，拥护简王赵似的都知梁从政也未被贬黜。用曾布的话来说："惇为首相，从政握亲兵，内怀反侧，但无可为尔。"

除了向太后，此时的徽宗处境孤立，对于他来说，"非皇太后，谁助之者"。所以，尽管徽宗继位之时已满18周岁，但仍然恭请向太后垂帘听政，"权同处分军国事"。

很显然，徽宗的本意是借助太后的威望来稳定自己的统治，向太后也在垂帘时宣布："非久即还政。"然而，令徽宗没想到的是，向太后竟然趁机大权独揽。作为皇帝，徽宗决定的事情还要经过向太后的肯定才可施行。

据《续资治通鉴长编纪事本末》记载，元符三年（1100）三月，门下侍郎韩忠彦和知枢密院事曾布密谋将翰林学士承旨蔡京贬知太原，并于三月十八日得到徽宗的批准。执宰中除了蔡京的弟弟蔡卞反对外，其他人均表示赞同。

但是，到了四月二日，当他们奏对之时，徽宗突然尴尬地表示蔡京不能贬逐，因为向太后坚持让蔡京留任修撰《神宗实录》："无他，皇太后但且欲令了史事，以神宗史经元祐毁坏，今更难於易人尔。"曾布对此十分不满，在徽宗面前力陈蔡京对朝廷的危害。徽宗无奈，只好让他亲自去找向太后理论。

据《曾公遗录》记载，当曾布在向太后面前据理力争之时，向太后极力为蔡京辩护，指责曾布："干枢密甚事？"曾布耐心解释蔡京之奸，并强调："今事既一变，臣何可安？"向太后坦然答道："不变，只是教他做翰林学士，了却神宗国史，干枢密甚事？"曾布还未放弃，继续劝说，但向太后始终不为所动，最后以"日色已晚"为由，把他打发了。由于向太后态度坚决，蔡京最终还是被留任翰林学士，免于贬逐。

而向太后之所以如此不顾徽宗与众臣的反对，执意偏袒蔡京，皆因蔡京早些年对她及对她家族的攀结。比如《宋史》记载，当她想为早夭的女儿修建慈云寺以示悼念时，时为户部尚书的蔡京便十分卖力，甚至"强毁人居室"。这件事后来被人告发，蔡京也因此受到了处罚。据《吴郡志》记载，哲宗绍圣初年，蔡京还曾想"夺民田展向氏坟"，以此巴结向太后家族。

此时向太后深受徽宗尊崇，位于帝国后宫的权力巅峰。但在哲宗绍圣年间，她的处境一度十分凄凉。哲宗非她所生，故而虽有太后尊号，实际却无权势。这种情况下，蔡京仍旧对她积极攀结，极尽逢迎。这些举止在她看来，多少带有一些真诚的色彩，心理上自然会比较亲近。

蔡京的努力，换来了他与向氏家族的深厚交情，也换来了向太后在关键时刻对他的庇护。然而，蔡京虽然留任翰林学士，但此后却屡遭弹劾。曾布等人与蔡京积怨已久，誓要将他驱逐出京。而韩忠彦等元祐旧党也对蔡京十分反感，极力反对蔡京留任。但他们二人多次筹谋，终于还是在向太后的强势维护下宣告失败。

最令人惊愕的是，向太后竟还有让蔡京进身宰执的念头。徽宗对此也束手无策，最后还是在韩忠彦苦口婆心地劝谏下，向太后才作罢。

向太后在蔡京一事上丝毫不顾及徽宗已经向朝臣承诺驱逐蔡京的事实，令徽宗失信于朝臣，尴尬不已。徽宗对此势必也极为不满，但他还是隐忍不发，没有与向太后公开对阵，扩大冲突。一方面因为他感念向太后对他的拥护之恩，另一方面是他此时羽翼未丰，还需要向太后威望的庇佑。

甚至当曾布等人向徽宗上书要求向太后提前撤帘还政时，徽宗还给予了明确的反对："此事本非他所欲，是自己坚请他同听政；他又已有手诏，于升祔后还政，亦只一两月事。"

此时距离八月哲宗祔庙之期已近，向太后原本允诺的撤帘之期也不远了，所以徽宗决定再忍耐一两个月，等待向太后主动还政。

为了防止这一两个月之间因蔡京问题激化他与太后的矛盾，他甚至在台谏官弹劾蔡京时，暗示谏官放过蔡京："京罪状有实迹否……京与卞不同。"

六月八日，他亲自请曾布出面制止台谏对蔡京的攻击，但曾布一心想要驱逐蔡京，故意装糊涂，委婉地拒绝了。

之后，台谏对蔡京的攻击仍旧在继续，徽宗对此十分生气。他认为是曾布无视他的命令，鼓动台谏弹劾蔡京。为了让曾布罢手，徽宗亲自放出风声，称他与伪作向太后手诏的宦官关系匪浅。曾布闻言大惊，在亲信的劝说下，终于暂时作罢。

徽宗为了维护与向太后的关系，甚至连对他有拥立之功的曾布都打算牺牲。他的努力和不满，向太后还是感受到了。于是，在哲宗下葬后，她便提前撤了帘幕。

这件事为向太后赢得了"谦退"的美誉，成了她不恋权势的有力证明。实际上，她对权力也有着隐晦的渴望。在她隐身于曹太后与高太后身侧的那些年，静寂的宫廷生活中，未必没有对她们的大权在握产生一丝艳羡。

这点儿念想，在哲宗去世后，被历史偶然间给予了成全。因对徽宗的定策之功，她认为揽权是帮助徽宗应得的报答。据《曾公遗录》记载，当曾布恭维向太后对徽宗的襄助之功时，向太后这样回答："诚如此。非皇太后谁助之者？"

但既然向太后恋权，为何又"谦退"了呢？仍旧与高太后有着密切的关联。她从高太后身上看到了权力的魔力，也从她身上看到了权力的危险。

高太后生前大权独揽，荣耀无限，但在她去世后，哲宗及其新党对她进行了无情而猛烈的清算。在哲宗有意无意地引导和纵容下，朝中不时便会出现对她地位的质疑言论。甚至有人骂她"老奸擅国"，还有人诬陷神宗并非高太后亲生母亲，曾想废黜哲宗，"至以谓神考（神宗）非宣仁（高太后）所生，以实倾摇废立之迹，欲以激怒哲宗"。

哲宗也的确被激怒了，新党趁机进言，要求追废高太后。

向太后于就寝时突然得知这一消息，惊慌失措之下，来不及穿鞋，便跑去向哲宗哭谏，明证高太后的清白："吾日侍崇庆（高太后居住的宫殿名称），天日在上，此语易从出？且上必如此，亦何有于我？"

至此，哲宗方才放下追废高太后一事。

高太后因生前揽权，迟迟不肯归政于哲宗，引起了哲宗强烈的不满与恨意，才导致了凄凉的身后景象。亲见这场风波的向太后，内心的震惊可想而知。高太后的身后清算和争议，对她来说，无疑是一次振聋发聩的警钟。

此外，向太后及时的"谦退"，与她的出身和性情也有着直接关系。据《曾公遗录》记载，她的曾祖父向敏中在世时，常劝家中子弟"不敢作不公平事，免殃及子孙"。她的父亲向经也以仁宗皇后曹氏还政一事告诫向氏，应谨记女主本分，不可妄加干政。向太后很多年后回忆起来，仍旧记忆犹新，不敢辱没家门声名："至今记得此语，以此不自遑安。如此，庶几不违父教，不辱先相门风。"家学的熏陶，使向太后养成了谨小慎微的性情。所以虽然内心渴望着手握大权的荣耀，但她最终还是在审慎中找回了清醒与克制。

【宋神宗皇后向氏陵墓遗址，位于今河南巩义芝田乡八陵村】

身后哀荣

事实证明，她是明智的。

她的退让，获得了徽宗由衷的感恩。据《宋会要辑稿》记载，徽宗在她提出撤帘后，"禁中涕泣拜请至于累旬"，还为此昭告天下，表达对向太后拥立之功的感激："朕以眇身，获承大宝，实赖皇太后仁圣。敉宁万邦，遽奉玉音，靡遑安处，涕泣拜请，至于累旬。虽盛德徽猷，度越今古，顾惟不类，惧弗克胜。圣志莫回，未知攸济。勉遵慈训，深惕于怀，布告中外，咸使闻知。"

向太后临终前，徽宗日夜侍奉在左右，衣不解带，药必亲尝，照顾得无微不至。向太后去世后，徽宗为她举办了隆重的葬礼，谥号定为"钦圣宪肃"，极尽赞美之辞。"敬事节用曰钦，威仪悉备曰钦；通达先知曰圣，扬善赋谋曰圣；刑政四方曰宪，圣能法天曰宪；刚德克就曰肃，执心决断曰肃。"

徽宗甚至在哀册中将向太后与补天的女娲相提并论，评价可谓极高。对于向太后的家族，徽宗也给予了极大的关怀和恩遇，甚至将他们作为自己的外家。向太后的兄弟向宗良、向宗回皆位居开府仪同三司，封郡王。曾祖父向敏中被追封为燕王，祖父向传亮被追封为周王，父亲向经被追封为吴王。后来，徽宗还把顺德帝姬、成德帝姬两个女儿嫁给了向家的子孙。

作为一个帝王，徽宗身上带有一些违和而少有的浪漫与温情。但他到底不是一个合格的帝国继承人，在当了许多年的"太平"天子后，直接将北宋帝国的大好山河，葬送在了金人的铁蹄之下。

向太后恐怕怎么也想不到，当初的一己之私，使得自己成了北宋王朝的掘墓人。破碎的河山，悲痛的臣民，还有后世对北宋盛景的无限哀叹与追思。无论多么彻骨而绵长的痛楚，她都看不到了。因为她于还政后的第二年，便去世了。

3. 两"废"三"立","悲惨"成就"幸运"——哲宗孟皇后的戏剧人生

　　宋哲宗皇后孟氏一生经历两"废"三"立",非常传奇,也很罕见。她出身低微,却被选为一国之后,并深受太后与朝臣的宠爱,获得了一个备受帝国瞩目的隆重婚礼。那么,她是怎么当选的呢?

　　皇后之位是她一生荣耀的起点,却更是曲折磨难的开端。在很多人眼中,她的首度被废源于她与哲宗宠妃刘婕好的一场宫廷争宠,实际上这只是表面现象,还有更为深层的政治原因。

　　徽宗登基后,孟氏被重新迎回宫中,为何不久再次被废呢? 此后,孟氏在凄清与孤独中,沉默地度过了漫长的26年。被帝国遗弃的她,又是如何被推到了历史的前台,成为被后世盛赞的"帝国女英雄"?

元祐五年（1090),宋哲宗赵煦17岁（虚岁,实际年龄为15岁),此时距离他登基为帝,已过去了5个年头。17岁的哲宗,到了择妻的年纪。他的祖母高太皇太后表现出了高度的审慎与重视。她曾对哲宗说道:"选得贤后,有内助之功,此非细事。"为此,她亲自为哲宗主持选后事宜。

据《续资治通鉴长编》记载,这场被帝国臣民津津乐道的"一代盛事",从这年的八月开始,一直持续到第二年的四月份。在长达九个月的

时间里，共选了100多位妙龄女孩，但高太皇太后都不是太满意，"极难得可者"。唯有狄青的孙女因"好门户"勉强获得她的认可。

但这个"好门户"其实也是打了折扣的，因为这女孩是狄青儿子狄咨的庶出女儿。由于嫡母强悍善妒，将她逐出家门，被伯父狄咏收养长大。这样复杂的家庭背景让本来对她有些属意的高太皇太后存了一些疑虑。若是择定这女孩儿为皇后，那她应该尊狄咨为父呢，还是尊狄咏为父？另外，庶女是否有资格成为帝国皇后？高太皇太后犹豫不决，于是将这个难题抛给了帝国的宰执。

宰执们就此展开了激烈的讨论。中书舍人王岩叟极力反对。他认为，若以这女孩为皇后，她有三位母亲，嫡母、生母、养母，将来"三母异日应各须加恩礼"，会给帝国带来许多麻烦与风波。

但吕大防与韩忠彦认为，这女孩是高太皇太后属意的人选，于是支持选立狄氏女。两方互不相让，谁也说服不了谁，直到向高太皇太后奏对时，他们仍旧未能形成定论。王岩叟坚持认为，选后事关国体，不容有失，原则与标准应该是"要令天下无可指议"。

这一原则得到了高太皇太后与宰执们的一致认可。苏辙更是强调，选后应当"必求十全"。在这样的原则下，选后事宜变得更加曲折棘手。

首先面临的困难便是"勘婚"，也就是订婚前勘合男女双方的生辰八字。元祐六年（1091）八月，吕大防以勘婚不利于选后为由，上表请高太皇太后罢废勘婚。但高太皇太后认为此事重大，唯恐因其遭受百姓非议，于是给予了明确的拒绝："国家不比常人家，长道不勘婚则便已，内间谁敢担当？公等执政敢担当否？"

她反复告诫宰执，必须要对可能出现纰漏的环节保持高度警惕。此时的高太后，因为选后一事，几乎夜不能寐。

就这样，经过困难重重的选拔、观察与培训，一个姓孟的女孩脱颖而出，款款地登上了历史的舞台。

微末之家，何以得选？

元祐六年（1091）十二月，吕大防针对选后标准，提起了门阀的重要性："若门阀不可，虽有容色，亦难取。"

元祐七年（1092）四月，吕大防等宰执御前奏对，提起勘婚一事，再次强调了门阀的重要性："虽云勘婚，先须门阀，于门阀中勘乃可。"王岩叟也把"门阀"放在了第一位，"不取于勋德之家，无以服人心。"

据《宋史·孟后传》记载，孟氏的祖父孟元曾任眉州防御使（从五品）、马军都御侯等低阶官职。她的父亲孟在也只是阁门祗候这样的微末小官。很显然，孟氏出自小官之家，并非"门阀"。为什么高太皇太后与宰执视而不见呢？这是因为，他们观念中的"门阀"与隋唐"婚姻问阀阅"中的"门阀"有着截然不同的区别。

据《太史范公文集》记载，元祐五年（1090）十一月，范祖禹因选后一事向高太皇太后上疏："闺门之德，不可著见，必视其世族，观其祖考，察其家风，参以庶事，亦可知也。"对此，高太皇太后也颇为赞同："大凡人家女子，养于闺阁，贤与不贤，人安得悉知，选择之际，惟见门阀与人物耳。"

这段对话充分说明，高太皇太后等人对门阀的强调，最终的立意实际上都在"闺门之德"，并非真正的门第高下。

这一点，在《续资治通鉴长编》中也有相关记载。高太皇太后曾向同知枢密院事韩忠彦询问孟氏的出身情况。韩忠彦这样回答："孟在善人小官，门户静，别无事。""门户静，别无事"这一特征，很轻易地便打动了高太皇太后。她一直认为勋贵世家娇养长大的女儿不易教化，"政恐其骄，骄即难教"。而韩忠彦很快又给她吃了一颗定心丸。他觉得如孟在（孟氏的父亲）这样的小官之家，应该不会娇惯女儿。这样家庭出身的女孩儿也会易于调教，从小没有长于锦绣富贵，性情必定小心谨慎，恭敬有礼。"如孟在等人家自应不骄，亦须易教。不在富贵中生，则必谨畏。"这番话说进了高太皇太后的心坎里。"门户静"，这样家庭出身的女孩儿持有的家法、家风，决定了她能"执妇礼"，具有母仪天下的潜质。这样的孟氏，尽管出身低微，但仍旧获得了高太皇太后的由衷喜爱，顺理成章地成为她心中最属意的皇后人选。

元祐七年（1192）二月，高太皇太后昭告群臣："近选得九家十女，惟孟家女最可。"两个月后，她再次宣谕内外："孟家女入内能执妇礼，可降制立为皇后。"不久，她又降下手书："吾近以皇帝年长，中宫未建，尽选诸臣之家，参求贤德。故马军都虞候、赠太尉孟元孙女，阀阅之后，以礼自持，天姿端靖，雅合法相，宜立为皇后。付学士院降制施行，其他典礼并依已降指挥。"

至此，帝国轰轰烈烈的选后事宜，尘埃落定。

备受瞩目的帝国盛事

被高太皇太后与宰执共同择定的孟氏，是他们眼中无可挑剔的皇后人选，理所当然地赢得了他们的一致盛赞。

这场婚事，从册后礼仪便显示出了非同一般的隆重。它采用"六礼"，且参与受册仪式的全部都是帝国名臣。这在宋代后妃中是极为罕见的。

据《续资治通鉴长编》记载，正副奉迎使分别由尚书左仆射兼门下侍郎吕大防、同知枢密院事韩忠彦担任；正副发册使分别由尚书左丞苏颂、签书枢密院事王岩叟担任；正副告期使分别由尚书右丞苏辙、知大宗正事宗景担任；正副纳成使分别由高密郡王宗晟、翰林学士范百禄担任；正副纳吉使分别由吏部尚书王存、权户部尚书刘奉世担任；正副采纳、问名使分别由翰林学士梁焘、御史中丞郑雍担任。参与册后礼仪的翰林学士梁焘，这般评价册后典礼："诚一代盛事。"

隆重的仪式，充分体现了高太皇太后以及朝臣对哲宗纳后的重视。太常寺宣布在皇后纳采前择吉日祭告天地，册礼前一日告宗庙。"将来皇后纳采前择日告天地，册礼前一日告宗庙。"

礼部宣布在纳皇后时，文武百官朝贺庆祝的相关规定："所有册礼依景德元年故事，拜表称贺。"

对于 17 岁的哲宗而言，祖母高氏为他选定的妻子，不论真心恋慕与否，他都要依照祖母的指示，参与到这场被帝国臣民热切瞩目的隆重典礼之中。他亲自到文德殿发册，派出使臣奉迎皇后孟氏。"上御文德殿发册及命使奉迎皇后。"

在帝国臣民的温柔注视下，孟氏登上了帝国的皇后之位。

这一年，她年方十八，正是充满情思与憧憬的花样年华。此时的她，不会知道，这里是她一生荣耀的起点，更是曲折磨难的开端。

从锦绣康庄到青灯古卷

绍圣三年（1096），孟氏两岁的女儿福庆公主身患重病，已到了药石罔效的地步。孟氏的姐姐心急之下，持道家符水进宫为福庆公主医治。孟氏深知符水乃宫中禁忌，于是急忙命人将符水藏了起来。等到哲宗来她阁中时（宋代皇后居所称阁），孟氏如实向哲宗说明事情原委。哲宗认为她出于爱女之心，"亦人之常情"，并没有怪罪。

不久，福庆公主病逝，失去爱女的孟氏悲伤欲绝。孟氏的养母燕夫人为她与已逝的福庆公主祈福，没想到却招来了她生命中最大的厄运。

哲宗宠妃刘婕妤将燕夫人祈福与之前的符水一事联系起来，在哲宗面前搬弄口舌，坚称孟氏真正的目的是诅咒哲宗。

对于刘婕妤，哲宗给予了后宫诸妃难以企及的钟情与眷恋。据《墨庄漫录》记载，她生得极美，艳冠后宫，蔡京以"三十六宫第一人"称赞她的容貌。《宋史》也称刘氏，"明艳冠后庭，且多才艺"，并且她还极为聪慧，活络，深得两宫太后欢心，"能顺意奉两宫"。

刘氏早在元祐年间便已获得哲宗的倾心，但考虑高太皇太后对孟氏的喜爱与维护，哲宗并未公开表露。

直到高太皇太后去世，他亲政后才将对刘氏的宠爱展现出来。绍圣二年（1095）的九月，哲宗大飨明堂，允许刘氏违礼伴驾斋宫，"刘美人侍上于斋宫"。女子入侍斋宫本就不合礼法，而刘氏又非皇后。哲宗此举是对刘氏宠爱与纵容的无声昭示。

刘氏显然也并不满足于自己的地位。据《宋史》记载，她常常对身为皇后的孟氏无礼，十分傲慢，"不循列妾礼，且阴造奇语以售谤"。

绍圣三年（1096），孟氏率后宫诸妃前往景灵宫拜谒。礼仪结束后，孟氏坐下休息，其他妃嫔都恭恭敬敬地站在周围等待，唯独刘氏一人倚着门口背对着孟氏。这在当时是违反礼法的大不敬行为。孟氏阁中的侍女提醒刘氏，但刘氏毫不理会，仍旧我行我素。孟氏阁中诸人都十分愤怒，但孟氏却不想激化矛盾，所以她没有惩罚刘氏，只装作看不见她的无礼之举。

这一年的冬至时节，孟氏率诸妃前往隆佑宫朝见向太后。按照宫中礼制，唯有身为皇后的孟氏才有资格坐金饰的椅子，其余诸妃只能坐木椅。但刘氏十分不满，执意不坐木椅。侍者只好又搬来一把金饰椅，刘氏这才满意落座。诸妃对此颇有微词，但孟氏表现得却很平静。这时，一个侍女喊道："皇太后到！"

孟氏与诸妃均起立相迎。有人趁机将刘氏的金饰椅搬走了，刘氏不知，落座时一下坐在了地上。刘氏羞愤交加，跑到哲宗面前哭诉。她的心腹宦官郝隋劝告她，只要尽快诞下皇子，便能获得皇后之位，"毋以此戚戚，愿为大家（宫中对皇帝的一种称呼）早生子，此坐正当为婕好有也。"

而刘氏之所以胆敢光明正大地僭越后宫礼法，不尊皇后，最大的依仗便是她在哲宗心中无与伦比的地位。凭借着哲宗对她这份沉甸甸的宠爱，她对后位的觊觎之心昭然若揭，"阴有夺位之意"。但想要拉

【宋《秋庭戏婴图》局部】

下孟氏并非易事。

据王明清的《挥麈录》记载，当时的宰执大臣这么评价孟氏："初聘纳时，常教她妇礼。以至倒行、侧行，皆亲指教，其他举措，非元符（刘氏）比也。"由此可见，孟氏熟知宫中礼仪与法制，性情温和宽厚，远非刘氏所比。《宋史》也赞美她："行节俭谨慎。"

这样的孟氏自然是无可挑剔的皇后。

刘氏于是便从帝王最为忌惮憎恨，也最易于构建"罪证"的"巫蛊之术"入手，诬陷她诅咒哲宗。刘氏言之凿凿，声泪俱下，控诉孟氏的不轨之心。她的话在哲宗面前向来有着非同一般的分量。加上"巫蛊之术"之于帝王的敏感，所以，哲宗真的对孟氏起了怀疑。

据《宋史·孟后传》记载，哲宗命内押班梁从政、官当御药院苏珪等人着手调查此事，由皇城司审问，侍御史董敦逸记录。梁从政等人逮捕了孟氏身边侍女与宦官三十几人，进行酷刑逼供。孟氏性情端静平和，待人宽厚。这些服侍者向来对她十分尊崇。所以，哪怕受尽酷刑，被打得体无完肤，甚至还被割舌断肢，他们也不愿屈从梁从政等人污蔑孟氏。"榜掠备至，肢体毁折，至有断舌者。"

等到过庭记录时，这些人被折磨得奄奄一息，没有一个人能出声。"罪人过庭下，气息仅属，无一人能出声。"

侍御史董敦逸认为案件存有疑点，有"屈打成招"的嫌疑，但在刘氏亲信宦官郝随的威胁下，只得作罢。于是，一份被"精心编造"的供词，最终呈现在了哲宗面前。

此时，高太皇太后已于三年前病逝，失去了庇佑的孟氏孤独无依。她知道，等待她的将会是一场前所未有的风雨。关于自身的处境，也许她从来就心知肚明。

哲宗推崇其父神宗的政治主张，支持变法。所以旧党在高太皇太后去世后，便失去了在朝堂的立足之处。哲宗亲政后，重新启用新党人士，变法派章惇登上了他的最高政治舞台。

章惇与高太后在政见上是势不两立的政敌。据《宋史》记载，他曾诬陷高太后有废黜哲宗的意图，"惇诬宣仁后有废立计"，想以此离间高太后与哲宗之间的关系。除此外，他在朝中大肆报复打击旧党，力主废除高太皇太后主政期间的一切施政方针。"专以绍述为国是，凡元祐所革一切废之。小大之臣，无一得免。"

历史学家邓小南认为，哲宗与孟氏的这场婚姻是"天地、祖宗、孝道、风化及永恒秩序的组成部分，是士大夫构建整个天下秩序的关键之一"。

因此，元祐期间被高太皇太后与旧党主宰的立后事件，成了那个时代的一个缩影。而当事人孟氏，便顺理成章地被打上了鲜明的"旧党"标签。

在章惇等新党看来，孟氏在后宫的存在是"不合时宜"的。于是他便趁着孟氏孤立无援之时，勾结得宠的刘氏，给了孟氏重重一击。"迎合郝随，劝哲宗起掖庭秘狱……惇又结刘友端相表里，请建刘贤妃于中宫。"

那么哲宗本人对孟氏是什么看法呢？

实际上，尽管他宠爱貌美的刘氏，但对于皇后孟氏，也并不是坊间臆断的"厌恶"。他也曾"以礼待后"。但这点起初尚有几分真诚的夫妻之情，终究还是在他对祖母高氏深刻的隔阂与不满中，零落成泥。

在新党与刘氏连番攻讦的影响下，这个由祖母及旧党为他择定的妻子，便成了他心头隐约想要挥去的阴云。

所以当他看到那封网罗了孟氏"罪状"的证词时，他相信了。他对朝臣愤怒地指责孟氏，认为她欺骗了自己："朕待后有礼，不意其所为如此，朕日夜怵惕，至为之废寝食。今日之事，诚出于不得以。"

不久，哲宗颁下废后诏书。在诏书中，他怒斥孟氏"旁惑邪说，阴挟媚道"，失德至此，"何以母仪万邦？"

至此，孟氏被废黜皇后之位，遣往宋代罪妃出家所居的瑶华宫，赐号"华阳教主，玉清妙静仙师"，法名"冲真"。

据《宋史》记载，废后诏书颁布后，天下皆惊，无法置信。侍御史董敦逸怀疑孟氏被人诬陷，他向哲宗描述了下诏废后时天气阴霾、百姓哭泣的情形，认为"天为之阴翳，是天不欲废后也；人为之流涕，是人不欲废后也"，恳请哲宗能够再次审问这起案件。董敦逸等朝臣以及帝国百姓的同情没能改变孟氏的命运。

　　这一年，她才 23 岁，不仅失去了唯一的爱女，还失去了皇后之位，一生的光芒似乎全部熄灭了。从皇后阁到瑶华宫，这条路很长也很痛，孟氏怀着满腹冤屈，被迫走向了生命的另一方天地。

【孟皇后出宫路线图：宋代皇后居所为皇后阁，瑶华宫为宋代收容皇室女犯之地，位于金水门外。】

一场短暂的镜花水月

　　事情过去很久以后，哲宗冷静下来，回顾当时情景，还是发现了其中疑点，后悔当初冲动之下废黜孟氏。然而，他不忍责怪自己宠爱的刘氏，更不会责怪自己，只好将罪责都归于章惇的误导，发出了"章惇坏我名节"的感慨。

后来，他一度想要复立孟氏，"诏瑶华废后，累经大需，其议复位号"，但被左正言陈瓘等人拦截，终还是未能实现。

也许他从未真的想要为孟氏复位。元符二年（1099）八月，刘氏为他生下了唯一的儿子。九月，他便迫不及待地将刘氏立为皇后。

元符三年（1100），哲宗病逝于福宁殿，端王赵佶在神宗皇后向氏的拥护下继承帝位。向太后因定策之功，被赵佶"泣请"垂帘辅政。掌握了权力的向太后，向瑶华宫中的孟氏伸出了温暖的双手。

据《宋史》记载，孟氏自元祐七年（1092）进入宫廷后，高太皇太后与向太后都非常疼爱她，对她进行了长达4年的亲自调教。"宣仁（高氏）及钦圣向太后皆爱之，教以女仪。"

所以，向太后与孟氏有着较为深厚的感情。对于孟氏的无过被废，她内心是充满同情的。但哲宗并非她亲生，她彼时虽贵为太后，其实毫无权势和话语权。

据《曾公遗录》记载，当哲宗决定废黜孟氏时，曾来询问她的意见。出于自己的处境，她没有确切表明自己的反对态度，只是委婉劝告哲宗要慎重："此大事，不可不慎。"

那时的她左右不了孟氏的命运。但今非昔比，她如今稳坐后宫的权力巅峰，决心排除众议，庇护这个冤屈的孤弱女子。

然而，对于徽宗来说，他并不愿复位孟氏，因为这件事在朝堂上的争议很大。有人认为，徽宗与孟氏乃叔嫂关系，"叔无复嫂之礼"，不合传统礼制。

徽宗显然也倾向于这种意见。恰巧这时有一位名叫何大正的布衣也上书请求恢复孟氏的后位。这说明复立孟氏是人心所向，向太后的态度更加坚决。

徽宗虽然万般不愿，但迫于向太后的拥立之功，最终还是同意了。他派人用犊车把孟氏从瑶华宫接入禁中，恢复后位。"瑶华废后用犊车还宫中，太后遣人以冠服易去道衣。"

为了区别于已成皇后的刘氏，封后于元祐年间的孟氏被尊为元祐太后，封后于元符年间的刘氏被尊为元符太后。

据赵汝愚的《宋朝诸臣奏议》记载，孟氏的复位令中外闻者欢呼。"自瑶华召还禁中，复其位号，天下无不称庆。"

这一年，孟氏27岁，距离她出家已过了匆匆四个年头。本以为生命中最大的风暴已经过去，那场废黜终成往事，但命运在不久的将来，再次给了她当头一击。

建中靖国元年（1101），向太后病逝。第二年，徽宗改元"崇宁"，意为崇尚熙宁之意。这表示徽宗的政治倾向发生了极大的转变。他起用蔡京等变法派。与当年的章惇相比，蔡京对旧党大臣的排挤有过之而无不及。

已为元符太后的刘氏，对孟氏的复位一直耿耿于怀，十分忌惮。她指使亲信宦官郝随联合蔡京，再次密谋对孟氏的废黜。

历史似乎回到了从前。只是这一次，刘氏的联盟由章惇变成了权势更大的蔡京。

崇宁元年（1102）九月，徽宗下诏，"依绍圣诏旨，复居瑶华宫，加赐希微元通知和妙静仙师"。

这次孟氏被废，远不止她一人遭殃。蔡京等新党将"复立孟后"作为攻击旧党的一个把柄，韩忠彦、曾布等17位曾支持她复位的官员均被贬黜，黯然离开了朝堂。

二度被废的孟氏重新走进了瑶华宫。这场复位，于她而言无异于一场短暂的镜花水月，闪现了一下，便又消逝沉寂。此后，青灯古卷，素面禅音，孟氏在凄清与孤独中，沉默地度过了漫长的26年。

她以为这将是她一生的终点，谁知历史又给了她一个独特的契机。

弱女子的救国之旅

靖康年间，可谓多事之秋，就连孟氏居住的瑶华宫也不得安宁。这年年初，瑶华宫失火，孟氏移居到延宁宫。然而，不久，延宁宫又遭火灾，孟氏侥幸逃出后，借居在相国寺前一所民宅中。

靖康元年（1126），宋钦宗曾与近臣商议再复孟氏的后位，有意尊她为元祐太后，但尚未来得及下诏，开封便已沦陷。

靖康二年（1127）四月，金人掳走徽钦二帝、皇太子、妃嫔及赵氏宗亲等人北行。据《宋史》史载，这场浩劫中，六宫但凡有位号的妃嫔均没能幸免。唯有孟氏因被废黜多年，且又居于民宅之中，才得以保全。"时六宫有位号者皆北迁，后以废独存。"

北宋灭亡后，金人立张邦昌为帝，国号"大楚"。金人撤兵北归后，张邦昌决定还政于赵氏。靖康之变时，康王赵构因在外而幸免于难，是可挽救帝国残局的唯一合法继承人。兵部尚书吕好问劝告张邦昌，如今归政赵氏最好的办法便是迎立元祐废后孟氏，复其身份，向帝国臣民表明自己的立场和态度，请康王继位大统。"为今计者，当迎元祐皇后，请康王早正大位，庶获保全。"

【宋哲宗皇后孟氏像，藏于台北故宫博物院】

作为赵宋皇族中唯一未被掳走的幸存者，孟氏无疑是当时宋帝国最高领导层的代表。

这一年的四月份，为了稳定安抚民心，也为了自保，张邦昌将孟氏恭敬地迎回宫中，尊她为宋太后，入住延福宫。张邦昌向孟氏恳切陈述，自己对大宋绝无不臣之心，之所以建楚，是迫于金人的威逼。

不久，张邦昌派遣吏部尚书谢克家为使者，把传国玉玺献给了康王赵构，接着降下手书请孟氏垂帘听政，为赵构即位做准备。

这一年，孟氏已经54岁。在经历了两立两废风波、两次火海逃生，将近30年的道观生活后，孟氏再次身不由己地卷入了动荡的政局之中。她应张邦昌之请，"始御内东门小殿，垂帘听政"。

据赵彦卫的《云麓漫钞》记载，孟氏听说康王赵构在济州（今山东省济宁市）后，立刻派遣尚书左右丞冯澥、李向与她的侄子孟忠厚一起，持诏书迎立康王，又命副都指挥使郭仲荀率兵护卫，同时令御营前军统制张俊在路上迎接。

随后，孟氏命太常少卿汪藻代笔，以她个人名义发布诏书，宣告天下，立康王赵构为帝。这封不足300字的极短诏书被称为《元祐太后告天下手书》，为稳定当时动荡的帝国朝局发挥了重要作用，也在无意中成为流传千年的佳作，被奉为中国古代公文的典范。

赵构到达南京应天府（今河南省商丘市）后，孟氏立刻派遣宗室及内侍奉圭宝、乘舆、服御相迎。五月份，赵构在南京应天府称帝，（今河南省商丘市），建立南宋，改元建炎，即宋高宗。孟氏当天便在东京开封撤帘，还政于高宗。"元祐皇后在东京，是日撤帘。"

事了拂衣去，深藏功与名。这个沉默了大半生的女子，向世人展示了她最为触动人心的另一面。

她在国家危难之际挺身而出，始终以大局为重，完成了帝国权力的交接后，不贪权、不揽权，果断退回到自己的位置。她深明大义的高贵人格，赢得了帝国臣民的真心敬服。高宗对她更是尊崇备至。建炎元年（1127）的五月，高宗尊她为元祐太后。但是尚书省认为"元"字犯了孟氏祖父孟元的名字，于是提出以孟氏所居宫名"隆祐宫"为她的后号。于是，高宗下诏令学士院拟定，将她改称隆祐太后。

这是孟氏第三次被立，但她并没有因此过上安稳的生活。不久，金兵再次南下攻宋，高宗采取逃跑政策，孟氏也随之过上了颠簸动荡的逃亡生活。

这段逃亡过程中，孟氏又经历了一场惊心动魄的政治事件，再次被迫垂帘听政。

建炎二年（1128）十二月，高宗命令孟氏的侄子孟忠厚护送孟氏到达杭州（今浙江省杭州市），并令扈从统制苗傅率领八千士兵驻扎于奉国寺。建炎三年（1129）三月，苗傅与刘正彦等人作乱，逼迫高宗退位，由年仅三岁的皇子赵旉继位，并请孟氏垂帘听政，史称"苗刘兵变"。因改元明受，又称"明受之变"。

高宗被迫封苗傅为承选使、御营都统制，封刘正彦为观察使、御营副都统制，但这二人仍旧不退兵，同时坚持要求由孟氏垂帘听政，并派使者与金人议和。

高宗无奈之下只得下诏请孟氏垂帘，但苗、刘二人闻诏不向高宗行礼，要求年仅三岁的皇子赵旉继位。

据《宋史》记载，孟氏面对苗刘二人的垂帘邀请，先是耐心向他们解释，高宗只是被汪伯彦和黄潜善二位奸臣所误导，请他们罢手。"今皇帝圣孝，无失德，止为黄潜善、汪伯彦所误，已加窜逐，统制独不知邪？"

但苗刘二人态度坚决，执意要废黜高宗，迎立皇子赵旉。孟氏仍旧耐心劝导："今强敌在外，使吾一妇人帘前抱三岁儿，何以令天下？"

然而苗刘叛军丝毫不为所动，用兵变要挟。孟氏出于大局考虑，最终还是同意垂帘听政。之后，孟氏每次见到苗刘二人时，都温言抚慰，让他们二人以为她只是任人拿捏的傀儡。实际上，这只是一个假象。她一面不断施恩于苗刘二人，曲意逢迎，以消除他们的戒备心，一面暗中选贤任能，调动兵马，联络勤王之师，伺机平叛。

当她得知韩世忠的妻子梁红玉在苗傅军中时，命人使计将她救出。孟氏召见梁红玉，与她一番长谈，从她那里了解了苗傅军中的一举一动。随后，孟氏急令韩世忠前来救驾。

在孟氏的筹划之下，韩世忠、吕颐浩、刘光世、张浚等各路勤王之师纷纷前来。"苗刘之变"在内外夹击中被顺利剿灭。

建炎三年（1129）四月，高宗成功复位。孟氏十分高兴，感叹地说："吾责塞矣。"随后撤帘归政于高宗。

【宋徽宗《五色鹦鹉图》局部，藏于美国波士顿美术馆】

宋代垂帘听政的皇太后共有九位，时间最长者是宋真宗皇后刘氏，长达十一年一个月，时间最短者为高宗皇后吴氏，仅一天。孟氏先后两次垂帘，时间加起来也不足两个月，虽然短暂，但却具有极为关键的作用。

身陷逆境，却能处变不惊，处处以国家大局为重；屡次被赵氏皇族遗弃，却能不计前嫌，始终心系社稷。她的宽厚果敢、深明大义，也赢得了高宗最为真挚的情谊。

她是高宗的伯母，但高宗视她为亲生母亲，对她极为孝顺。据《宋史》记载，孟氏患上风疾后，高宗朝夕不离左右，衣不解带地悉心照顾。

绍兴元年（1131）四月，孟氏病逝于越州行宫（今浙江省绍兴市）。高宗十分悲痛，接连多日不能上朝。

孟氏去世后，最初定的谥号是昭慈献烈，但在绍兴三年（1133）又被改为了昭慈圣献。《宋会要辑稿》记载了高宗为她改谥的原因："明德有功曰昭，视民如子曰慈，聪明睿智曰献，安民有功曰烈。后改昭慈圣献，备物成器曰圣。"

这两个承载着极致赞美的谥号充分说明，在高宗眼中，孟氏是对南宋有着巨大贡献的功臣。

高太皇太后曾这么评价孟氏："斯人贤淑，惜福薄耳！异日国有事变，必此人当之。"

回顾孟氏的一生，诚如此言。

她曾在花样之年享受帝国最热烈的赞美与瞻望，也曾深陷倾轧，饱含冤屈，于孤寂道观中，苦挨光阴，虚耗华年。

帝国陆沉之际，她已是半百之人，却仍旧选择用柔弱的双肩担起破碎的河山，最终以宽阔的胸襟，卓越的智慧圆满完成了帝国的艰难重建。生命的最后，她也得到了命运给予的隆重回馈，君王的盛赞，以及后世千百年的贤德美名。

从个人角度来说，她是不幸的，两废三立，命途多舛，这在中国古代后妃中极为罕见。当她风姿绰约之时，被遣禁于瑶华宫近 30 年，走出时已是夕阳西下的迟暮晚景。

无论是元祐时期的朝堂党争和宫禁争宠导致的废后，还是徽宗时期云诡波谲政局下的两度立废，孟氏均无法左右自己的命运。被时代赋予的旧党标签使她沦为章惇、蔡京等新党向上攀爬的垫脚之石，将她反复推入政争的洪流之中。

但所幸的是，这一生，不论是鲜花铺就的锦绣康庄，还是青灯古卷的道院时光，她的姿态始终端静优雅，从未变过。在风浪中沉浮多年后，终还是将生命暗淡的微芒，谱写成璀璨的华章。

一个被帝国遗弃的女子，最后成了帝国的英雄。

她来过，留下了属于她的瑰丽传奇。

第三章

文人清华，与时代赋予的伤疤

1. 贤相辈出的北宋，韩琦何以夺冠，秘密藏在他对政敌王安石的态度里

不论是王安石还是韩琦，都是北宋赫赫有名的贤相。不论在当时还是后世，这二人展现出来的都是皎如明月的君子形象。按照一般人的理解，君子与君子之间的相交，往往更加容易诞生一段莫逆相知的美谈，但实际上并非如此，比如王安石与韩琦之间便有着许多微妙的嫌隙。

北宋是我国历史上一个极为特别的时代，贤相之多为历代之冠，这种现象实为罕见。但尽管如此，在这如此之多的贤相之中，韩琦也是一个颇为亮眼的存在，素有"宋朝第一相"的美誉。为何只有他获得如此盛赞呢？

熙宁八年（1075）六月，韩琦在相州与世长辞。消息传到朝堂，彼时正忙于变法的王安石十分悲痛.当即为他做了两首挽词。

《韩忠献挽词》其一："心期自与众人殊，骨相知浅非丈夫。独翰斗杓环帝座，亲扶日毂上天衢……"

显然，这首诗并非一般的礼节性应酬，其中饱含着王安石对韩琦才学、德行的由衷赞美，同时对其政绩给予了高度的肯定，并表达了自己对其逝去的哀悼和伤感。

然而，王安石真切深沉的悲伤，却令许多人不解。于公，韩琦坚定地反对王安石变法，是王安石势同水火的政敌。于私，他们甚至连普通朋友

都算不上。

据《邵氏闻见录》记载，王安石曾在宋神宗面前对韩琦进行过诋毁、攻击。而《东轩笔录》也隐晦地提到，韩琦似乎曾有意压制王安石："王荆公为阁老，会学士有缺，韩魏公素忌介甫，不欲使之入禁林，遂以端明殿学士张方平承旨，盖用旧学士也。"

在许多宋人笔记中，王安石与韩琦，也几乎都被记述为一对无法调和的仇敌。这二人之间到底是怎么回事呢？

当"好先生"遭遇"邋遢男"

庆历五年（1045），由于庆历变法的失败，变法派的许多官员都遭到了贬谪，其中就包括韩琦。他被罢枢密副使一职，以资政殿学士知扬州。

而此时的王安石，在庆历二年（1042）中了进士后，便被派往扬州，担任签书淮南判官一职。就这样，王安石成为韩琦的下属。但令韩琦没有想到的是，王安石在工作中常常迟到，甚至"多不及盥漱"，蓬头垢面，丝毫不注意为官为士的仪容。韩琦出身世家，是传统端静的士人代表。在他眼中，王安石此种不修边幅、不重礼仪的荒唐行径，定然是因为夜夜笙歌导致的。

【宋《西园雅集图》局部，藏于纳尔逊·阿特金斯艺术博物馆】

于是，出于对后辈的关爱，韩琦对王安石进行了一番劝勉，希望他不要沉迷酒宴，耽误自身前程。王安石当然并非如韩琦猜想的那般，他之所以"多不及盥漱"，是因为通宵达旦地读书了。

他听完韩琦的劝告后，本可以解释一番，消除误会。但王安石当面却什么都没有说，而是私下里向人吐槽："韩公非知我者。"王安石不解释，韩琦自然不晓得他这般"邋遢"的真正原因。之后两人在一起处理公事时，常常因意见相左争得面红耳赤，但韩琦并未因此迁怒王安石，反而在一次次的争论中注意到他的才华，只是对他的处事方式不很认同。"虽重其学而不以吏事许之。"

随着相处日久，韩琦越发欣赏王安石的学识，加上已发现当初是一场误会，于是就想把王安石收入门下。但王安石对那场误会耿耿于怀，拒绝了韩琦。

王安石在扬州任满后，改判鄞县，离开了扬州。不久，有人给韩琦一书，其中多用古字。韩琦看完，打趣笑道："惜王延评不在此，其人颇识难字。"这本是一句没有丝毫恶意的无心之语，但传到了王安石的耳朵里，却成了讥讽。在王安石心中，韩琦对他不满的念头，又加深了。

迥异政见下的暗流

《宋史·王安石传》这么评价王安石："安石议论高奇，能以辨博济其说，过于自用，慨然有矫世变俗之志。"

有"矫世变俗"之志的王安石，在官场上自然不会停止进阶的步伐。宋仁宗嘉祐三年（1058），王安石时任度支判官，进京述职时，他给宋仁宗上了一封万言书。在这道奏疏中，他从自己多年地方为政的所见所闻出发，犀利地指出庆历变法失败的根本原因："今天下之财力日以困穷，风俗日以衰坏，患在不知法度，不法先王之政故也。法先王之政者，法其意而已，法其意，则吾所改易更革，不至乎倾骇天下之耳目，嚣天下之口，而固已合先王之政矣。"

同时，他向仁宗提出了自己的变法主张。此时，韩琦正担任宰相。庆历变法失败后，韩琦多年来一直反省其失败原因，并从中吸取经验和教训。他认为变法不能求急，应该稳妥，缓缓图之。而王安石的主张极为激进，所以他的变法提议遭到了韩琦的反对。

嘉祐八年（1063），王安石的母亲去世，他辞官归乡守丧。宋英宗治平二年（10065），王安石孝期已满。宋英宗爱惜其才华，数次征召他入京就职，但他都以身体有恙为由拒绝了。

宋英宗屡次碰壁，便有些纳闷，问宰辅吴奎："安石历先帝一朝，召不起，或为不恭，今召又不起，果病耶？有要耶？"吴奎这样回答："安石向任纠察刑狱，争刑名不当，有旨释罪，不肯入谢，意以为韩琦沮抑己，故不肯入朝。"从吴奎的话中可以看出，王安石认为宰相韩琦有意打压他，所以不肯应诏入朝。可见，在王安石心中，韩琦对他的态度是敌对的打压之势，并不友好。

王安石的时代正式来临

治平四年（1067），久病的宋英宗去世，宋神宗赵顼登上皇位。韩琦以病体难以主持大局为由，辞去相位，改判相州。临行前，宋神宗问韩琦："卿去，谁可属国者？"韩琦举荐了两个稳妥的朝中元老。宋神宗此时已然打算提拔王安石，听了韩琦的举荐，便没有接话。沉默片刻，他又问："金陵（王安石）如何？"韩琦答道："安石为翰林学士则有余，处辅弼之地则不可。"韩琦的意见非常明确，他认为王安石做学问可以，处在为政之首的宰辅位置不合适。但宋神宗并未将他的话听进去。

后来有人问韩琦，为何会认为王安石非宰辅之才，他这样回答："尝读一金陵《答杨忱书》，窥其心术，只为一身，不为天下，以此知非宰相器。"实际上，持这种观点的，并非韩琦一人。御史唐介曾向宋神宗进言："安石难大任。安石好学而泥古，在文议论迂阔，若使为政，必多所变更。"而侍读孙固也认为王安石没有宰相的气度："安石文行甚高，处侍从献纳之职可矣。宰相自有度，安石狷狭少容，必欲求贤相，吕公著、司马光、韩维其人也。"

但年轻的神宗雄心勃勃，迫切地想要建功立业。这些老臣的担忧和劝诫，他并未真正放在心上。熙宁二年（1069），宋神宗力排众议，拜王安石为参知政事，开始了他轰轰烈烈的改革事业。一个激烈、震荡的时代正式拉开了帷幕。

与庆历变法相比，雷厉风行的王安石变法显然更加迅猛和复杂。当年庆历变法中的肱骨人员韩琦、欧阳修、富弼等人，此时都选择了反对变法的立场。朝堂之上，质疑、反对新法之声层出不穷。在这种环境下，王安石便越发地急功近利，以求速成。由于稳妥具有君子之风的朝臣大多都不赞同他的主张，为了推行新法，他只好大量起用新人。

不辨忠奸，使得他的阵营中多是些吕惠卿之流的奸佞小人。这些人把王安石苦心孤诣的变法大业当作了自己升官发财、窃居高位的工具。原本为民谋利的政策，在他们的执行下，越发加重了百姓的负担。

矛盾的巅峰时刻

熙宁三年（1070），韩琦担任河北安抚使。由于在地方任职，他更能清晰地看到新法的种种弊端。面对百姓的苦难，韩琦无法做到袖手旁观，于是向宋神宗上书，请求停止新法的执行。这封奏疏中，他并没有像欧阳修、司马光、吕诲等人那样激进，而是客观冷静地，就事论事地分析问题。他通过自己的实地考察和见闻，提出其中弊端，希望能够引起神宗的警觉和重视。对新法，他给予了坚定的反对态度，但对推行新法的王安石本人，他自始至终都未曾对其进行过攻击或者批判。

韩琦对国家民生的赤诚，终于打动了宋神宗，他赞叹韩琦："琦真忠臣，虽在外，不忘王室。"韩琦的坚持，使得宋神宗变法的决心产生了动摇。王安石对此很不满。宋神宗便拿出韩琦的奏疏给他看。王安石看后十分愤怒："今陛下修常平法所以助民，至于收息，亦周公遗法也。抑兼并，振贫弱，非所以佐私欲……"王安石的辩解，并没有打消宋神宗被韩琦那封奏疏勾起的疑虑。

王安石于是装病不出，看宋神宗没有进一步动作，接着就递上辞呈，以此表明自己对新法的决心。宋神宗陷入了深思。纠结之后，他还是继续采用了王安石的主张。经历此次风波后的王安石，变法的信念更加坚定。

出于忠君爱国的一片拳拳老臣之心，韩琦再次向神宗上书。然而，这封奏疏落到王安石手中后，他竟将其拿到制置三司条例司，命他们对该奏疏进行逐字逐句地批判，然后将批判结果公告天下。

悲愤的韩琦，复又向神宗上书，言辞十分恳切。宋神宗再次陷入了犹豫之中。但由于王安石的强势固执，新法最终还是继续执行。

韩琦的愿望落空了。被强令执行的新法，将会将国朝带往何方？忧心忡忡的韩琦感到无奈又无力。如多年前王安石的拒不合作一般，他也提出了辞呈，希望解除身上职务，回到家乡相州。

关于新法，许多老臣都采取了不执行的策略。比如富弼，他便在自己辖区沿用旧法，对王安石颁布的新法置之不理，抵制到底。韩琦对新法也是万般不满，但事已至此，他也只能接受现实，尽力推行。同时，他还留意那些可以为新法效力的有才之士，将其推举给神宗，并建议神宗给予他们厚赏，以激励人心，改善变法效果。

迟来的和解

由于用人不当、执行失误等多方面的问题，新法的推行不断受挫。熙宁七年（1074），王安石被迫辞去相位。他在罢相前，曾向神宗举荐吕惠卿担任参知政事，继续推行新法。然而，吕惠卿大权在握后，担心王安石日后返朝威胁自己的权势，便策划阴谋连番打击王安石，以此来倾覆王安石。

遭到背叛的王安石，在赋闲的日子里重新审视了自己的所作所为。想起那些因变法而产生隔阂的旧友和同僚，他进行了诸多反思。对自己当年的激进和一意孤行，终于感到了后悔。

第二年，王安石重新入朝为相，而这一年，韩琦与世长辞。王安石向这个曾经针锋相对的政敌，表达了他由衷的哀叹和惋惜："心期自与众人殊，骨相知浅非丈夫。"这是他对韩琦的赞美，又何尝不是一份迟来的隐晦歉意。

韩琦历经宋仁宗、宋英宗、宋神宗三朝，两度拜相，久居中枢。位极人臣，却始终谨慎谦逊，忠厚沉稳，素有"宋朝第一相"之美誉。

与韩琦的贤名不同，王安石在我国历史上，是一位颇有争议的宰相。为了变法，他曾全面打击政敌，并大力提拔奸佞小人，使得朝堂政风日下。而他最终也因小人的出卖面临险峻的政治危机，理想落空，黯然退出历史的舞台。

但纵观二人的交流和际遇，不难发现：这样两个伟人，他们虽从不曾如挚友那般亲密，却也并非宋人笔记中的那般交恶。自始至终，他们都只是在践行着自己对国家的深情和忠诚。而他们因为政见不同所起的争执，也都是对事不对人的君子之争。这是韩琦的幸运，也是王安石的幸运。

历史给了两位伟人相遇的机会，也成就了一段美谈。

2. 38 岁才当上知县的包拯，靠什么完成仕途逆袭？

基于文艺作品《包青天》的影响，许多人认为包拯是被长嫂抚养长大的。这其实是一个天大的误解。包拯成长在一个友爱的家庭。他父母双全，且在家中寿终正寝。

包拯 38 岁才当上知县。在此后 26 年的为官生涯中，包拯共迁官 25 次，即平均一年就升迁一次。最终一路升到许多官员终其一生梦寐以求的执政官。这背后有什么玄机呢？

包拯留给后人的是一个铁面无私的形象。这样的人，似乎不会结党，实际上并非如此。那么，我们应该怎么看待贤官结党的问题呢？

宋仁宗天圣五年（1027），包拯 29 岁了。他在这一年中了进士甲科，被朝廷派到建昌县（今天的江西永修）担任知县。但包拯的父母当时年龄已经很大，不愿意离家太远。作为独生子，包拯为了让父母有个快乐幸福的晚年，就向朝廷上书说明情况，表示不愿到建昌去担任知县。朝廷于是改派他到和州当监税官。

和州与他的家乡庐州相邻，距离很近。对于朝廷的通融，包拯很感恩，决定前去赴任。然而，他的父母还是不愿前往，只想留在家乡生活。这时，包拯做出了一个令人意外的决定：辞官回家，陪伴老迈的父母。

虽然包括宋代在内的许多封建王朝，都奉行孝道，但做到包拯这般地步的着实属于凤毛麟角。大多数读书人在科举高中后，会立刻赴官，唯恐迟则生变，只有在双亲去世的时候，才回家丁忧。父母健在的情况下，几乎没有人会辞去辛苦得来的官职，回家陪伴父母。包拯此举，在当时就获得了至孝的美名。他的父母去世后，加上服丧，前后共经历了8年时间。本来除去丧服后就可以很快复官，但包拯仍旧沉浸在丧亲的痛苦之中，常常徘徊在父母坟墓之侧，不肯离开家乡。就这样，又过了两年。最终，在亲朋好友的不断劝说下，包拯才下定决心，远赴开封等候朝廷的差遣。不久，他被任命为天长知县（今天的安徽天长）。这一年，包拯已经38岁，正式开始了他的仕途。

在此后的26年为官生涯中，包拯共迁官25次，也即平均一年就升迁一次。宋代官员一般是三年一任，而包拯不满三年就获得升迁，哪怕在"命下之日，中外喧然"或者是受到谏官弹劾的情况下，他依然照升不误，最终一路升到许多官员终其一生梦寐以求的执政官。

要知道，包拯是一位敢于直谏触犯天颜的直臣。这样的人，一般仕途都较为坎坷，但为何包拯却如此顺遂呢？

除去自身的才华外，他其实有着两个十分重要的贵人。宋仁宗天圣五年（1027），包拯中了进士甲科，这一年，共取进士377人。除了这377名的正奏名进士外，还有正奏名诸科等，加在一起有1418人之多。这些人都可以称为包拯的"同年"。

据《宋登科记考》记载，包拯的同年中，官至宰执者多达六人：韩琦、文彦博、王尧臣、吴育、赵概、吴奎。在这六人中，包拯与文彦博、韩琦的关系最为密切。

儿女亲家的助力

文彦博与包拯，首先是朋友。他们二人的友情，早在父辈尚在时便已开始了。文彦博的父亲文洎，与包拯的父亲包令仪曾"同官阁中"，关系和睦。

后来文彦博和包拯同在宋仁宗天圣五年（1027）中了进士，"相友甚厚"，两家的交往更加密切，"逮嘉祐间，继以才猷，直至参加政事。而包氏、文氏，仕其再世矣。尝愿相与姻缔。"

所以，文彦博称包拯为"友人"，而非同事或者是同年。甚至在包拯去世，包家家道不如从前时，仍将女儿嫁给包拯次子包绶。这正从侧面反映出二人关系之深厚。

与包拯相比，文彦博的仕途要顺利得多。他历经仁、英、神、哲四个朝代，三度为相，久居高位，是宋代历史上极为罕见的"常青树"。文彦博致仕后，在洛阳安享晚年，91岁高龄时在家中无疾而终，可谓福、寿、禄三者皆占。文彦博为官50载，最让人诟病的是"结党"。

【北宋《文会图》局部，为宋徽宗与宫廷画家共同创作，现藏于台北故宫博物院】

宋仁宗皇祐三年（1051），时任殿中侍御史里行的唐介弹劾宰相文彦博，指责他："专权任私，挟邪为党。"唐介认为文彦博"任私"和结"党"。这里的"党"，主要是指张贵妃之伯父张尧佐。但实际上，文彦博的"同党"，并不仅限于张尧佐。

所以，不久，唐介再次弹劾文彦博："自彦博独专大政，凡所除授，多非公议，恩赏之出，皆有夤缘。自三司、开封、谏官、法寺、两制、三馆、诸司要职，皆出其门，更相援引，借助声势。"

唐介的态度非常明确：文彦博的党羽包括他的同年及好友。作为情谊深厚的友人，包拯显然不能脱离文彦博的"同党"之嫌。

对于唐介的弹劾，文彦博本人无可辩驳，承认"言臣事多中臣病"。而对于文彦博结党一事，宋仁宗也心知肚明："介言奎、拯皆阴结文彦博，今观此奏，则非诬也。"

这里的"拯皆阴结文彦博"，明确指出，包拯与文彦博私底下结党。

庆历七年（1047），文彦博拜参知政事，不久，包拯被授予职名直集贤院。庆历八年（1048），文彦博拜相，包拯被授予天章阁待制，知谏院。知谏院，是包拯首次被授予的中央差遣职位。

很显然，包拯的升迁，并非偶然。文彦博虽与包拯同年中进士，但出仕较早，且发展也较好。当包拯在38岁时踏入仕途时，给予其帮助，这是二人心照不宣的事实。

由地方到中央，文彦博帮包拯在大宋都城开封站稳了脚跟。

一个好上司

宋仁宗天圣五年（1027），年仅20岁的韩琦获得进士甲科第二名。庆历三年至庆历五年（1043-1045），他被任命为枢密副使；嘉祐元年至嘉祐三年（1056-1058），任枢密使；嘉祐三年（1058）至治平四年（1067），更是连续担任宰相九年之久。

在他担任宰相期间，包拯、文彦博先后升任执宰。

韩琦生于公元1008年，比生于公元999年的包拯小了9岁左右，还未到30岁，便"天下已称为'韩公'而不名"。再看38岁才当上知县的包拯，二者在仕途上的差距可谓相当之大。

关于包拯的为人，有这么两个标签——"慎交游""不作私书"。包拯现存的史料中，仅有两则帖子。一则是与文彦博的来往，一则便是韩琦。

宋仁宗皇祐四年（1052），时任定州知府的韩琦，写了一封帖子给包拯。彼时，包拯正担任河北路都转运使。帖子的内容已经遗失，但这封帖子从侧面反映出二人的私交很好。

宋仁宗至和元年（1054），时任并州知府的韩琦给宋仁宗上了一封奏折《乞罢差里正衙前奏》。宋仁宗有些犹豫，并没有立即采纳他的奏议。这时，在庐州担任知州的包拯立刻上书，支持韩琦的这一奏议："今若依韩琦起请悉罢里正……委是经久公私利便，庶几凋残之民稍获存济。又缘里正系正月内差，若伺候诸路转运司相度，必恐迟延。欲望圣慈特赐详酌，早降指挥施行。"很显然，这种无条件的支持和信任，是建立在互相了解，长期交往的基础上的。

宋仁宗嘉祐三年（1058），韩琦升任次相。这时的首相其实是富弼，但因他在家守丧，故而，韩琦的"次相"实际上行使的是首相的权力。彼时，包拯担任右司郎中，权知开封府。韩琦拜相21天后，包拯升任右谏议大夫，权御史中丞。一个月后，包拯又被授予转运使，提点刑狱考课院。第二年，包拯被授予枢密直学士，权三司使。又过了两年，包拯一跃成为执宰，升为枢密副使。

四年内升迁五次，且进入执宰之列。这个速度可谓十分迅速。身为宰相的韩琦，在包拯的升迁中起到了什么作用呢？

司马光在评价仁、英两朝时的宰相权力时，说道："自仁宗皇帝以来，委政大臣，宰辅之权诚为太重，加以台谏官被贬者，多因指大臣之过失，少因犯人主之颜色，是威福之柄潜移于下。"他非常明确地指出：宋仁宗时期，宰相的权力非常大。权柄下移，使得宰相对官员的任免有着无比重要的决定性作用。这也从侧面反映出：包拯的升迁，与时任宰相的韩琦，密切相关。

高龄入仕，包拯的仕途能够如此顺遂，他本人的才能是一方面。但在官场上，能够长盛不衰，才华通常并不是最重要的。纵观包拯的升迁履历，文彦博与韩琦两位宰辅，对他的帮助和扶持，是他仕途逆袭的关键因素。

在许多人眼中，包拯是一个刚正廉洁，忠君爱国的清官形象，这样的人似乎与"结党"绝缘。但实际上，并不尽然。

贤臣的"结党"问题

"朋党"问题，在历史上由来已久。《荀子·臣道》将人臣分为四类：态臣"篡臣""功臣""圣臣"。其中，前两者是"危亡其国"之人，君主必须要远离；而后两者是强国之臣，是君主应该亲近之人。那么什么样的臣子是"篡臣"呢?《荀子·臣道》给予了明确的阐释："上不忠乎君，下善取誉乎民；不恤公道通义，朋党比周，以环主图私为务，是篡臣者也。"

《韩非子·饰邪》中也有"朋党"的相关记载："古者先王尽力于亲民，加事于明法。彼法明则忠臣劝，罚必则邪臣止。忠劝邪止，而地广主尊者，秦是也。群臣朋党比周，以隐正道、行私曲，而地削主卑者，山东是也。"

从这些记载可以看出，"朋党"二字起初便是个十足的贬义词，指的是结党营私，是一种可以乱政亡国的危险行为。

作为古代法家代表人物的荀卿、韩非，之所以如此嫉恨臣子"朋党比周"，是因为他们认为，臣子如果紧密协作起来，对君权的威胁是不言而喻的。因此他们在文章中一再提醒君主，必须防范臣子结党营私，那是君权旁落的最大威胁。

在中国封建时代的权力结构中，皇帝掌握的君权与臣子掌握的政权需要达到一种微妙的平衡。由于君臣在权力分配上需要维持有利于君王的平衡关系，因此，封建帝王处理臣子之间的矛盾时，态度是负责的，往往根据实际需要而定。

历史走到唐代时，荀子和韩非所担心的"朋党危及君权"的情况，不幸成为事实。这场以牛僧孺、李逢吉、李宗闵等人为一方，李德裕等人为另一方所形成的长期权力纷争，被史书称为"牛李党争"。这场政治斗争，上则危及皇帝，下则危及群臣，极大消耗了帝国朝堂的生机，对朝廷政治环境造成了极其恶劣的影响。唐文宗深受其苦，不由感叹消除朋党之难。而宦官更是在其中搅弄风云，假手朋党纷争进而实现废立皇帝、控制皇权的险恶目的。

朋党问题虽然由来已久，但在宋代政治生活中产生如此广泛的作用，造成如此巨大的影响，这在历史上是不曾有过的。这导致，朋党问题成为北宋政坛一个无比敏感而沉重的话题。

宋仁宗庆历年初年，距离赵宋开国已有八十余年，号称天下承平。朝中有识之士看到平静之下深积的弊病，深感帝国危机四伏，故而思索、追寻改革强国之道。于是，在仁宗的支持下，韩琦、富弼、范仲淹、欧阳修等人倡导和推动了以革除帝国固弊为目标的庆历新政。然而，庆历新政触及了一些人的既得利益，这些人自然站在了范仲淹、欧阳修等人的对立面，比如被仁宗信任了近二十年之久的宰相吕夷简。

两方互相指责对方结党营私，斗争不依不饶。以吕夷简为首的保守派，群起谤毁范仲淹、欧阳修等新政人士，诬其为朋党，企图用"东汉党锢之祸"的故技离间、瓦解他们与仁宗之间的信任，从而摧毁庆历新政，维护自身利益。

但范仲淹、欧阳修等新政人士满腹委屈，也不甘示弱。他们认为，自己的"朋党"是指一批志同道合，同样"以天下为己任，裁削侥滥，考核官吏，日夜谋虑兴致天下"的改革者。他们"结党"的目的不是为了"营私"，而是为了国家繁荣强盛，百姓安居乐业的伟大愿景。这与吕夷简等人的"朋党"有着本质的区别。

《宋史·范仲淹传》对此事有着中肯的完整记载："初，仲淹以忤吕夷简，放逐者数年，士大夫持二人曲直，交指为朋党。及陕西用兵，天子以仲淹士望所属，拔用之。及夷简罢，召还，倚以为治，中外想望其功业。而仲淹以天下为己任，裁削侥滥，考核官吏，日夜谋虑兴致天下。然更张无渐，规摹阔大，论者以为不可行。及按察使出，多所举劾，人心不悦。自任子之恩薄，磨勘之法密，侥幸者不便，于是谤毁稍行，而朋党之论浸闻上矣。"

庆历三年（1043），欧阳修针对保守派对他们的"朋党"攻击，写下了《朋党论》一文，详细阐述了朋党与国家兴亡的关系，回击保守派对他们的恶意诋毁。他在文中指出："小人无朋，惟君子则有之。"他认为，小人无朋而有党，他们为功名利禄而结党营私，这种是国家与人民都应摒弃的。只有君子因无私情怀建立起的朋友关系，才是"朋"，这是一种互相欣赏、信赖，长久而健康的"真朋"关系。他劝诫仁宗："为人君者，但当退小人之伪朋，用君子之真朋，则天下治矣。"

那么，以这个标准来看，包拯与文彦博、韩琦等人，的确是"朋党"关系。

幸运的是，不论是包拯本人，还是文彦博和韩琦，都是皎皎明月般的君子和贤者。所以即便结党，初衷也是能够互相协作，共度宦海风波，实现共同的伟大理想和抱负。

3.《清明上河图》名扬千古，它的作者张择端为何寂寂无闻？

《清明上河图》在宋朝时就被视为不可多得的珍品。这幅画很有名气，但它的作者张择端却被极度忽视了，这是为什么呢？

在许多人眼中，《清明上河图》是一副盛世图景，但其实不然，它里面隐晦地反映了许多北宋晚期的社会弊端，是一副真正的"盛世危图"。张择端采用画谏的方式表达对国家与社会的忧思，这幅画实际上是他对宋徽宗隐秘的谏言。

第一代世界著名的中国艺术史学者罗越，曾这样评价《清明上河图》："几乎没有任何一件宋画可与之媲美；是完全不受任何画风影响、纯粹对现实的真实刻画。"

自这幅画诞生起，迄今已有九百多年的历史。它是我国十大传世名画之一，是宋代文明高度发达的生动呈现，是当之无愧的国宝，具有极高的历史价值、文化价值和艺术价值。

然而，历史把掌声给了《清明上河图》，却把沉默给了它的创作者张择端。这位本该"声名赫赫"的画家，成了掩藏在这幅珍贵画作背后的一道晦暗身影。

究竟是什么原因，使得宋代所有正史、野史，文人雅士对这幅"神作"的作者如此忽视呢？这还得从这幅画本身说起。

帝王的偏见

《清明上河图》的诞生，起源于宋徽宗的一封敕书。作为宫廷御用画家的张择端奉敕作画，仅用了大半年时间便创作完成。他怀着紧张、期待的心情将此画呈献给了宋徽宗。

宋徽宗为《清明上河图》题上字，盖下印章。然后，转手送给了外戚向氏。很显然，他不喜欢这幅画。但其实，不论是笔韵、构思、还是题材，《清明上河图》都是符合宋徽宗的审美标准的。

他青睐的画作笔韵是这样的："笔意简全，不模仿古人而尽物之情态形色，俱若自然，意高韵古为上。"

《清明上河图》的笔韵正是此类中的翘楚。据《国之重宝——故宫博物院藏晋唐宋元书画展》统计，《清明上河图》中共绘有人物 814 个，每一个皆刻画得栩栩如生，活灵活现，"俱若自然"。

另外，宋徽宗钟情于画作中的"藏意"。他曾为翰林图画院的考试出题，如"野水无人渡，孤舟尽日横"。要求考生运用想象力尽抒其中悠长韵意。

这次考试夺魁的考生名叫宋子房。他的构思是这样的：舟人躺在船舱中的尾部，身旁横着一支孤笛。这幅画面含蓄表现了无人渡船的情形，以及舟人无言的寂寞。

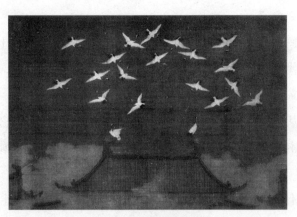

【 宋徽宗《瑞鹤图》局部 】

而《清明上河图》中这种奇巧，富含"藏意"的构思，处处可见。如私家漕粮的运输，暗示着北宋朝廷对官粮控制力的衰减；街上售卖的香烛纸马，暗示着图中正逢清明时节等等。

宋徽宗还是端王时，长年混迹于市井。对于民间生活类题材，他颇为喜爱。而《清明上河图》运用了大量笔墨来刻画开封府内百姓热火朝天的日常生活。所以，从题材来看，它也完全符合宋徽宗的审美。

那么宋徽宗为什么不喜欢这幅画呢？ 这得从宋徽宗"喜欢的"内容说起。宋徽宗与几百年后的嘉靖帝在对道教的迷恋上，如出一辙。他对道教的热忱，甚至深入到治理国家的方方面面，并将道教作为护国神教。

在这种举国"崇道"的氛围下，张择端竟然在《清明上河图》中选择性地避开了对它的描绘和歌功颂德。全本画卷只有一个人烟稀少的清冷寺庙，和寥寥几个道士。这显然是宋徽宗不喜欢的地方。

作为一个极具艺术天赋的帝王，宋徽宗不仅自己擅长绘画，还十分懂得评析之道。从他流传于今的画作《瑞鹤图》《祥龙石图》，以及他倡导编著的《宣和睿览册》来看，他是非常在意画作中"祥瑞"之意的。他认为绘画应该具有这样的功能："粉饰大化，文明天下，亦所以观众目，协和气焉。"

而《清明上河图》明面上是一幅"盛世之景"，但它背后暗藏汹涌的危机，不仅没有"祥瑞"之意，反而让宋徽宗看后无比气郁。所以，注重祥瑞的他，是绝不会公开赞美、表彰这幅"充满晦气"的画作。

对于这种结果，张择端是悲伤的，因为这幅画不是一幅简单的画作，而是他倾注了心血的隐秘谏言。他选取入画的素材景象，并不是开封城百姓生活中的偶发事件，而是北宋末年日益凸显的社会矛盾的集中体现，是一系列社会弊病和朝政日渐衰微的反映。

作为一个有担当有责任感的宫廷画家，他对这些社会弊病，做不到熟视无睹。故而，他借助《清明上河图》，勇敢地向宋徽宗提出了他的"谏言"。然而，在宋徽宗看来，张择端苦心孤诣地想要曲谏的诸多社会隐患，正是他本人施政的鲜明呈现。作为一个自视甚高的帝王，这些内容自然令他感到十分碍眼。比如图中反映的消防松懈问题。

空无一人的望火楼

开封府共有 120 个坊，坊巷密集，且大多数的建筑都是砖木结构。据统计，北宋曾遭受过四十多次特大火灾，房屋损毁、人员伤亡不计其数。所以，开封府的防火意识十分严格："京师火禁甚严，将夜分，即灭烛。故士庶家凡又醮祭者，必先关白厢使，以其焚楮币在中夕后也。"

在居民区，到了半夜，便不再允许燃烧蜡烛照明。若是想要夜间用火，必须先要上报给当地的厢使，获得批准后才可以使用。若是未向厢使申报就自行用火，一旦被发现，必须经过严肃盘查，如厢主和判府必须双双到现场去查明原因。

对于人口极度密集的开封府来说，火灾是一件十分恐怖的事件。王安石在《临川集》中记载了一件开封府的火灾事件："青烟散入夜云流，赤焰侵寻上瓦沟。门巷便疑能炙手，比邻何苦却焦头。"

火患如此严重，那么城中必须具有一套完善的消防体系。故而，北宋政府在每坊地势较高的地方均设有望火楼。《东京梦华录》对望火楼的建置是这样记载的："望火楼下有官屋数间，屯驻军兵百余人，及有救火家事，谓如大小桶、洒子、麻搭、斧锯、梯子、火叉、大索、铁猫儿之类。每遇有遗火去处，则有马军奔报，军厢主、马步军、殿前三街、开封府各领军级扑灭，不劳百姓。"从这项记载可知，开封府有一支非常专业、完备的消防队伍。望火楼上有人值班站岗，楼下的官房内有数百长期屯驻的官兵。"消防兵"当时被称为"潜火兵"，隶属于军队，实行军事化管理。一旦发生火灾，他们可以在望火楼第一时间发现，及时采取灭火措施，阻止火势的蔓延，最大限度地减少财物损失和人员伤亡。

然而《清明上河图》中的望火楼上却空无一人，本该值守的官兵不见踪影。望火楼下屯驻"潜火兵"的官房竟然被改作了饭馆。

这直接体现了北宋末年的消防系统已经颓废到形同虚设的地步。张择端选择这一场景入画，绝不是心血来潮。他清醒地看到了这一严峻问题，并且以画作的形式表现了出来。

【《清明上河图》中空无一人的望火楼】

实际上，宋徽宗对于这般严峻的消防问题，也不是毫无作为。然而，令人倍感荒诞的是，他的"作为"却是修建了一座火德真君殿，并时常率领朝臣祭拜，还下令禁止一切有辱火德真君的言论和行为。而对于实际的消防措施，徽宗却漠然处之。

他的荒诞终于得到了惩罚。重和元年（1118）九月，宫廷里发生了一场北宋内廷有史以来最惨烈的火灾："掖庭大火，自甲夜达晓，大雨如倾，火益炽，凡爇五千余间，后苑广圣宫及宫人所居几尽，被焚死者甚众。时天大雨，火发雨如倾，畧不少止，而火益炽……"这场火灾造成了人员的巨大伤亡。宫殿损毁，许多珍贵图书被烧成一堆灰烬，损失极为惨重。除了消防系统松懈问题，张择端还着重表现了私家漕粮问题。

危机四伏的粮船

《清明上河图》中，专门用来运输粮食的船只共有11条，占据了将近七分之一的画面，成为整幅画十分醒目的存在。画中生动地描绘了装卸工卸船的场景，然而却没有出现一个监运的督粮官和兵卒。显然，这11条粮船，没有一条是官船。装卸工将船上的粮食陆陆续续搬运到巷子里的私仓。私仓的商贾们囤积粮食，以备青黄不接之时卖得高价。这意味着北宋朝廷失去了对开封府粮食的储运能力。

民以食为天，粮食为百价之根，是历朝历代统治者皆十分重视的问题。为了防御荒年的粮食危机，以及打压商人囤积粮食抬高粮价的问题，前中期的北宋政府十分重视储运国粮。为此，政府在汴河两岸建造了大量用以囤积粮食的官仓，到了宋神宗熙宁二年（1069），开封府的粮食很好地控制在一斗七十文的价格，囤积的国粮可供九年之需。

【《清明上河图》中的粮船】

由于神宗朝留下了丰厚的国粮储备，宋徽宗失去了忧患意识。再加上他已陷入蔡京、童贯等奸臣为他营造的"太平盛世"中，根本不会留意本朝已悄然改变的国粮储备情况。

张择端将自己对"官粮危机"的忧虑，生动委婉地在《清明上河图》中表现出来，以此想引起宋徽宗的警觉，使他关注私家漕粮霸占开封市场的问题。宋徽宗的确是关注起了官粮问题，但他的关注令人心碎。

由于囤积国粮需要到盛产粮食的江淮、江南等地区收购粮食，再漕运至开封府，这个过程需要耗费政府大量的人力、物力和财力。宋徽宗于是在崇宁三年（1104）做了一个无比任性的决定："发运司米六百万石，六路漕至真、扬、楚、泗转般仓而上，却从通、泰载盐为诸路漕司经费，而发运司自以汴河纲运米入京，每岁九月入奏，年计已足，始次第起发，乃一年之蓄也。又有百余万缗在诸路作籴本，如浙路水旱、淮南大熟，即以浙路合籴之数，于淮南寄籴，而淮南之钱却在浙路。诸路通融皆仿此。故发运司常有六百余万石米、百余万缗之蓄。"

他的这一荒唐举动，使得北宋政府大大减弱了掌控开封粮价的能力，等同于放弃了政府与商贾的竞争。粮商们迅速占据了开封府的粮食市场。他们大肆囤积粮食，等到粮食紧缺时再拿出来抛售，赚取高额利润。

随后，宋徽宗将省出来的人力、物力、运力和财力，用来运送花草奇石。上行下效，他的喜好，滋生了民间挖掘花草奇石的风气，无形中加重了百姓的负担，使得社会矛盾更加尖锐。朝廷失去了控制粮价的能力，使得开封府粮价暴涨，触发了社会的动荡，如这个时期爆发的方腊起义和宋江起义。

北宋末年，女真铁骑兵临城下之时，开封府内的粮食出现了空前的危机，三千文还买不到一升米。这便是宋徽宗任性的恶果。当然，这个恶果最终还是由他来食用。只是可怜那些下层毫无抵抗风险能力的百姓，等待他们的将是饿殍遍野的凄惨命运。

懒散的递铺

《清明上河图》中，紧挨城门口的地方出现了一处官衙。这是北宋的递铺，是地方官送往京师的公函所经过的最后一站，也是朝廷派发地方公函所经过的第一站。为了防止公函送来时城门已关闭的情况，故而将递铺设在内城的城门口。

这些递铺的差官一般是清早出行办理公务，然而从图中可以看到，已经到了正午时分，他们还闲散慵懒地坐在递铺门口，迟迟没有出发，做事极其怠惰、低效。

这样松懈的吏治局面，是北宋末年普遍存在的问题。公函的高效传递对于朝堂的运转有着非比寻常的重要意义，尤其是在战争年代。然而《清明上河图》中描绘的这种风气并没有引起宋徽宗的警戒之心。

【《清明上河图》中的递铺】

松懈的城防

我国古代的城市构建体系中，进城时首先映入眼帘的必然是有重兵据守的城防机构。然而《清明上河图》中，本该是城防机构的地方，却是一间场务（税务所）。税务官员正忙着验货，身旁是从事记录工作的账房。

城门口人来人往，一派欣欣向荣的商业氛围。然而，令人诧异的是，城楼周围没有出现管理城门的监门官，城楼上也没有一个把守的兵将，只有一个兴致勃勃地看热闹的更夫。

用著名史学家周宝珠的话来讲："其实质意味着东京等于一个不设防的城市，在政风日坏之下，哪里有什么金汤可言呢。"

北宋末年的城防问题已处于十分严峻的危险境地。失去防御体系的开封城完全暴露在异族侵略者的视野中。

张择端将这种"涣散的城门防卫"隐藏在图中繁荣的商贸交易中，隐晦地向宋徽宗传达了它们带来的可怕隐患——一个胡人驼队，正牵着几头高大的骆驼穿过城门。它们背上驮着从开封府得来的书籍等物，准备离开这座城市。他们要去往哪里，此次开封之行，又是怀有怎样的目的？

但结合北宋末年的外交环境，不难看出其中深意——辽、金两国间谍多以前来宋朝交易的商贾团队做掩护，混迹在开封府中，获取他们需要的情报。

张择端想向宋徽宗表达什么，不着一字，其实已经一目了然。

【《清明上河图》中的"税务所"】

剧烈的贫富差距

在《清明上河图》繁华的"盛世"景象中，城门外的平桥之上，有三个衣衫褴褛、瘦骨嶙峋的小乞丐，正缠着行人乞讨。而前呼后拥的权贵们，正沐浴着春日的暖阳和微风，踏青归来。这种鲜明的贫富对比，在图中处处可见。

如，为了生计辛苦劳作的车夫、船夫、轿夫、袋家等苦力百姓，与财大气粗的货主和作威作福的税务官之间的对比。还有商业活动中的小摊贩、饭馆招揽客人的伙计、酒肆中推销酒水的酒保等群体，与达官贵人之间的对比。

为了一餐活命的饭食，这些底层劳动者可能需要连续奔波上一天或者几天。这种贫富分化问题，引起了画家张择端的深切关注。他在开封府游学期间，与这些艰辛地挣扎在社会底层的百姓必然有着过多的接触。他的内心深处对他们怀有深刻的同情和真诚的哀怜。

画面中除了以上几点重要问题之外，张择端还刻画了诸如船桥危机、宦官出行、春季禁猎、侵街现象等潜在的社会问题。忧患之深邃，可见一斑。

纵然他刻画的"问题"十分委婉地隐在"盛世"景象之下，但宋徽宗必然看懂了这幅画，因为他对这些问题并不陌生。这些都是他当政期间，朝臣在奏折中反映的真实社会现状。

张择端作为一个深受儒家思想浸润的宫廷画家，对于这些问题必然有所了解。加之他长期混迹于市井，相比庙堂之远的朝中重臣，他的了解更加细致、全面、深刻，所以他以自己独具的匠心和巧思，将他的谏言，曲折幽秘地"藏"在了这幅心血之作中。

【《清明上河图》中沿街乞讨的小乞丐】

君臣的博弈

《清明上河图》中描绘的开封百姓生活细节，虽不是实景实地，但却是活生生的真实景象。画面中的景象选取，也不是浮光掠影的简单罗列，它们皆是张择端精心地布置。这种布置，是他身上儒家思想"使命感"和"责任感"的直观体现。

他希望徽宗能够正视画中诸多事关国家存亡和国计民生的重大问题，采取相关的补救措施，以求及时挽回大宋的颓势，重拾昔日真正的盛世景象。他以宫廷画家的身份，向他的君王，勇敢地呈上了他的谏言。

从宋徽宗的反应来看，他显然看懂了张择端的"谏言"，但他早已沉醉在蔡京之流为他营造的"太平盛世"之中，不愿清醒过来。

《清明上河图》更像是一场君臣之间的无声博弈。

张择端输了，他的苦心，还是被辜负了。宋徽宗在继续他的奢靡生活，进行采运花石纲、重建延福宫、修建艮岳等任性行为时，侵略者的步伐已在帝国的身后悄然逼近。

《清明上河图》是历史给予他的一次机会，却被他自己亲手推开了。

第四章

英雄的另一张面孔

1.同样位列秦桧必杀名单，韩世忠是怎么化险为夷的？

与岳飞相比，韩世忠与秦桧的恩怨更大，也是秦桧最早想要除去的大将。但是韩世忠怎么逃过了这一劫难呢？很多人认为他通过自污让宋高宗放下了戒心，从而躲过了杀身之祸。实际上，宋高宗庇护他的根本原因并不是这个。

岳飞死后不久，韩世忠便隐退了。朱熹认为韩世忠是被岳飞的变故吓破了胆，至此才隐逸江湖。实际上并非如此，与岳飞一样，韩世忠同样是一位铁骨铮铮的大英雄。

在很多人眼中，岳飞与韩世忠同为坚定的抗金派，应该惺惺相惜，关系和睦，实际上最开始他俩关系并不好，这是为什么呢？

绍兴十一年（1141），自宋太祖赵匡胤开国以来，宋帝国发生了第二次"杯酒释兵权"事件。三月二十一日，正在濠州定远县主持抗金的岳飞接到了来自朝堂的诏书，宣他去都城临安觐见。四月二十二日，岳飞刚到临安，朝廷就把他的两位心腹幕僚从军中调离，出任地方官。四月二十四日，朝廷宣布韩世忠与张俊为枢密使，岳飞为枢密副使。二十七日，朝廷宣布撤销三大将的宣抚司机构（军事办公部门），将他们手下的兵权一分为二，实际上是共分成了六份，然后直接划归中央。至此，岳飞、韩世忠、张俊三大将的兵权被兵不血刃地罢去。

这年五月上旬，岳飞与张俊奉旨出使淮东，他的头衔上加了个"同"字，算是副职，"同按阅御前军马，专一同措置战守"。淮东是韩世忠军屯的驻地，但韩世忠本人却被留在了临安。诏书上写得冠冕堂皇，"当令行阵之习有素，战守之策无遗，伐彼奸谋，成兹善计"，意思是岳飞与张俊此行意在环巡城墙，检查军粮辎重储备以及战守之策等军事情况。他们可以"随宜措置，专一任责"，包揽那里的军务。这样一来，身在临安的韩世忠便被架空了，只有虚名而无实职。

秦桧私下里见了岳飞，向他透露了派他们前往淮东的真实用意是瓦解韩世忠的旧部，同时还假惺惺地关照岳飞，让他"且备反侧"，防止韩世忠的旧部反叛。对于秦桧抛出的诱饵，岳飞没有理会。他直言答道："世忠归朝，则楚州之军，即朝廷之军也。"并且表示绝不"捃摭同列之私"。

他到达楚州后，与张俊一同视察时，张俊对他说道："上留世忠，而使吾辈视其军，朝廷意可知也！"岳飞意识到，张俊想替秦桧解决韩世忠，肢解韩家军。在他看来，淮东楚州的韩家军是韩世忠的心血，一旦肢解，无疑让淮东战线少了一张最有力的屏障，于是慨然道："不然！国家所赖以图恢复者，唯自家三四辈，万一主上复令韩太保典军，吾侪将何颜以见之？"张俊恼羞成怒，对岳飞也开始恨之入骨。

为了陷害韩世忠，秦桧也颇费了一番心思。他暗中指使淮东总领胡纺，命他诬告并逮捕韩世忠的亲校耿著，然后污蔑耿著"倡言以撼军心"，图谋叛逆，想要通过"牵连罪"使韩世忠背上谋逆的不赦之罪。岳飞得知后十分气愤，叹息道："吾与世忠同王事，而使之以无辜被罪，吾为负世忠！"于是，他不顾自身安危，赶紧派人给韩世忠送信告知，让他早做准备。

与后世人认为的不同，秦桧最为厌恶的武将其实是韩世忠。韩世忠曾就对金抗战是战是降的问题上，多次反驳秦桧，还曾公开指责秦桧误国，言辞激烈，秦桧由此深恨韩世忠。"……力陈秦桧误国，词意剀切，桧由是深怨于王（韩世忠）。"所以，当秦桧设计陷害三大将时，首先对付的人是韩世忠，恨不能置他于死地。

那么，为何韩世忠最后逃脱了秦桧的魔爪呢？

有个人非常关键，那就是宋高宗赵构。接到岳飞的信后，韩世忠及时面见高宗进行哭诉，最终打动了高宗，顺利获救。正是因为高宗的庇佑，韩世忠才没有落得像岳飞惨死的下场。

许多人说，韩世忠之所以能逃离被杀的命运，是因为他善于在高宗面前示弱，比如吃喝享乐、受贿等"自污"行为。这些不能说是一点关系没有，但韩世忠能得高宗庇佑的根本原因却并非这个。

君王铭记的功勋

靖康二年（1127），金国将宋徽宗、钦宗二帝废为庶人，同时立张邦昌为帝，国号为"楚"。张邦昌本不愿接下这个烫手的山芋，但在迫于金人的屠城威胁，只得勉强应下。为了昭示称帝不是自己本意，已为"楚帝"的张邦昌坚称自己是宋臣。他将已被两度废黜的哲宗皇后孟氏隆重地迎入宫中，尊为宋太后，请她垂帘听政。

这个时候，身在济州（今山东巨野）的康王赵构，进退两难。韩世忠听闻赵构的下落后，率领部将从大名（今河北大名）出发，日夜兼程，风尘仆仆，赶赴济州，拥护赵构继承帝位。自古以来，锦上添花易，雪中送炭难。在赵构看来，韩世忠于微末之时对他的拥护，是最忠心的体现。忠诚，这是赵构对韩世忠的初印象。

韩世忠到达济州与康王赵构会面不久，金军得知赵构的下落，于是派兵来袭。大军兵临城下，济州城内人心惶惶。关键时刻，韩世忠带领部将据守西王台，拼死力战，击退了金兵。然而，第二天，数万金兵又前来攻城，而济州城内的宋军仅余千人左右。

在满城惊慌无措的情况下，韩世忠单骑突入敌阵，斩杀了金兵首领。金兵阵脚大乱，溃败而逃。这一切，身在济州城内的赵构是亲眼所见的。铁骨铮铮，这是韩世忠给赵构的第二印象。

靖康二年（1127）五月，康王赵构在南京应天府（今河南商丘）继承帝位，改元建炎，是为宋高宗。为了躲避金兵追击，这个刚刚成立的南宋朝廷，始终处于疲于奔命的逃亡中。

建炎三年（1129）三月，苗傅、刘正彦两位将领突然发动叛变，斩杀一些抵抗的大臣，强逼赵构退位，拥护年仅三岁的皇太子赵旉继位。韩世忠得知后，悲愤不已，举酒酹神："誓与此贼不共戴天！"他迅速点兵，前去救驾。出发前，他对将士们说："今日当以死报国，面不带数矢者皆斩。"一句"以死报国"，将他的赤胆忠心体现得淋漓尽致。这场叛乱最终被顺利平息，苗、刘兵变的主谋王世修被逮捕下狱。韩世忠率军追击苗、刘二人，并将其一并抓获。

这场叛乱给高宗造成了极大的打击和创伤。从此，武将带来的潜在威胁，成为他余生挥之不去的阴影。与此相对的，韩世忠在这场叛乱中的忠勇表现，令高宗感动不已。为了表彰韩世忠的救驾之功，高宗先后任命他为武胜军节度使、御营左军都统制、江浙制置使、检校少保和武胜昭庆军节度使，并手书"忠勇"二字，赐给他。

在落魄之时千里迢迢赶来拥护；在深陷敌军包围时，一马当先救于水火；在四面楚歌之时，挺身而出平叛救援。从龙有恩，抗金有谋，平乱有勇，护国有功。韩世忠的这些功勋，在高宗心里从未消逝。所以，哪怕经历了刘苗兵变之后，高宗再怎么忌惮防备武将，内心深处，也总归有一丝温暖的回忆，与那些拼死保护他的武将有关。韩世忠便是其中最特别的一位。

政治漩涡中的生死危局，哪有什么理所当然，那些得以幸存的人，总有一些旁人没有的庇护与依仗。韩世忠便靠着这些与高宗早年的渊源，从秦桧刀下惊险逃生。

【《岳飞真迹刻石》，出土于江苏泰州海陵区岳王庙】

并未消逝的危局

虽在高宗的庇护下暂时获得了保全，但由于韩世忠激烈反对与金国和议，他的危局并未消失。在当时紧张的政治氛围中，他随时有再陷囹圄的风险。

绍兴十一年（1141）八月，岳飞被罢免。九月，岳飞部将王俊告发岳飞爱将张宪，十月十三日张宪、岳飞被逮捕入狱。岳飞的"诏狱"最初由御史中丞何铸（主审官）和大理寺卿周三畏（副主审官）主审。《说岳全传》中将周三畏描绘成一个刚正的清廉之官，因不愿附会秦桧陷害岳飞而挂冠离去，隐居乡野。真实的周三畏却与之大相径庭。他软弱畏缩，甘当秦桧爪牙，一味附和。何铸本是秦桧的心腹，也曾参与弹劾岳飞。但他在审讯过程中，看到岳飞背刺"尽忠报国"四字，非常感动，转而力辩岳飞无辜。

据《宋史》记载，"铸引飞至庭，诘其反状。飞裸而示之背"，背上有"尽忠报国"四个大字，深入肤理。何铸认为岳飞是冤枉的，向秦桧辩白。秦桧很不高兴，对他道出了实情："此上意也！"但何铸仍旧据理力争，秦桧被辩驳得哑口无言。

为了保证计划顺利进行，秦桧把何铸调离了诏狱主审官这个关键职位。十一月二十一日，朝廷发布了何铸为执政大臣的新任命。之后，秦桧党羽万俟卨接任御史中丞。万俟卨一切奉行秦桧的指示，很快了结了这次冤狱。

据《宋史》记载，曾有一位叫刘允升的百姓为岳飞鸣冤。秦桧大怒，将他下狱判了死刑。"建州布衣刘允升上书讼飞冤，下棘寺以死。"

汾州进士智浃曾被岳飞以礼相待。岳飞受冤，他深感不平，于是上书为岳飞辩解。秦桧怒不可遏，将他送往袁州编管，最终在编管地将他残忍整死。"袁州官吏以浃取怒时相，全不少假，监系其严，浃不堪死。"

还有一位连名字都没留下的正义小官汤某，因上书为岳飞鸣冤被秦桧加害。除了这些百姓和小官，连为岳飞说话的地位极高的皇族，也没有好下场。

据《三朝北盟会编》记载，判大宗正事赵士㒜曾与岳飞有过接触，为他的人格所折服，愿以全家百口保释岳飞，"以百口保飞无他"。然而，还没来得及上奏就走漏了风声，被台谏官弹劾："交结将帅，有不轨之心。"赵士㒜在宋皇室中地位极高。他是宋太宗赵光义直系后裔，濮王赵允让（宋英宗生父）的曾孙。宋高宗赵构则是赵允让的玄孙。按辈分，高宗应尊赵士㒜为皇叔。

赵士㒜曾拥立高宗为帝，在平定苗刘兵变时也立有功勋，使得高宗顺利复辟。所以，他对高宗除了亲情外，还有大恩。然而，即便如此，因他为岳飞说话，立即被高宗免职，随后被遣往建州居住。实际上是高宗将他软禁在那里，至死不能回都城临安。他的弟弟同知大宗正事赵士樽也受到牵连，被高宗免去职位。

由此可见，关于岳飞一事，宋高宗已到了六亲不认的地步。迫于严峻的朝堂环境，朝中尽管有人对岳飞十分同情，也只能黯然流落，不敢声援。

但韩世忠还是毅然挺身为岳飞喊冤，公然质问秦桧，岳飞犯了何罪。秦桧回答："飞子云与张宪书虽不明，其事体莫须有。"韩世忠悲愤不已，怒问："相公（秦桧）莫须有三字，何以服天下？"

【南宋《中兴四将图》局部，图中人物为韩世忠。原藏于故宫博物院，现借调至中国国家博物馆】

虽有高宗的庇佑，但此时的韩世忠，仍旧如履薄冰。实际上，身为武将，他对自己的处境历来心知肚明。

宋太祖赵匡胤出身行伍，由禁军小校逐步升迁到禁军将帅，是一名富有军事经验的勇猛武将。他因"陈桥兵变"而夺得皇位。对于武将的潜在威胁，他比任何人都要清楚，深知"兵骄则逐帅，帅强则叛上"。故而宋帝国初建之时，宋太祖便奉行"崇文抑武"的家法。防备与消除武将势力，始终是宋帝国的头等大事。只是北宋初年的防范主要对象是太祖赵匡胤的结拜兄弟和亲戚，所以他采取了和平手段"杯酒释兵权"。

南宋初年，中央军队已溃，宋高宗对于这些私家军的态度便呈现一种纠结的状态，一面利用，一面防备，艰难中推动着他的帝国往前行进。等到他站稳脚跟后，便开始着手消除这些对统治有威胁的各路私家军队。

首先遭殃的是刘光世的刘家军。绍兴七年（1137），刘光世被免去军职，由朝廷派去的文臣吕祉取代。但令人想不到的是，刘光世的部下不服吕祉，将领郦琼杀死吕祉后，带5万多刘家军叛变投敌。摆在南宋王朝东线的三路私家军，一下子损失了三分之一。这件事令朝野震惊。高宗迫于局势，只好暂且停手。

对于韩世忠来说，除了绍兴十一年（1141）秦桧主使的这场陷害外，早在几年前他就已经历过诬陷。据《宋史》记载，绍兴九年（1139），韩世忠的部将温济公然告他的黑状。但因绍兴七年（1137）刘光世事件，朝廷心有余悸，不敢贸然对韩世忠动手，故而温济卖主求荣没能成功。

自身也处于危机中的韩世忠，为何甘冒大险为岳飞求情呢？实际上，他与岳飞的早年关系并不好。

英雄之谊

北宋灭亡后，宋金之间战事不断，各路私家军凭借努力，在战斗中不断发展壮大，形成一定的规模与势力。当时主要的私家军有：刘光世领导的刘家军，张俊领导的张家军，韩世忠领导的韩家军，岳飞领导的岳家军等。各私家军只听从自家将军的命令，彼此之间关系不睦，协同能力很差，皇帝想要指挥他们作战时，颇为费力。

据《三朝北盟会编》记载，绍兴十年（1140）闰六月十八日，王之道曾向高宗上书说明这一情况："今日之兵，分隶张俊者则曰张家军，分隶岳飞者则曰岳家军，分隶杨沂中者则曰杨家军，分隶韩世忠者则曰韩家军，相视如仇雠，相防如盗贼，自不能奉公，惴惴然惟恐他人之立功而官爵轧于己也。"

在各路私家军中，岳飞比刘光世、张俊、韩世忠晚了一辈。张俊比岳飞大了 18 岁，刘光世和韩世忠比岳飞大了 15 岁，所以岳飞是他们中年龄最小，资历最浅的。岳飞还是裨将时，张俊和韩世忠已经在抗金的战场上扬名多时。但岳飞后来居上，凭借着卓越的战功一路扶摇直上，官拜节度使。这样一来，他就与韩世忠、张俊平起平坐了。而且，威望远胜于二人。这让张俊与韩世忠非常不快，留下了心结。

岳飞也深知这一点，为了抗金大局，他决定"屈己下之"，积极改善与二人的关系。据薛季宣（薛弼之侄）《浪语集》记载，岳飞曾听从参谋薛弼的建议，多次主动给二人写信通好，但没有起效。绍兴五年（1135），岳飞平定杨幺起义之后，特地把最好的战利品"楼船"送给了二人。韩世忠收到岳飞的礼物后领情了，改善了关系，但张俊虽然把礼物收下了，却并没有与岳飞交好，依旧如故。岳飞也不再对他低三下四，与张俊的矛盾便加深了。

之后，韩世忠与岳飞虽然在不同的地方抗金，但相同的爱国之心，相同的理想信念，相同的主战思想，相同的治军风格，使得他们互相欣赏，颇有英雄惜英雄之感。

据岳珂的《鄂国金佗稡编续编校注》记载，绍兴九年（1139），农家汉李宝在濮州（今山东鄄城北）聚众抗金，失败后南下投奔岳飞，之后奉命以河北路统领忠义军马名义，潜回山东联络抗金义军。第二年，金军南下，李宝为配合岳飞反攻，在山东多次袭击金军，牵制了金兵南下之师。

后来李宝"结山东豪杰数千人，约以曹州之众来归，飞以黄金五百两与之。宝以五千人自楚、泗来"，不料路上被韩世忠所拦。韩世忠见其忠勇，起了爱才之心，想把他留下。李宝痛哭表示愿回岳飞麾下。韩世忠于是给岳飞写了封信，表明心意。岳飞回信说道："是为国家，何分彼此。"岳飞的胸襟与气度让韩世忠无比叹服，二人的情谊也越发深厚。

英雄相惜之情，加上在秦桧对他陷害时岳飞的送信保全之恩，韩世忠肯在满朝噤若寒蝉之时，不顾自身安危，勇敢为岳飞喊冤，也就顺理成章了。

韩世忠的质问和抗议，是那个极度黑暗时刻的一道亮光，是清直之人反对捕风捉影，诬害忠良的著名典范，也是宋高宗、秦桧之流永远无法理解的历史正义。

但韩世忠的悲愤与同情，解救不了岳飞已然注定的死局。他痛苦地看着这位帝国最英勇的战士，饱含着无尽的冤屈，悲惨地走向生命的终点。

被迫成为逍遥翁

绍兴十一年（1142年1月27日）除夕夜，在临安城百姓恭贺新春的爆竹声中，岳飞与其子岳云、部将张宪，被残忍杀害。三个为国立下赫赫功勋的战士，没有死于战场，却死在了他们誓死保卫的国土上。

岳飞死后，在帝国百姓对岳飞的深切哀念中，《绍兴和议》屈辱地达成。岳飞奋斗一生艰苦收复的唐州、邓州以及商州、秦州的大半领土，均被割让于金国。宋向金国称臣，金国册封宋高宗赵构为宋皇帝，规定每年金国皇帝生辰及元旦，宋朝必须派遣使者前去称贺。

韩世忠彻底绝望了。他心灰意冷，怀着不满与愤怒，归隐山林。自此以后，他"杜门谢客，绝口不言兵，时跨驴携酒，从一二奚童，纵游西湖以自乐"。即便是他旧日的部曲将佐，也很难见他一面。

有一天，他到苏仲虎家饮酒，醉归后写了两首词，第二天赠给了苏仲虎。《梁溪漫志》记下了韩世忠的这两首词。其中一首为《临江仙》："冬看山林萧疏净，春来地润花浓。少年衰老与山同。世间争名利，富贵与贫穷。荣贵非干长生药，清闲是不死门风。劝君识取主人公。单方只一味，尽在不言中。"

第二首《南乡子》："人有几何般，富贵荣华总是闲。自古英雄都如梦，为官。宝玉妻男宿业缠。年迈衰残。鬓发苍浪骨髓乾。不道山林有好处，贪欢。只恐痴迷误了贤。"

这两首词，表面上是"林下道人语"，表达了道家清静无为的思想，实则隐晦地诠释了他壮志未酬的激愤之情。韩世忠就这样在浑浑噩噩的醉梦中，忧郁地度过了十年。

绍兴二十一年（1151）八月五日，韩世忠在家中病逝，终年63岁。

据《建炎以来系年要录》记载，生命的最后，韩世忠曾说道："吾以布衣，百战致位公王，赖天之灵，得全首领卧家而殁，诸君尚哀其死邪？"他在表达自己得以保全的幸运，又何尝不是对岳飞被害的感慨。这一点，他至死都是心绪难平。

【宋《春游晚归图》局部，现藏于北京故宫博物院】

朱熹在《朱子语类》中这样评价韩世忠："诸将骄横，张与韩较与高宗密，故二人得全。岳飞较疏，高宗又忌之，遂为秦所诛，而韩世忠破胆矣。"

他认为韩世忠被岳飞的变故吓破了胆，至此才隐逸江湖。实际上并非如此，岳飞的惨剧摆在面前，在那种局势下，韩世忠的隐退是保全自己与部下的唯一办法，除了那样，再没有更好的解决之道。

他虽没有岳飞死得悲壮，但仍旧是一个刚直清正，疾恶如仇的贤将，绝非朱熹所说的贪生怕死之辈。他精忠为国，立志收复失地，为之辗转奔波半生，却眼睁睁地看着苦守的国土被君王与奸臣拱手让与敌人。在岳飞惨死的那一刻，他便绝望地清醒了，他的理想再也不可能实现。至此，他的信念破碎了，他的世界再也没能明亮起来。

岳飞与韩世忠的不幸，是那个特定历史时期造就的悲剧。两个英雄相遇了，又以各自迥异的方式黯然退场，留下他们辉煌而又曲折哀伤的篇章。

那个动荡的时代，有此英雄幸甚至哉。但却不得君王善用，正如《宋史》所叹，惜哉！惜哉！

2. 上马杀敌，下马作檄，"归正人"辛弃疾的艰辛爱国路

辛弃疾在许多人眼中，就是一个文采飞扬的诗词大家。但其实，他是一个文武双全的铁血硬汉。

辛弃疾与陆游等人都被冠以"爱国词人"的称号，似乎辛弃疾也与陆游一样官职低微，其实不然。他的仕途虽然不畅，但曾担任多年封疆大吏。

辛弃疾以豪放派爱国词人的名号被铭刻于历史丰碑之上，素有"词中之龙"的美称。然而，仅仅将他看作一位词人，实在有失偏颇。因为他是一个被忽略和低估的英雄。他首先应该是一位爱国爱民的英雄，其次才应该是一位伟大的词人。但历史却给二者调了位置。他的无心插柳却成了"词中之龙"。

宋绍兴十年（1140）五月十一日，随着数声响亮的啼哭，一名男婴诞生在山东济南的一户小吏之家。家主辛赞十分崇拜西汉抗匈英雄霍去病，故而为小孙子取名为"弃疾"。

宋靖康二年（1127），随着徽、钦二帝被金军掳向北方，北宋灭亡。不久，山东等中原地区也相继沦于金军统治。辛赞彼时家住山东济南郊区一个叫四风闸的地方。因事发突然，家中人口众多，以至于来不及携家南逃。为了全家生计问题，他不得已出仕金国，但他认为，这是对祖国——

大宋的背叛，故而内心十分痛苦，一直存有归宋的执念。

闲暇时的辛赞，喜欢带着儿孙们登高南望，诉说着故国曾经的辉煌，同时也将哪里曾发生过不屈的抗金战斗，哪里可以作为将来反金起事的据点，一一讲给儿孙们听。"辛弃疾"这个名字无疑寄托着辛赞对金人夺国的憎恨，以及对故国大宋的美好希冀与深情眷恋。年幼的辛弃疾也没有辜负祖父赋予这个名字的深意。在祖父的影响下，他对野蛮的金国统治者充满了恨意，对大宋有着极深的向往和热爱。

宋绍兴二十七年（1157），18岁的辛弃疾通过了乡试，获得了前往金国都城——燕京参加进士科考试的机会。临行前，辛赞向他嘱咐：此行最重要的目的不是获取功名，而是沿途考察金国的军事部署和政治局势。

辛弃疾没有令祖父辛赞失望。他在前往燕京的途中，每到一个地方，都认真观察该地的山川地形以及官府仓库的部署。到了燕京后，他更是处处留意、暗中打听、多方观摩，了解到金国统治者内部的矛盾、政局的变化，以及军队的部署、调动等情况。

这次考试，辛弃疾名落孙山，铩羽而归，但他和祖父辛赞都十分高兴。一方面是辛弃疾完成了辛赞交代给他的任务，了解到金国统治者的诸多信息，另一方面，他可以再次借燕京考试之行，沿途进行考察。

三年后，辛弃疾告别祖父，踏上了他的第二次燕京之行。有了上一次的经验，辛弃疾此次的考察做得更加细致深入。这为他日后向南宋上疏的一系列抗金建议，提供了最真实的实践依据。然而当他兴致勃勃地回到家乡时，祖父辛赞却因病去世了。

宋绍兴三十一年（1161），金国皇帝完颜亮再次迁都，定都北宋故都开封，同时调动大军，举兵南侵。中原、华北地区备受金军压迫的北宋遗民纷纷揭竿而起，局势陷入一片混乱。

22岁的辛弃疾英勇果断地投入到祖父辛赞渴望却未能参加的事业——抗金。他在济南山区拉起了一支两千多人的队伍，正式向金国统治者宣战！

奋勇杀敌的峥嵘岁月

起义后的辛弃疾率众投靠了山东东平府的耿京义军。因他是义军中唯一一个负有文名的人，故而被耿京任命为"掌书记"一职，掌管军中的文字类工作。辛弃疾投靠耿京后，还拉来了一支在济南附近活动的义军。然而，该义军首领义端和尚投靠后，不久就从辛弃疾那里偷了耿京的节度使印章逃跑，打算投降金国。

义端是辛弃疾引来的，印章又在他那丢失，耿京大怒之下要将辛弃疾杀掉。辛弃疾百口莫辩，请求耿京给他三天的时间追捕义端，若是逾期不能实现承诺，情愿赴死。

联想素日辛弃疾的为人，盛怒中的耿京渐渐冷静下来，答应了他的请求。辛弃疾快马加鞭追赶义端，果然将他擒获，砍了他的头，然后提着去见了耿京。这场风波使耿京意识到，眼前这位 20 多岁的青年，是一个能文能武，不可多得的人才，此后对他更加器重。

此时金国与南宋在前线的战事也悄然发生了转机。金国皇帝完颜亮在与宋军对战的过程中，被叛变的部下所杀。叛军提出与南宋和议，和议达成后，他们撤离了扬州。完颜雍成为金国新的统治者，他开始着手打击、消灭金占区的各处义军。

耿京这支义军声势最为浩大，自然成为金国首要解决的目标。与身经百战的金兵相比，他们这支缺乏训练的义军几乎是不堪一击。辛弃疾清醒地看到了这一点，于是建议耿京南下归附南宋。耿京采纳了他的建议，很快派遣军中将领贾瑞前往南宋呈递归附章表。然而贾瑞目不识丁，担心到了南宋后不能完成任务。于是，作为军中唯一一位文人，辛弃疾被临时加派进这支出使队伍。

辛弃疾怀着激动的心情，上路了。宋绍兴三十二年（1162），辛弃疾与贾瑞等人经过长途跋涉到达南宋，并且顺利地见到了宋高宗赵构。二人向赵构陈述了归附意愿，又详细汇报了金军管辖下中原地区的军事情况。

二人完成任务后启程赶回山东，然而刚到达海州（今江苏省东海县东北），便听闻一个噩耗——义军将领张安国杀掉耿京后投降金国，被任命为济州知州。

辛弃疾悲愤异常，誓要捉拿张安国为耿京报仇。他联络了海州当地的义军首领王世隆，二人带了五十来个义军，日夜兼程赶往济州。他们到达时，张安国正与部下饮酒作乐，因猜不透辛弃疾此来的目的，便出帐相见。辛弃疾与王世隆二人趁机把张安国捆住缚在马上，对诸义军声称，要与他出去议事。为了稳定这支义军，辛弃疾谎称南宋十万大军即将前来山东抗金，他劝告大家归宋。当场就有近万名的士兵响应了他的号召。二人于是带领着这支万人的义军和张安国渡江回到南宋。

辛弃疾因此功，被南宋任命为江阴签判。他自此算是正式回归了祖国的怀抱，开启了他在南宋的艰辛爱国之路。

"归正人"的冷遇

宋绍兴三十二年（1162），宋高宗赵构退位，养子赵昚继位，史称孝宗。与赵构对金人的屈辱求和不同，即位之初的孝宗锐意进取，立志通过武力收复被金国占领的北宋领地。他启用主战派张浚为枢密使，负责北伐事宜。然而张浚志大才疏，最终兵败符离。孝宗的雄心，朝堂好不容易汇起的战意，以及南宋积累多年的甲器物资，随着这次北伐的流产消失了。

主战派被排挤出朝堂，主和派再次占据上风，南宋政局重新陷入低迷之中。归宋后的辛弃疾虽然没有受到重视，但他时刻关注着前线的战事和国家的命运。对于眼前朝堂的惧战气氛，他担忧不已，于是呕心沥血写下了《美芹十论》，以期再次激起南宋君臣的斗志和信念。

论文的前三篇，客观分析了金国外强中干的实际情况，后七篇则是就北伐收复失地所提出的作战准备，以及如何扩充军事实力等可行性意见。他还在这部著作的札记中分析了张浚在符离之战中惨败的原因，并声称，不应因这次挫折而放弃收复中原的志向和信念。

乾道元年（1165）年，辛弃疾将《美芹十论》献给了南宋朝廷。然而令他失望的是，这部心血之作并没有引起南宋朝廷的重视。

乾道四年（1168）年，辛弃疾改任建康府通判。建康是南宋的重要城市，不但设有行宫，还设有军马钱粮总领所，聚集着一批位高权重的大官。他们商谈军政要事时，身为通判的辛弃疾连参会的资格都没有。他的日常事务不过是为这些高官做些宴会部署之类的杂务。这令他感到失望，却又无可奈何。痛苦地挨过了两年，乾道六年（1170），经人举荐，他被孝宗召见。

辛弃疾面圣时，"因论南北形势及三国晋汉人才，持论劲直，不为迎合"。之后，辛弃疾被调回朝堂，担任司农寺主簿一职。虽然不是辛弃疾渴望的与战事相关的职位，但他还是看到了一丝希望。因为此时的宰相，是主战派的虞允文。

他把对抗金兵，收复失地的愿望寄托于虞允文身上，以司农寺主簿的官职，向他陈述了有关北伐的九项建议，史称《九议》。他对这九项建议非常自信，在《九议》的引言中向虞允文保证，如果采纳他的建议没有胜利，或者是没有采纳他的建议而能够胜利，他都甘心以死谢罪。

然而，这九项建议，并没有引起虞允文的重视，也没有一项被虞允文采纳。辛弃疾并没有气馁。他又连续两次向朝廷上疏，强调九项意见的可行性和实操性。他的这两封奏疏递上去后便石沉大海，依然没有得到任何回应。辛弃疾彼时的心情如何，我们无从知晓，但可以确定的是，他的一腔爱国热血并没有因此冷却。

夹缝中扭转了乾坤

乾道八年（1172）春天，辛弃疾被任命为滁州知州。他曾在《美芹十论》中陈述过滁州在军事上的重要性。然而这次任命却不是因为南宋朝廷发现了他在军事上的才能及一腔报国热忱，才特地派他前往。而是因为彼时的滁州曾遭受金军的屠戮，之后又遇天灾，城池成为废墟，百姓流离失所，困顿不堪。故而，滁州在南宋士人眼中，是一个烫手的山芋，没人愿意前往就职。

辛弃疾并非不知他们心中所想，但接到任命时，还是欣然接受了。他带着自己的理想，不畏艰险，前往这个人人厌弃的荒僻之地，寻找一个施展平生抱负的机会。辛弃疾到任后，义无反顾地扛起了收拾残局的责任。他首先要做的便是减轻百姓的负担。

由于连年的战火和天灾，严重破坏了滁州的生产。人民惴惴不安地生活在这片废墟之上，还要承担与和平年代时一样的税赋，自然无法在本年内如期缴纳，只得将拖欠着与来年的赋税一并交付。然而，土地荒芜，人丁稀少，他们来年依然无法如期缴纳赋税。

辛弃疾了解到实际困难后，便将这种情况汇报给朝廷，请求朝廷将百姓这笔欠缴的赋税免除。然而大宋朝廷并没有回复他这一奏请。无奈之下，辛弃疾只得再三上奏，最后终于得到了朝廷的批准。赋税问题解决后，辛弃疾开始实施他的第二步计划——想方设法将流亡在外的百姓招徕滁州，以此增加滁州居民数目。对待这些招徕的百姓，他贷款给他们，帮助他们修建房屋，为他们划分土地，并分配农具、种粮、家畜等，帮他们重建家园，农忙时耕田，农闲时则编为民兵，加以训练。这一措施得到了很好的反响，许多从金国逃归的汉民，以及无家可归的流民纷纷前来，安居乐业。当地萧条的景象，很快得到了改善。

除了招徕流民前来务农恢复生产，他还着手于吸引商户前来经商，企图恢复滁州商业的繁荣。他减免了商人应缴赋税的十分之七，这一举措吸引了大批商贩前来。因为此项举措，政府征收的商税与日俱增。辛弃疾又拿着这些商税在遭受严重破坏的滁州商区建设房舍和商铺，使前来经商的商贩有房可居。这就形成了一个良性的循环，大批商贩各得其所，纷纷由四面八方前来定居。

这三项举措收效甚大。不过半年时光，他初来之时的荒凉景象焕然一新。流亡农户大量归来，屯田的民兵开始农事和操练。到了乾道八年（1172）秋天，夏麦秋禾都获得了丰收。商市中店铺林立，商业繁荣活跃起来。滁州经过辛弃疾孜孜不倦苦心的经营，已不再是当初人人鄙弃的偏荒之地。这是辛弃疾自踏入仕途以来，第一次担任地方大员，便取得了卓越的政绩。

"救火队长"

淳熙元年（1174）春天，辛弃疾调离滁州，被派往建康留守府担任留守叶衡的参议官。到了秋冬之际，叶衡拜相，向孝宗举荐了辛弃疾。孝宗召见了辛弃疾。然而这场召见，并没有为辛弃疾带来什么实质性的改变，他被留在杭州做了一个毫无实权的仓部郎官。在这任上待了半年之后，他的仕途终于出现了一丝转机。

一个四百多人的私茶贩子团体在湖北荆南地区起兵作乱。这支武装队伍在首领赖文正的带领下，一路从荆南朝湖南进发，将沿途的南宋官军打得节节败退。他们沿路吸收了越来越多的兵将，声势越发浩大。

消息传到南宋朝堂时，这支叛军已经从湖南一路打到了江西地区。朝廷急命当地驻军全力歼敌，然而还未来得及开展大规模行动，叛军已越过大庾岭进入广东。广东提点刑狱不等朝廷诏命，立即迎敌，把这支叛军又打得退回到了江西。他们蛰伏于安福、永新等县的群山之间，屡次打退前来进攻的南宋官军。

南宋政府先后派遣了几批将领前去平叛，都被打得落花流水，铩羽而归。这些将领也因此遭到免官或降职的处理。

这个时候，朝廷想到了辛弃疾。淳熙二年（1175）六月十二日，辛弃疾被任命为江西提点刑狱公事。朝廷要他"节制诸军，讨捕茶寇。"很快，辛弃疾便前往江西赴任。到了当地之后，他没有立即对这批叛军采取军事行动，而是一面派人深入山区进行实地深入的考察，一面整肃当地乡兵。他整天"从事于兵车羽檄"，片刻不得闲暇。

在辛弃疾多方的军事部署下，茶商叛军以往的优势荡然无存。辛弃疾又进行了一番招降工作，瓦解这支叛军。首领赖文政最终也被说服，向辛弃疾投降。这支叛军一部分被辛弃疾编入乡兵，一部分被遣送归乡。这样一场棘手的叛乱，就这样被辛弃疾平息了。因为这次平叛之功，辛弃疾得到了孝宗的表扬："辛弃疾捕'寇'有方，当议优与职名，以示激劝。"

这场论功大会后，辛弃疾加封秘阁修撰，仍旧留在江西提点刑狱任上。虽然得到了孝宗的"认可"，但辛弃疾并没有丝毫欣喜。他心中的理想依然是匡复河山，收取被金国占领的失地。他一次次满怀期望地上疏，热忱地提出有关北伐的建议，都被朝廷熟视无睹。而宋朝廷对他的调遣，却始终全然没有考虑他的意愿与特长，这令他失望悲愤，却又无可奈何。

也是这个时期，他途经四十年前金国大将兀术大举侵宋的战场，百感交集，在悬崖上写下了《菩萨蛮·书江西造口壁》：

"郁孤台下清江水，中间多少行人泪！西北望长安，可怜无数山。青山遮不住，毕竟东流去。江晚正愁余，山深闻鹧鸪。"

这首词作采用比兴手法，以山水为屏，写尽了辛弃疾深沉的爱国情思，悲愤中满含雄壮的气势，笔势豪放，意蕴悠长。写完这首词后，辛弃疾低落的心情有没有得到些许宽慰，我们无从知晓，但毫无疑问的是，这首直抒胸臆的词作，成了流传千古的词中瑰宝。

两年遍历楚三川

淳熙三年（1176）秋冬之交，辛弃疾被朝廷从江西提点刑狱改任为京西路的转运判官。淳熙四年（1177）春天，又改任为江陵知府。这年冬天，他因为民请命得罪了江陵驻军的统制官，遭到朝中权贵弹劾。不但辛弃疾为民请命的建议未被采纳，还被调离江陵，前往隆兴府担任知府兼江南西路的安抚使。淳熙五年（1178）春天，他又被召回临安担任大理少卿一职。大理少卿的官职也没做多久，当年下半年，他便被派往荆湖北路担任转运副使，到了次年三月，又被改任为荆湖南路的转运副使。这样频繁，且完全与理想不符的官位调动，令辛弃疾深感疲惫：

"聚散匆匆不偶然。二年遍历楚山川。但将痛饮酬风月，莫放离歌入管弦。萦绿带，点青钱。东湖春水碧连天。明朝放我东归去，后夜相思月满船。"

然而牢骚归牢骚，他每到一处，仍然尽力做好自己的分内之事，为民为国，鞠躬尽瘁。

淳熙六年（1179）秋天，辛弃疾由湖南转运副使改任为潭州知州，兼任荆湖南路的安抚使。到任后，他首先对当地豪强用来欺压良民的武装组织——"乡社"进行了一番整顿，然而根据当地曾经发生过数次武装暴动这一事实，向朝廷申请在当地建立一支可以起到镇压作用的地方军——飞虎军，隶属于枢密院和侍卫步军司统制，就近则听从湖南安抚使的调度。

南宋朝廷批准了这一建议，辛弃疾十分高兴，立即开展各项工作：建设新的营房，派人前往广西买马，招募步兵以及骑兵。这些工作每一项都不轻松，在施行的过程中更是遇到了重重困难，但都被辛弃疾想方设法一一化解了。此时的辛弃疾，对朝廷的做事风格已有了深入的了解，知道创建飞虎军虽然获得了批准，但随时都有可能被叫停。于是，他迫切地希望早日将这些工作完成。

所以他限定两日内筹措了建造营房所需的二十万块瓦片，建制费用也都是尽力提前筹好。这给了朝中反对派一个借口，他们弹劾辛弃疾聚敛民财，要求辛弃疾立刻停止飞虎军的建置工作。孝宗听信了谗言，由枢密院向辛弃疾下发了"御前金字牌"，命他立即停工。

辛弃疾接到朝廷的诏书和金字牌后，悲愤不已。但他很快冷静下来，果断地把诏书和金字牌藏了起来，加紧监督飞虎军的建置。等到飞虎军建置完毕后，辛弃疾这才向孝宗上书，陈述建置的过程，以及其中花销的来源和去处，并献上了飞虎营的建设图纸。孝宗看后释怀，他就这样为自己洗脱了"聚敛民财"的冤屈。

这支军队在招募之初，辛弃疾就对士兵选拔定下了严格标准，并且在训练以及器械制造方面都尽力做到最好。所以这支军队成了沿江各地素质最高的军队，不但成为湖南一带的军事依仗，此后三十多年中也一直是长江一带一支雄壮的国防军事武装，成为被金人颇为忌惮的"虎儿军"。毫无疑问，这都是辛弃疾的功劳。

不使地方大员久于其任，这是宋代统治者"防微杜渐"的政策之一。于是，辛弃疾在湖南安抚使任上一年之后，于淳熙七年（1180）冬天调往隆兴府做知府兼江南西路的安抚使。

这一年，隆兴府发生了十分严重的旱灾。他到任后立即着手处理此事，采取了一系列救济措施，极大地安抚了当地的百姓，既未发生饿死事件，也没有流亡逃荒事件，使得隆兴府的百姓安然度过了隆冬，撑到了第二年的夏季丰收。辛弃疾因此功劳再次被孝宗表彰，官阶又进了一级。

这引起了朝中一些小人的嫉妒，他们诬陷辛弃疾"奸贪凶暴，帅湖南日虐害田里""用钱如泥沙，杀人如草芥"，并且将辛弃疾未遵枢密院旨意停止建置飞虎军的事情再次重提，弹劾他"凭陵上司"，还将他与友人之间的通信交游说成"缔结同类"。

朝廷并没有给辛弃疾任何辩解的机会，便将他罢了官。

辛弃疾回想年少时率众归宋，一心想要投入民族斗争的最前线，收复失地，报效祖国。然而二十年的仕途生涯，他的主张和努力，皆被宋朝廷视而不见。此时他竟又因小人诬陷而罢官免职，满腔的抱负和才能，无处施展，他的内心充满了悲愤和失落。

淳熙八年（1181），辛弃疾回到江西上饶的带湖之滨定居，开启了他十年的赋闲生涯。在此期间，他也曾将庄周、陶渊明等出世之人当作自己的榜样，试图放下心中执念，安心享受"碧草荣荣，溪水悠悠"的闲适田园生活。事实上，他也的确创作了不少这方面的诗词。然而这种"不关心时事政局，淡泊出世"的状态终究是一种自我欺骗的假象。他胸中"疆场杀敌，报国救民"的火焰从未熄灭分毫。这在他的许多诗词中皆有鲜明的体现。他在《丑奴儿·近来愁似天来大》写道：

"近来愁似天来大，谁解相怜。谁解相怜。又把愁来做个天。都将今古无穷事，放在愁边。放在愁边。却自移家向酒泉。"

国事日非，而自己却被闲置在家，壮志难伸，一腔热血无处挥洒，满心愁绪无法排遣，何其悲愤！长久不被起用，报国无门，难道一生就这样蹉跎而过？他在《水调歌头》中直抒这种哀痛和不甘：

"白日射金阙，虎豹九关开。见君谏疏频上，高论挽天回。千古忠肝义胆，万里蛮烟瘴雨，往事莫惊猜。政恐不免耳，消息日边来。笑吾庐，门掩草，径封苔。未应两手无用，要把蟹螯杯。说剑论诗余事，醉舞狂歌欲倒，老子颇堪哀。白发宁有种，一一醒时栽。"

"招之即来，挥之即去"的"起用"

淳熙十六年（1189），孝宗退位，其子赵惇继位，史称光宗。新旧政权的交替，使得辛弃疾暂停的仕途得到了新的转机。绍熙三年（1192）春天，五十三岁的辛弃疾被朝廷起用，赶往福建担任"提点福建路刑狱公事"一职。

这年腊月，辛弃疾被光宗召回朝堂。如何将金国侵略者赶出故土，将汉族同胞从他们的压迫统治中解救出来，是他毕生的理想，即便是在这被闲置的十年间，他也一刻未曾忘怀。

面对光宗，他依然坚持对战事与时局的态度和立场。在如何加强边境军事实力的问题上，他铿锵直言，向光宗当面提出了几点建议。这些建议没有引起光宗的重视，但他被留在临安做了太府少卿。半年后，又将他的职名提升为集英殿修撰，并派他前往福州担任知州，兼福建路安抚使。

福建素有"海盗"之患。辛弃疾到任后，详细了解了当地情况，便开始加强当地军事防守能力。他打算打造一万副铠甲，并招募壮丁，把军队扩充到一万人，期待打造一支湖南飞虎军那样肃整、强劲的武装力量。然而现实给了他再一次的沉重打击。

这年秋天，他还未来得及将自己的想法付诸行动，就遭到了朝中小人的弹劾："奸赃狼藉。"如十年前的弹劾如出一辙，他连分辨的机会都没有，便被直接罢免了官职，只给了一个没有任何实际职务的挂名差事"主管建宁府武夷山冲佑观"。这年八月，辛弃疾怀着悲愤的心情再次回到了上饶的带湖之滨，之后又是一段长久的赋闲时光。

绍熙五年（1194），孝宗病逝，因光宗拒不出席其葬礼，不肯服丧，引起朝野内外的极大愤怒。在重臣赵汝愚的带领下，朝臣们请出高宗的吴皇后，废黜光宗，拥立皇太子赵扩继位，史称宁宗。外戚韩侂胄因"定策之功"一跃成为朝中炙手可热的人物。因政见迥异，韩侂胄将宰相赵汝愚、侍讲朱熹等忠正之士贬谪。

早已赋闲在家的辛弃疾，本与这次政治风波没有任何牵连，却因与赵汝愚、朱熹二人的友谊，遭到韩侂胄党羽的攻击弹劾。

辛弃疾由集英殿修撰降为秘阁修撰。庆元元年（1195）十月，辛弃疾再次遭到弹劾，秘阁修撰的职名也被削夺。庆元二年（1196）九月，辛弃疾又一次遭到弹劾。这一次，连"主管建宁府武夷山冲佑观"这一挂名差事也被削夺。自此，他身上所有的官、职全部被朝廷剥夺干净。

宰相韩侂胄一心想要北伐收复失地。在掌控了南宋朝堂政权后，他便大刀阔斧地进行了一系列的革新，大力起用主战派官员。嘉泰三年（1203），已经64岁的辛弃疾再次被朝廷想起，被任命为两浙东路的安抚使。辛弃疾并没有纠结当权者背后的企图与阴谋，他只知道，自己在暮年再次得到了施展抱负的机会，必须牢牢抓住。辛弃疾到任后，立即派人潜入金国进行侦查，要他们到了金军占区后将当地的山川地形、官衙和仓库的位置、敌军数量、战马数量、将帅姓名以及军营分布情况，细致地描绘记载下来。等到他们回来后，辛弃疾将侦查的信息绘制成一张军事总图。

嘉泰四年（1204）正月，宁宗召见辛弃疾。白发苍苍的辛弃疾怀着激动的心情前来参加这次会面，朝廷终于要对金国用兵了，他即将被重用，施展自己一生的抱负，这让他如何能平静下来呢？

见到宁宗，他立刻将那张汇聚了心血的军事总图呈上，并详细分析了敌军军力大小及军事动向。这次召见之后，辛弃疾的"浙东安抚使"职位被罢免了。宋朝廷将他毫无实权的职名提升了一个等级，同时改授他一个

"提举佑神观"的空职。

辛弃疾这才清醒过来：韩侂胄虽然北伐热情高涨，却缺少政治经验。其阵营中汇聚了一批钻营之徒，他们只不过借着北伐的幌子来为自身谋利。而他之所以被其党羽起用，并不是因为他在军事上的才能，或者想要听取他对北伐的意见，他们只是想要通过他的支持来获得民间舆论的支持。他们根本不会将建功立业的机会分于他一星半点。

在《永遇乐·京口北固亭怀古》中，辛弃疾对于自己不能够参加抗金战斗，报国无门的处境悲愤不已：

"千古江山，英雄无觅孙仲谋处。舞榭歌台，风流总被雨打风吹去。斜阳草树，寻常巷陌，人道寄奴曾住。想当年，金戈铁马，气吞万里如虎。元嘉草草，封狼居胥，赢得仓皇北顾。四十三年，望中犹记，烽火扬州路。可堪回首，佛狸祠下，一片神鸦社鼓。凭谁问：廉颇老矣，尚能饭否？"

虽然满腹心酸，但辛弃疾想要通过武力驱逐金国侵略者，收复故土，解放金占区同胞的理想始终不曾动摇分毫。

嘉泰四年（1204）三月，辛弃疾被派往镇江担任知府。在镇江任上，除了一些地方行政事务外，他将剩余的所有精力都放在了建设一支如同飞虎军那般英勇的军事力量，虽然韩侂胄及其党羽并未将江淮之间的防守等军事职责交付给他。

他制作了一万副铠甲，然后招募一万强壮的兵丁，准备将来御敌之用，同时对沿淮军事进行了周密的部署计划。按照当时南宋朝堂对于地方守令不得久任的惯例，他这个计划显得太过长远。他是那样热切地为国家的命运担忧，想要献出自己的所有力量，报效于它。

开禧元年（1205）五月，在镇江刚刚任满一年的辛弃疾，正冒着当权者的忌讳尽力谋国之时，南宋政府再次将他调离，派往隆兴府担任知府。这样的事情，他早已司空见惯，但仍旧是抑制不住地失望和悲伤。交接工作还未完成，七月初，辛弃疾又被小人以"好色、贪财、淫刑、聚敛"等罪状弹劾。隆兴府知府的任命也被撤回，只给了辛弃疾一个"提举冲佑观"的空职。失望透顶的辛弃疾直接返回了铅山的家中。

开禧二年（1206）春天，南宋朝廷再次起用辛弃疾担任浙东安抚使，此时已经心灰意冷的辛弃疾却辞掉了官职。五月份，宋朝廷下发了正式伐金的诏书。不幸的是，由于军事准备不充分，宋军在战场上取得短暂的胜利后便节节溃败，伤亡、损失巨大。

宋军战败的消息传来时，辛弃疾痛愤不已。他虽然对朝廷失望至极，但始终关注着抗金等国家大事。不久，朝廷再次起用辛弃疾，派他前往江陵府担任知府，同时将他的职名提升为"龙图阁待制"，并让他在赴任之前先到临安面圣。

辛弃疾与宁宗到底谈了些什么，我们无从知晓。但这次会面后，辛弃疾被留在了临安，担任兵部侍郎。在坚信北伐必将胜利时，韩侂胄党羽不愿将这千载功业分于辛弃疾丝毫，在战败需要有人分担罪责时，却又将他招来。这种险恶用心，辛弃疾心知肚明。所以他对兵部侍郎一职再三请辞，终于获得了批准。他离开了这个伤心之地，回到了铅山的家中。连番的打击、失望、奔波，辛弃疾终于病倒了。

南宋开禧三年（1207）秋天，韩侂胄决定再次对金国用兵。这个时候，他又想起了对金国恨之入骨，以抗金为毕生理想的辛弃疾。这是一个可以支撑危局的人才。于是，他任命辛弃疾为枢密院都承旨，命他立即到临安赴任。诏命到达铅山时，辛弃疾已卧床不起，他无奈上书请辞。

辛弃疾的人生始终处于"不断失望，再燃起希望，然后坚定前行"的循环之中。然而这一次，他再也没有能力重燃希望，奋力前行。

这年的九月十日，68岁的辛弃疾大呼三声"杀贼"后，怀着深深的遗憾，含恨离开了这个他依然眷恋、牵挂着的世界。

英雄的遗恨

辛弃疾出生在金国，曾有过与金军交战的峥嵘岁月，一生都将收复中原，解救同胞为最高理想。然而自他率众南归后，始终被南宋朝廷忽视，从不把他放在抗金的前线，使他发挥平生所长，而只是一而再再而三地让他奔波周旋于距离战场很远的地区，担任地方守令之类的职位。他虽然心怀不平和失望，但每到一处，皆尽自己最大的努力履行职责，做出了突出的政绩。

一生不得重用，却又一生勤恳为政，他是随时随地准备建功立业的，可惜南宋朝廷始终没有给他机会。然而他却初心不改，胸中那团热烈的爱国火焰，也不曾因仕途的冷遇而熄灭分毫。一如几十年前，那个英勇果敢的少年，对理想执着无畏，至死不渝。

仕途上处处遭受排挤，以致报国无门，壮志难酬。他只好将满腔热血、信念以及对国家、民族命运的关切和担忧寄于诗词之中。他向往着驰骋疆场，奋勇杀敌的热血人生，却最终无奈地成为"词中之龙"。这是辛弃疾的不幸，也是他的幸运。否则，千百年后的我们，又如何透过他那些或清新文雅或豪迈激昂的词作，了解他英雄的胆识、胸襟和气度，以及背后隐藏着的艰辛曲折，却又始终无怨无悔的爱国心路。

"所不朽者，垂万世名；孰谓公死，凛凛犹生。"这是辛弃疾祭奠朱熹时所说的一句话，用在他自己身上，也再合适不过。在生命落幕之时，回想半生努力皆是徒劳，辛弃疾也许有不甘，有悲愤，但是绝没有后悔。这样的辛弃疾，担得起"英雄"二字，理应被铭刻在英雄的丰碑之上，被后世之人瞻仰膜拜，而不仅仅孤独地活在词坛中。

3. 为岳飞翻案，提拔辛弃疾，死前还在全力伐金，韩侂胄咋成了奸臣？

　　不论在史书中，还是民间文艺作品中，韩侂胄都被塑造成一个"奸臣"的形象，那么，真实的韩侂胄是一个怎样的人呢？

　　韩侂胄一生致力于抗金，他为岳飞翻案，提拔辛弃疾。为了抗金大计，他甚至捐出大半家财，哪怕临死前还在积极筹备抗金事宜。这样一个忠心为国之人，为何成了奸臣呢？

　　岳飞死后，南宋朝堂长期被投降派牢牢把控，投降浪潮始终占据主流。这股投降声浪中有个人显得比较特别，他就是韩侂胄。

　　《射雕英雄传》的前几回中，也出现了韩侂胄的名字。郭啸天和杨铁心对韩侂胄的称呼是"贼宰相""大大的奸臣"，并把他和秦桧等同而论："祸国殃民的本事，跟秦桧是拜把子的兄弟。"

　　除了郭啸天和杨铁心，金国王爷完颜洪烈也对他十分不屑："这次我对韩侂胄全不客气，跟他说，如不在一个月之内缴足岁币，我亲自领兵来取……我人还未离临安府，银子绢匹早已送过江去啦，哈哈！"

　　《射雕英雄传》中刻画的韩侂胄，显然是个得了"恐金"症的深度患者，一个不折不扣的投降派。

　　但历史上的韩侂胄并非如此。

韩家有子初长成

韩侂胄，字节夫，祖籍相州安阳（今属河南），生于绍兴二十一年（1152），是北宋著名贤相、魏国公韩琦的曾孙。他的父亲韩诚娶了宋高宗吴皇后的妹妹，他又娶了吴皇后的侄女，所以他除了是勋贵之后，还是外戚之家。长大后的韩侂胄以荫入官，仕途之路顺风顺水。

绍熙五年（1194），宋孝宗在孤独中凄凉地死去。当时主政的光宗假装有病，拒绝为孝宗服丧，也拒绝参加丧礼。大宋朝向来以孝治国，光宗此举在朝野内外掀起轩然大波。

皇帝不靠谱，发愁的还是臣子。在大家苦劝无果下，宰相留正悲愤不已，装病逃走，朝堂一时乱了套。知枢密院事赵汝愚决定废黜光宗，让太子提前继位。但是，搞政变这种事儿，需要里应外合，天时地利。于是，赵汝愚决定找几个"政变"合伙人。

这个时候有人对他说，只要韩侂胄参与，这场政变便已成功了大半。这个人为何会这般笃定呢？

这是因为，他们这些外臣想要拥立太子继位，需要太皇太后吴氏（宋高宗的皇后）的旨意。而吴太后住在重华宫，宫禁森严，外臣根本无法进入。他们要想往重华宫传递消息，就需要一个可靠的内应。韩侂胄是吴太后的亲外甥，他的夫人又是吴太后的亲侄女，他可谓是吴太后关系最近亲的亲属之一。

但赵汝愚一行人起初最先考虑的是吴太后的两个侄子吴琚和吴环。只是这兄弟二人觉得搞政变风险太高，不愿加入。赵汝愚无奈之下只得另外物色人选，抱着试试看的心态找了韩侂胄。

彼时，韩侂胄正担任知阁门事，这是一个低调的肥差事。韩侂胄身为显赫外戚，只要不出现差池，必然一生富贵无忧。但与一般贵族子弟不同的是，韩侂胄并不满足于此。祖辈的光辉时常在他心中闪耀，他迫切想要建功立业，创造属于自己的传奇。所以面对赵汝愚抛过来的橄榄枝，他毫不犹豫地答应了。

有了韩侂胄的加入，赵汝愚的政变计划很顺利就得到了吴太后的支持。政变成功后，已经半疯癫的宋光宗被赶下了台，宋宁宗继位。而韩侂胄因为拥护之功，从此走上了大宋的政治舞台，如愿以偿地开启了属于他的辉煌时代。

一个"理想"发烧友

韩侂胄担任执政十四年，始终以北伐抗金为己任，坚持不懈、奋斗不息。他直至被害死前，还在苦心孤诣地思索如何与金国做斗争。很显然，抗金，是他毕生的理想和事业。

这一理想早在他的少年时期便已立下。彼时，抗金阵营中的中坚人物，非岳飞莫属。韩侂胄以抗金为己任，自然就对岳飞充满了好感。所以他当政后，干的第一件大事就是为岳飞平反。

孝宗即位之初也曾意气风发，力图恢复中原。为了营造一个抗金的美好氛围，孝宗顶着太上皇赵构的压力，胆战心惊地为岳飞平了反，追复原职。孝宗淳熙六年（1179），又加谥号武穆。但是由于太上皇赵构的种种干涉以及诸多复杂因素，孝宗的抗金雄心最终还是破灭了。朝堂上刚刚刮起的崇岳之风，自然随之灰飞。

韩侂胄掌权后，觉得孝宗为岳飞追封的职位太低，于是将岳飞再次追封为鄂王，给予他极大的哀荣。除了为岳飞加官晋爵外，韩侂胄还为他向秦桧复了仇。但这个时候，秦桧已经死了，怎么办呢？韩侂胄想到了一个好法子。

秦桧死后，宋高宗赵构追封他为"申王"，赐谥号"忠献"。在我国封建社会，皇帝加给死者的谥号和封号，是对其生平的评价，时人一向非常重视。从赵构给秦桧的谥号也可以看出，这是一个不折不扣的美称。

在主战派韩侂胄的眼中，秦桧的这个美称显然有些过于碍眼，于是他果断把秦桧这个赞美性质的谥号和他身上的王爵给一并削除，改为"缪丑"。

但是，他并不打算如此轻松地放过秦桧，亲自号召了一批饱学之士，大肆撰写秦桧的恶迹，公之于众。他自己甚至还不顾身份地大骂秦桧："一日纵敌，遂贻数世之忧；百年为墟，谁任诸人之责！"一时间，朝野内外直呼大快人心。

南宋朝堂，投降派长期把控着话语权，使得主战派势单力薄，毫无存在感。韩侂胄当政后，一扫之前的萎靡气氛，逐步起用主战派，为抗金大业做人才储备。比如，光宗时期被贬的主战派陈自强，被韩侂胄重新起用，擢为知枢密院事兼参知政事，不久拜右丞相，主理军政大事。给事中张岩擢为参知政事，陈贾擢为兵部侍郎等等。值得一提的是，赋闲在家的辛弃疾被他起用，知绍兴府兼浙东安抚使。

辛弃疾闲居的那些年，始终密切关注着金国的动态，时刻准备着为国征战。这次起用使得辛弃疾看到了希望，向韩侂胄说道："敌国必乱必亡，愿属元老大臣预为应变计。"在他的力陈下，韩侂胄更加坚定了伐金的决心和信心。

要打仗，首先需准备的是军粮和士兵。为此，韩侂胄不断地向宁宗上书，要求宁宗下旨"增招战兵"，举荐"将帅边守"，同时筹备各项军用物资，为伐金大业做准备。

他提拔吴猎为户部员外郎，总领湖广、江西、京西的财政收入。吴猎是位颇具才干的能臣。他在任上除了干好自己财物上的分内事以外，还号召荆襄之地的勇士、爱国热血青年积极投军。他把湖南的五十万石米运到襄阳，作为战时储备军粮，还把湖北漕司和三十万石米，分别运到荆、鄂、安、信四个重郡，同时"蓄银帛百万计"，以备犒赏将士，激励士气。

除了这种财物、后勤保障方面的人才，韩侂胄还提拔了一批能征善战的将领，如孟宗政、董达、柴发等人。孟宗政在历史上的知名度不高，但他的儿子孟珙却是南宋少有的杰出军事将领，后来参与了灭金之战，取得了辉煌的战绩，被称为南宋最后的战神。

梦想起航又落了

开禧元年（1205），宁宗加封韩侂胄为平章军国事，掌管帝国所有的军政大权。韩侂胄刚接到诏令便向全军下达了密做行军准备的军令。随后，他又从国库里取出万两黄金充作军需。

第二年四月，殿前副都指挥使郭倪发动渡淮的军事行动。此举标志着，北伐的前哨战正式打响了。南宋各路将领先后夺取了泗州、虹县、新息县、褒信县等地。北伐旗开得胜，形势一片大好。韩侂胄满怀喜悦，请宁宗下诏，正式北伐！

北伐诏书一出，很快传遍宋帝国的每个角落。百姓的热情被点燃了，被金国压制多年的抑郁之气一扫而空。赋闲在家的辛弃疾听到消息十分高兴，作诗表达自己激动的心情："君不见，韩献子，晋将军，赵孤存。千载传忠献，两定策，纪元勋。孙又子，方谈笑，整乾坤。"韩献子，是指韩厥，春秋时晋国人，他曾辅佐景、厉、悼公三代君王，多次参加护国之战，功勋赫赫，是晋国最负盛名的政治家、军事家。辛弃疾把韩侂胄比喻成韩厥再现，显然是给予了他很高的赞美。

不仅是辛弃疾，82岁的陆游听闻伐金诏书，也十分激动，抱病也要写诗讴歌："中原蝗旱胡运衰，王师北伐方传诏。一闻战鼓意气生，犹能为国平燕赵。"这首诗的题目叫《老马行》，题外话是，虽然我已经82岁了，是一匹老马，但还是想奔赴前线，用实际行动表达对国家的赤诚与热爱。

北伐大军在百姓的掌声和期盼中上路了。但可惜的是，由于用人失误，准备不足等复杂原因，这场举国瞩目的希望之战，最终失败了。

失败的消息传回后，南宋朝野上下陷入了一种巨大的悲痛之中。宋宁宗忧惧不已。在他看来，金国无异于一头可怕的老虎。一击不成，这头被激怒的老虎会不会来一场猛烈的反扑？他失去了抗金的信心，也失去了对韩侂胄的信任。

这个时候，朝堂里的投降派已紧锣密鼓地筹划着他们的盛大回归。史弥远勾结宁宗杨皇后，不断地向宁宗进谗言。已对韩侂胄滋生不满的宁宗，便听从了杨皇后的建议，下诏向韩侂胄追责，责备他轻启兵端，随后罢了他的平章军国事职权。与此同时，宁宗又提拔投降派史弥远为同知枢密院事，接着又拜其为右丞相。

南宋朝廷的天又变了。投降派重新抓住了帝国的权柄。短暂雄起的骨气，就这样匆匆消散了。

虽然理想触礁了，但韩侂胄并没有因此而绝望。他仍旧一心扑在抗金战略上，总结失败教训，准备重整旗鼓，起倾国之兵再度北伐。为此，他捐出家财二十万，用以奖励战士。太皇太后吴氏也在他的影响下，捐出私房钱一百万缗，以犒赏将士。

然而，正当韩侂胄紧锣密鼓地调兵遣将，准备再度北伐时，却不知一个天大的阴谋正在隐秘处酝酿着。韩侂胄并不是一个高明的政治家。此时的他还没有意识到自己的末日已然逼近。

杨皇后与史弥远早已秘密勾结，并在金国的示意下，准备将他杀害。

开禧三年（1207），韩侂胄如往常一般入朝参政，路过玉津园时，中军统制夏震突然窜了出来。韩侂胄还没反应过来发生了什么，便已丧命。一代权臣，就这样死在了宫廷的阴谋之中，终年55岁。

嘉定元年（1208）三月，史弥远等投降派按照金人的要求，打开了韩侂胄的棺柩，砍下了他的头颅，放进装满冰块的盒子里，外加一封求和信，千里迢迢地送往金国。

韩侂胄的头颅送达金国后，两国和议达成。南宋再一次向金国跪下，签订了屈辱的"嘉定和议"，由从前的"叔侄之国"变成了更加屈辱的"伯侄之国"。

敌友皆憎的荒诞恶名

按照正常的历史逻辑，这样一心想要收复失地，死前还在力图抗金的韩侂胄，似乎应该放在英雄的祭台上，供后人瞻仰怀念。然而，翻开《宋史·韩侂胄传》就会发现，该篇全文都在围绕着一个中心思想说事儿：韩侂胄一朝得势，就在权欲的驱使下，祸乱朝纲，独断专行，犯下了许多令人不齿的罪行。文中甚至讽刺他只是区区一介外戚："汝外戚也，何可以言功？"

文章还指责他凭借着拥立宋宁宗的功劳而恣意妄为，"时时乘间窃弄威福"；唾骂他常常越俎代庖，背着宁宗私自处理政事，作威作福；揭露他想要"立盖世功名以自固"，但却志大才疏，能力不济，轻率地走上了北伐的道路，给国家和人民带来了深重的灾难。

就连他提拔辛弃疾等主战派名流，也被贴上了"以势力蛊士大夫之心"的阴谋论标签。当时就有许多人对他进行了不留情面的弹劾，如朱熹就曾上奏指责韩侂胄为大奸，彭龟年也请求贬谪韩侂胄。

这些人对韩侂胄进行口诛笔伐，有着各种各样的理由，其因暂且不论。但是，作为为岳飞平反昭雪的大恩人，按理说，韩侂胄应该会得到岳飞后人的一些好感吧？

然而，实际情况却是令人瞠目结舌。岳飞的孙子岳珂，在《桯史》中载了一些有关韩侂胄的滑稽剧，字里行间皆洋溢着一股浓浓的讽刺、奚落之意。可见，岳珂对韩侂胄也是一种批判的态度。

那么，这样一个"以师出屡败悔其前策，输家财二十万以助军"，终生为抗金事业努力不懈的爱国志士，为啥会到了"众恶归焉"的地步呢？

韩侂胄到底得罪了谁？

在我国历史上，绝大多数权臣都擅长钻营，长于洞悉人心，这其实很好理解。一人之下万人之上，他们整日处在权力的风口浪尖之上，稍有不慎便会落下高位。轻则罢官免职，一生抱负毁于一旦。重则银铛入狱，甚至粉身碎骨。

就权势而言，韩侂胄担得起"权臣"二字。但武官出身的他，并不擅长玩弄人心，也不擅长拉拢士大夫。为了排除朝中反对北伐的声浪，他曾贬逐过一批主和派官员，其中就包括理学大师朱熹。为了防止朝中大臣利用道学结朋，宁宗曾于绍熙五年（1194）闰十月，下诏免去朱熹的侍讲一职，还制订颁行过一份包含五十九人姓名的"伪学逆党籍"，赵汝愚、朱熹等人在列。

而韩侂胄是宁宗的坚定支持者，他也斥道学（理学）为伪学。这一举动深深刺痛了程朱门徒的心，韩侂胄因此遭到他们不绝的咒骂。

元代脱脱等人修编《宋史》时，便是以南宋国史为蓝本，特立《道学传》推崇程朱，包庇史弥远，不把他列入《奸臣传》，而是把韩侂胄列入其中，将他与秦桧并列，辱骂他为"奸恶"。

由此可见，得罪了文人，是韩侂胄遭受后世恶名的最主要原因。

客观来讲，韩侂胄在位期间，权力的确重于宰相，但其谋权的根本目的是为北伐扫除障碍。因为他只有掌控帝国的话语权，才能获得北伐的指挥权。他有专权之嫌，最多也只算是权臣，无论如何也算不上奸臣。他与史弥远后来在理宗朝的专擅僭越相比，简直是天壤之别。《宋史》把他列为奸臣，实在有失公允。

历史很复杂，根本原因在于人性的复杂。韩侂胄正是因为力排众议，一心北伐抗金，才遭到投降派的疯狂报复，惨死在铁锤之下，他死后头颅还被送往金国，成为投降派献媚的礼物。

历史的真相终会逐渐浮现。越来越多的人意识到，韩侂胄是一位被冤枉的忠臣。史学家范文澜就将韩侂胄视为南宋名相。史学家蔡美彪在《中国通史》中更是指出，将韩侂胄视为奸臣，是"被歪曲了的历史"。

第五章

造极之世，宋帝国的文明密码

1. 回到宋朝，怎么在开封开一家酒楼？

在现代社会开一家酒楼的步骤是，选门面、装修、到工商局注册、招聘店员，打广告等。那么，在宋朝开一家酒楼需要哪些步骤呢？大宋的"工商局"在哪里呢？

现代租门面房，房东一般都会给一个月的免费装修期，那么，宋朝的房东给不给免费的装修期呢？他们装修酒楼有什么忌讳与门道儿呢？

在现代社会，一家酒楼的生意兴隆与否，很多时候取决于厨师做的菜品是否可口，服务员的地位似乎没那么高。但在宋朝，服务员的重要性甚至比厨师还要高，这是为什么呢？

宋人极其爱酒，甚至连女子也喜欢这杯中之物。故而，宋代的酒店业十分发达。这从《清明上河图》中随处可见的酒楼和酒旗也可看出。

据《东京梦华录》记载，开封城内："在京正店七十二户，此外不能遍数，其余皆谓之脚店。"在这七十二户正店中，最大、最豪华的当属白矾楼，又称矾楼。南宋周密在《齐东野语》中称白矾楼："乃京师酒肆之甲，饮徒常千余人。"可以接待一千多名客人，这样的规模，就算放在现代社会，也是相当豪华了。而且，矾楼还是开封城最高的建筑，登上顶层，甚至可以"下视禁中"，窥见皇宫中的景象。在宋代，不仅是开封、临安这种大都市中酒楼遍布，就连乡村，也有卖酒的商铺。如宋诗中"处处村旗有浊醪"，便是这一景况的真实反映。

显然，开酒楼，在宋代是一项发家致富的生财之路，尤其是在酒量消费惊人的都城开封。那么，如何开一家生意兴隆的酒楼呢？事实上，其流程与现代社会基本上大同小异。

【开封市仿建《清明上河图》中的"孙羊正店"】

正店、脚店还是拍户？

开店之前，首先要明确的是，要开一个什么性质的酒楼：正店、脚店还是拍户。这三者的根本区别不在于店面的大小，而在于是否具有酿酒权。

·正店

宋朝和前朝一样，对于酒水实行国家垄断的专卖制。但是为了征税和管理的便利，它对一部分酒店放开了酿酒权。只是这些酒店酿酒用的酒曲必须从官府购买。这样的店就叫正店，它酿造的酒既可以卖给下面的脚店，又可以自己零售，具有比较大的自主权。

正店购买官曲的机构是司农寺的都曲院。都曲院位于开封城曲院街的敦义坊内，主要掌管酿酒产业链中的造曲事宜。都曲院每年磨小麦 4 万石，1 斗麦约可造 6.4 斤官曲，每斤曲价格定为 155 文。这样，宋官府就可以通过卖给正店多少曲，来判断这户正店的营业额，从而收取相应的利税。

如开封最大的正店矾楼，每年可购买官曲5万斤。据统计，开封城内的七十几家正店，造酒用米共30万石，均用官曲来造，这将产生极大的利润。

·脚店

脚店不具备酿酒权。它卖的酒水只能是从所属的获得官方酿酒权的正店进货。与正店相比，开一家脚店的成本要低上许多，只需每年向正店交一些加盟费就可以了。对于规模较小的脚店，甚至连加盟费都不用交，只要保证从正店进货就行，相当于正店的"经销商"。

·拍户

拍户和脚店同样不具备酿酒权，这两者的区别在于酒水的进货渠道。其中脚店的酒水批发来自其所属的正店，而拍户的进货渠道则是国营酒厂。但宋朝的国营酒厂大多建在州县，位于都城开封府的数量很少，所以开封府的拍户很少。

通过上面的分析，可以清晰地看出，在资金充裕的情况下，还是开一家正店更合适。一方面可以自己掌握酿酒的自主权，另一方面，可以招收加盟店——脚店，更容易打开市场，赚取更大的利润。

【《清明上河图》中的孙羊正店】

门面房，怎么租？

明确了要开一家正店后，接下来就要准备租赁门面房了。宋代的房屋租赁主要分为官营公房出租和民营房出租两种情况。那么，是租官房好，还是租民房好呢？

·官房还是民房？

1）官营公房出租又分为直管房出租和自管房出租。

大宋朝廷为了增加财政收入，将掌握的大量房源向民间出租，为此专门设立了管理官房租赁的政府机构——店宅务。这类由店宅务直接管辖的房屋，叫"直管房"。

"自管房"是指国家一些部门管理经营的房屋，如学校、部队等，它们收取的房钱留为自己部门的财产，不纳入国家财政收入。

2）所谓民营房出租，顾名思义，就是民间普通百姓、商贾，以及官僚等社会群体，以个人名义出租自家房屋的情况。

除了房源不同，租官房实际上比租民房要更为合适。因为宋代法律规定，房屋出租者需要承担维护房屋治安的责任。所以，由官府直接管辖的官租房显然在房屋的保障方面更为有力。

·房屋中介

由宋代法律"人户交易，当先凭牙家"这一条例可以看出，在宋代租房，除了出租者和承租者，还须要"中介"的参与。这里的"中介"在宋代被称为牙人，而专门从事出租或买卖邸店的牙人，又叫"庄宅行人"。他们实际上是宋代房地产行业的职业经纪人，通过交易收取相应的佣金。

·租房合同

在宋代，无论是商业、农业还是服务等行业，契约关系都是一种非常重要的社会关系。《宋刑统》记载："诸公私以财物出举者，任依私契，官不为理。"房屋租赁行业自然也不例外。

大中祥符六年（1013年），大宋朝廷关于租赁舍屋明文规定："人给印历、坐地分、舍屋间椽、地段钱数、分月掠、日掠数，立限送纳。"

从这项规定可以看出，租赁契约需包括：房屋所在位置、房屋间数、房屋租金等信息。

　　租房时，必须看清楚契约上的相关数据是否正确，然后再签订。关键时刻，这张契约合同可以作为一种凭证，必须要好好保管。

　　绍圣三年（1096年），苏辙被谪雷州时，由于当地官府不允他居住在官舍，他只得租赁民房居住。这时，其政敌章惇以他"强夺民居"为由，上书将他"下州追民究治，以僦券甚明，乃已"。

　　苏辙拿出了证据"僦券"，也就是"租赁契约"，证明自己并未强夺民居，这才免于被章惇陷害。

【《清明上河图》中繁华的商业贸易】

酒楼装修门道儿多

　　租完门面房后，接着就要进行装修了。根据宋代法律"假每人户赁屋，免五日为修移之限，以第六日起掠"可以得知，房屋出租者给了承租者五天的时间用来搬迁和安顿。这五天时间是不收租金的。五天之后，开始正常收取租金，所以要尽快进行相关装修事宜，毕竟耽搁一天，就相当于损失了一天的房租。

· 户外装修

《清明上河图》中的小酒馆外通常挂着一张酒旗，上面或写着一个大大的"酒"字，或写着酒馆名。而大的酒楼，如"孙羊正店"的外面则扎着一个三层高的豪华门楼，门楼前面放着一排类似栏杆的东西。这种彩色的门楼，叫作"欢门"，栏杆叫"拒马杈子"。

"彩楼欢门"是宋代酒楼户外装修最常见的一种形式。据《东京梦华录》记载："凡京师酒店，门首皆缚彩楼欢门。"

彩楼欢门是用铁丝做骨架，辅以竹子、木材，扎出一个楼状的棚架，上面缠上鲜艳的彩带、布帛、金箔等材料，营造出一幅极其喜庆的景象。门楼的中间留出门洞，供客人进出往来。根据节令的变化，还可以对欢门的装饰做出相应的变通和创新。如九月九重阳日，欢门就可以遍插菊花，以应节令。

"欢门"前摆放的"拒马杈子"，作用类似于栏杆。主要为了防止街上马车乱窜，闯入酒楼里，惊扰了里面就餐的顾客。到了晚上打烊的时间，为了防止它们留在街上阻碍行人夜行，需要把这些"拒马杈子"拆开，抬到店里，到了清晨开业时，再抬出来。

此外，宋代酒楼门口一般喜欢挂上红灯笼，尤其是节日期间，开封城内的酒楼几乎家家都会挂上。与今天我们常见的"南瓜"形灯笼不同的是，宋代酒楼门口悬挂的灯笼又长又圆，整体呈倒卵形，下尖上宽，看起来像是"栀子果"，故而又称"栀子灯"。

挂灯笼可以，但是必须注意的是，灯笼上面不能盖上盖子。这是因为在宋代带盖子的栀子灯，是"色情服务"的隐语。如果在酒楼门口的栀子灯上加盖，则意味着：本酒楼提供色情服务。

· 室内装修

一个独特而豪华的门楼装修是吸引顾客的第一步，故而非常重要。舒适的室内用餐环境能够给予顾客更好的用餐体验，所以，酒楼内部的装修也不可含糊。

宋人好风雅，店内一般喜欢营造一种浓郁的文化氛围，如在店内张贴名人字画。《东京梦华录》中记载:"巷口宋家生药铺,铺中两壁皆李成所画山水。"这不仅可以迎合顾客追慕风雅的心理,同时还能彰显店主人的文化品位。除了悬挂字画外,还可以在室内摆放时令的鲜花、松木等植物,营造出一种清雅的自然气息。

《梦粱录·茶肆》中便有相关记载:"汴京熟食店,张挂名画,所以勾引观者,留连食客。今杭城茶肆亦如之,插四时花,挂名人画,装点店面。今之茶肆,列花架,安顿奇松异桧等物于其上,装饰店面。"

到大宋"工商局"注册

门面租好了,装修也完成了,接下来有一项非常重要的事情需要尽快落实,那就是到商税院注册。开封城内管理商税的政府机构是位于义和坊的都商税院,"掌京城商贾、廊店、市收"。

该机构相当于现代社会的工商局,北宋在东京开封、西京洛阳、南京应天府、北京大名府都置有都商税院,管理当地商税;同时,在经济繁荣的州府,也设有都税务或商税务、商税院等机构。因为宋朝对偷税漏税的惩罚非常严厉,所以一定要注意按时定期交税,并且要保存交税的相关收据,严防被诬告。

到民间"行会"注册报到

宋代商业的繁荣,导致其民间商业协会特别多。干一行都要加入那一行的协会,开酒楼自然也得加入相应的协会——"酒行"和"食饭行"。其中,"酒行"是酒水行业的协会,想要开酒坊和开酒楼的商家,以及挑着担子走街串巷卖酒的小摊贩,都要加入该协会。"食饭行",顾名思义,是卖饭行业的协会。那些街上卖早点、夜市卖小吃、开酒楼、开饭店,以及武大郎那样挑着摊子沿街卖炊饼的,都需要加入该协会。

因为酒楼虽然主要卖酒,但其实也兼卖食物,所以既属于酒行,也属于食饭行。为了保证酒楼的顺利开张，以及后续发展，最好是两个行会都加入比较好。因为加入行会后，有许多好处可以享受。

1）行会的首脑人物——"行老"会把开酒楼的要点、规矩，以及需要避开的风险向你讲授一遍。当官府下达了一些新的饮食政策时，行会也会及时向你传达。

2）有些需要与官府交涉的事宜，可由行会行老代办。这样就可以避免与官府接触的麻烦。

3）有些生意的洽谈，也不需要本人出面，可由行老负责，并保障价格的公道合理。

4）开酒楼自然需要雇佣服务人员，而市场上鱼龙混杂，容易出岔子。这个时候，便可以委托行老代为雇佣可靠的小厮，省去了很多心力。

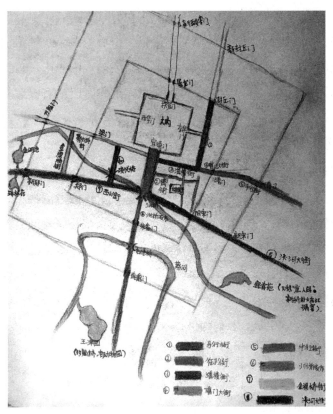

【宋代商业街市手绘图】

怎么雇佣店员？

前期准备事宜都做完了，接下来就要雇佣店员等着开张了。要想生意好，店员其实十分关键。

·报菜小厮

现代社会的酒楼或者饭店，一个好的厨师直接决定了饭菜的口味，是影响酒楼生意最为关键的因素之一。但是在宋代，除了厨师外，还有一种十分重要的"店员"，甚至比厨师还要重要。他们就是报菜小厮。

这里的报菜小厮，与现代社会的报菜服务员完全不同，因为他们是以说唱的方式报菜。如《东京梦华录》中记载："行菜得之，近局次立，从头唱念，报与局内。"

宋代的酒楼里也有菜谱，但店里每天主打什么菜，全靠这些报菜小厮脑力记住，然后"唱"出来。顾客在店里坐下后，报菜小厮上前服务，记下他们点的菜名，然后走到厨房，将那些菜名高声唱出来。这样小厮一方面向厨师下了菜单，另一方面还可以让点菜的顾客听清有没有报错他们点的菜。

·美少女伴坐

现代社会的某些酒店，为了吸引顾客，会雇佣一些年轻貌美的少女担任服务员。这其中妙处，宋人也早已领会。在宋代的大酒楼里，有许多美丽的歌姬伴坐陪酒："向晚灯烛荧煌，上下相照，浓妆妓女数百，聚于主廊檐面上，以待酒客呼唤，望之宛若神仙。"

而那些小酒肆中，"又有下等妓女，不呼自来筵前歌唱，临时以些小钱物赠之而去，谓之'札客'，亦谓之'打酒坐'。"

看起来，这些歌姬类似于现代社会的"三陪小姐"。但这是一种误解，因为这里的歌姬，基本上都是卖艺不卖身的，她们只卖唱陪酒，赚取酬劳。

·外卖小厮：

《清明上河图》画了一个不知正往谁家送外卖的小厮。这说明，在宋代，已出现了外卖行业。

开封府的餐饮业极其繁荣，"处处拥门，各有茶坊酒店，勾肆饮食。市井经纪之家，往往只于市店旋买饮食，不置家蔬"。

南宋临安城也如出一辙，"处处各有茶坊、酒肆、面店、果……油酱、食米、下饭鱼肉、鲞腊等铺。盖经纪市井之家往往多于店舍，旋买见成饮食，此为快便耳"。

这两段记载说明，与现代都市类似，宋代都城里的人们并不常在家做饭，要么是出门去酒楼、饭馆吃饭，要么叫买卖到家里食用。

外卖行情如此之好，那么雇佣几个伶俐的外卖小厮就显得尤为必要。

【《清明上河图》中的外卖小厮】

宋朝的广告怎么打？

要想在开封城激烈的酒楼业竞争中脱颖而出，必须要注意广告的宣传作用，以此更多地招徕客源。那么宋代酒楼如何做广告呢？

·巧设招牌

《清明上河图》中出现了许多使用招牌的商铺，如酒楼行业的"孙羊正店""十千脚店"，旅馆行业的"久住王员外家"，医药行业的"赵太丞家""杨家应症"，香料行业的"刘家上色沉檀拣香"，布帛业的"王家罗匹帛铺"等。

这类具有"广告效应"的招牌在《东京梦华录》和《梦粱录》等典籍中也有许多记载。很多店铺多以姓氏冠名，并将经营内容写入招牌，如"钱家干果铺""王楼山洞梅花包子""李家香铺""曹婆婆肉饼""李四分茶"等。

· 制作幌子

在宋代酒楼业中，采用幌子进行广告宣传十分普遍。与招牌相比，幌子不仅包含了店名、经营范围，同时还包含商品特色，以及供给等信息。

如小说《水浒传》中，景阳冈的一家酒肆门外就置有一面"三碗不过冈"的幌子。这面幌子将该酒肆的经营对象、酒水的品质皆包含在其中。

酒幌子还有一个作用，如北宋每逢中秋佳节，酒楼制作了新酒后，若到了午未时分，新酒卖完了，店家便会"拽下幌子"，用这种方法告诉顾客，新酒已卖完的消息。

· 印刷"小广告"

现代社会中，我们常常可以看见公交站牌或者是人流较多的地方张贴的"小广告"。其实这种"小广告"早在宋代已经出现。

宋代活字印刷术的发明，给商贾们在广告宣传上提供了极大的便利。他们通过印刷广告，大量复制，广为张贴或者散发，对自家店铺进行大肆宣传，以提高店铺的知名度。

通过以上分析可以看出，在宋代开一家酒楼，与现代社会并没有什么本质的区别。这充分说明，在一千多年前的宋代，已现出现代商业文明的雏形。宋代被许多学者称为一个伟大的朝代，从这个角度来看，它确实当之无愧。

2. 没有辣椒的宋代人，怎么吃辣火锅？

现代人喜欢吃火锅，很多人以为火锅是现代文明的产物。实际上，火锅在宋朝便已诞生了。而且，宋人将风雅与浪漫贯彻到生活的方方面面，还给了它一个充满诗意的美丽名字——"拨霞供"。

明代后期，辣椒才从美洲传入中国，在此之前，中国大地上是没有辣椒的。那么宋人若想吃辣味儿的火锅，能不能实现呢？他们有哪些辣椒的替代品？

许多人不知道，远在宋代，火锅便诞生了。只不过，那个时候不叫这个名字。林洪在其著作《山家清供》中记载了这么一件事。

有一年，他到武夷山六曲游玩，前去拜访朋友止止师。当时，恰好下了大雪。他们在雪地猎到了一只兔子，但由于当时没有厨师在场，无法按照常法烹饪。怎么才能在简陋的环境里做出美味的食物呢？几个人都有点儿犯愁。这时，止止师说："山里吃兔子的方法是：把兔肉切成很薄的薄片，用酒、酱、椒腌一下。把风炉放到桌子上，用少半锅水，把水烧开一滚后，每个人拿着筷子，自己夹肉放到滚水里，摆动涮熟了吃。吃的时候，随着自己的口味，蘸调味汁吃。"于是，林洪等人就照着止止师的这个法子涮兔肉来吃。几人围坐在桌前，于风雪之中吃得热气腾腾，食物温暖了肠胃，也温暖了记忆。

【辽张世卿墓壁画局部，图中侍童正在使用风炉烧制烹茶之水】

解释：风炉形状像一尊小古鼎，在三足之间有三个孔，底下有一个孔，作通风和漏灰之用。材质通常有铜、陶、瓷等。风炉盛行于唐宋时期，多用于饮茶煮水，也可用于烹制食物。图中风炉坐在一个莲花型底座上，遮去了炉足。

这件事过去五六年后，林洪来到京城，又在工部郎杨泳斋的席上瞧见了这种吃法。于是，记忆深处那个雪天与止止师等好友围炉涮兔肉的情景再次浮现在脑海中，历历在目，恍如昨昔。

锅中有诗意

在《山家清供》中，这道菜名叫"拨霞供"。这是一个无比富有诗情画意的名字，颇有些阳春白雪的意蕴，与我们今天的火锅看起来隔着十万八千里。

但我们从拨霞供的吃法可以看出来，这实际上就是我们现代火锅的雏形。除了今人很少会涮兔肉外，其他的几乎没有什么区别。把肉切成薄片，把锅放到桌子上，水烧开了之后涮肉，然后根据自己的口味蘸取调料来吃，温馨又热闹。

在今天，火锅有清汤和麻辣等多种口味，其中最盛行的必然是辣味的。而辣味的主要调料是辣椒。然而，明代后期，辣椒才从美洲传入中国。也就是说，宋朝人的餐桌上是没有辣椒的。

那么，这是不是说，宋人吃不到辣火锅呢？

宋朝人的辣味来源

实际上，宋人若真想吃，是可以吃到的。因为宋代虽然没有辣椒，却有许多辣椒的替代品，比如芥菜。

《吴氏中馈录》中便记载了一则芥辣瓜儿的食谱，做法是这样的："二年陈芥子，碾细，水调，纳实碗内，韧纸封固。沸汤三、五次泡出黄水，覆冷地上。倾后有气，入淡醋解开，布滤去渣。"意思是，把两年的陈芥子，研细后放到碗里，然后用水调和，再用细纱过滤掉杂质，加上醋调味，做成芥末酱。然后用这个芥末酱来腌黄瓜。

这道菜是不是很熟悉？在我们今天的餐桌上，这叫芥末黄瓜，吃起来很辣，很清新，也很爽口。

芥菜与白菜有点相似，在我国各地均有栽培。在南方，春秋两季种，北方以秋季播为佳。可分叶用芥菜、茎用芥菜和根用芥菜三类。由于芥菜味辣，故又得名辣菜。尤其腌制后，有种特殊的鲜味与香味。它的种子可榨油或做芥辣粉，是我国古人餐桌上常常出现的调味品。

芥菜在我国的栽培与食用都很早。《礼记》有这么一句记载："鱼脍芥酱"。这里是说，吃鱼脍必须以芥酱作配料。据林剑鸣考证，

秦汉时期，芥菜已成为当时蔬菜的主要品种之一。

北魏农学家贾思勰在其著作《齐氏要术》中介绍葵、菘、芜菁和蜀芥的腌制方法时说："收菜时就预先把好菜挑拣出来，用蒲草或菜叶捆成把。另外要做些较咸的盐水，把菜洗完就放在瓮中。如果用淡水洗干，腌菜易烂。洗过菜的盐水，澄清之后倒进菜瓮里，把菜浸没即可，不必搅和。"

南朝梁代医学家陶弘景在《别录》中介绍芥菜时说："芬似菘（白菜）面有毛，味辣，可生食及作蒲。南方多芥，种类殊伙。"

切肉的刀

料理肉食的案板

【北宋砖雕画拓片上的《厨娘斫脍图》局部，出土于河南偃师流沟宋墓，现藏于国家博物馆。】

解释：斫脍，就是将鱼或者肉按照纹理切成片状。图中是北宋厨娘料理鱼肉的场景。林洪"拨霞供"的吃法中，将兔肉切成很薄的薄片，做法应如图所示。

唐宋以后，芥菜的种植栽培更加普遍，其种类也相应增多，有白芥、旋芥、南芥、北芥等。南方、北方均有种植。

古人也毫不掩饰对芥菜的喜爱。白居易在诗中赞美芥菜："水陆鲜肥沃，鱼脍芥酱调。"

《尔雅翼》卷七《芥》声称："有紫芥，茎叶皆紫，作童食之最美。"

芥辣用来调味这一方法，在川菜中得到继承与发扬。据《川菜烹饪事典》记载：四川人把调味分了20余型，其中芥末味型是川菜常用味型之一，其特点是咸鲜酸香，芥末冲辣，主要由芥末、盐、醋、酱油、味精、香油调制而成。如芥末拌鸡、芥末海参、芥末嫩肚丝、芥末鱼肚，芥末鸭掌等都属芥辣味型菜肴。

宋代的菜系主要有三种：南食、北食、川饭。这里的川饭，便是如今川菜菜系的雏形。虽然宋代没有辣椒，但川饭依然很辣，也同样突出其中的麻辣，这主要归功于胡椒和姜末、芥菜等。

在我国古老的土地上，生长了许许多多的天然调料，其中能够提供辣味的食材也有许多种。除了芥末外，还有葱、姜、蒜、胡椒、辣蓼、茱萸、韭菜以及芥菜疙瘩等。

宋代人常吃的辣味有两种，除了上述的芥辣，还有一种是姜辣。比如，北宋初年，宋太宗赵光义问了大臣苏易简这么一个问题："食品称珍，何物为最？"

啥东西最好吃？这个问题有点难，毕竟每个人的口味不同。于是，苏易简想了想，就按自己的口味回答了："把姜、蒜、韭菜切碎，捣成泥，兑上水，然后加上胡椒、盐调和，这就是无上的美味。"

苏易简口中的"无上美味"，听起来就一股子扑面而来的"辣味"。需要注意的是，他是四川人。这样看，就不奇怪了。所以说，如果宋人想要吃辣火锅，理论上是可以实现的。

有人喜欢吃辣，自然也有人厌恶。比如美食家林洪就不喜欢辣，尤其不喜欢川椒的辣，这里的川椒是花椒的一种，口感麻辣，类似于今天我们调料中的"麻椒"。

林洪是福建人，他追求食物的真味儿，认为川菜"如新法川炒等制，山家不屑为，恐非真味也"。在他看来，四川人用麻椒腌制鸡块，味道麻辣，使得鸡块失去了本来的真味儿，是不可取的做法。

3. 寺庙也有"黑名单"？细说宋代和尚出家那些事儿

在古代当和尚，绝对不是一般人以为的那样简单。首先，寺庙一年只有两次固定的"招生机会"，一旦错过了时间免谈。其次，当和尚也需要各种费用，没钱是当不了和尚的。

为了吸收新生员，寺庙会贴出和尚招生简章，简章是啥样儿的呢？

哪类人不能当和尚呢？和尚的"资格审查"其实很严格。

佛家为何要执着于剃头呢？剃头之前为啥还要感谢皇帝？

传戒、剃度以及和尚的"身份证"等等，都有着一套非常复杂的程序。你会发现影视剧中那些"出家自由"的设定，存在多么大的误区。比如《新白娘子传奇》中的法海和尚，头上是不应该有烧香疤的，因为宋代还没有这一习俗。

国内的影视剧在设计"出家当和尚"的剧情时，似乎陷入了一个误区：当事人大彻大悟后决定出家为僧，剃完头，然后就算是佛门弟子了。实际上，在古代当和尚，不是剃个光头就完事了，它有着一套非常严格的程序，远没有影视剧中演绎得那么"佛系"。

寺庙的"招生简章"

小说《水浒传》中，鲁智深打死恶霸郑屠夫之后，开始了他的亡命之旅。后经过赵员外的帮助，鲁智深来到五台山文殊寺出家为僧，以此避祸。

鲁智深出家的日期，是由文殊寺里的长老"临时且随意"地决定的。从历史角度来看，这一细节是不恰当的。因为大多数寺院一年只有固定的两次"招生机会"：春季一次，冬季一次。

在传戒——"招生"之前，为了吸收新生源，寺院都会提前几个月发出告文，上面会写着寺庙的名字，需要准备的东西，以及传戒的日期等等。

这种类似于"招生简章"的告文，格式大致如下：

本寺谨择 × 月 × 日，开新戒堂，传授千佛大戒。凡欲求戒者，预备三衣、钵具、经律等，宜早来山，进堂演习律仪，毋使临期仓促。特此预闻。

×× 寺监院某甲告白

为了扩大招生范围和寺庙影响力，同时也避免那些想出家当和尚的人误了受戒日期，有些寺院会把"招生简章"大量印发，贴到街头巷尾，作为宣传。

寺庙也有招生"黑名单"

鲁智深打死了郑屠夫，被迫之下才当了和尚。这里传递着一个信息：鲁智深想当和尚，就当上了。他与佛门之间的内在关系是，他选择了佛门。

从真实的历史角度来看，鲁智深是不能出家当和尚的，至少在当时那个情况下，是不能出的。因为他身上背负着人命官司，是戴罪之身。这类人被寺庙列入了和尚招生的"黑名单"。

佛法的口号是普度众生。理论上，除了地狱中的恶鬼，因作恶太多，需要终日受苦以抵消尘世罪孽，无暇皈依佛门外，其余人等，只要想入佛门，都可以达成。

也就是说：不论是好人还是坏人，都可以出家当和尚。这样，就会造成寺院鱼龙混杂的局面，产生诸多隐患和问题。比如电影《少林寺》中，便因寺庙中心怀不轨的和尚使坏，使得主人公和少林寺险些遭受灭顶之灾。

为了规范寺院和尚们的行为，提高整体素质，寺院在实际"招生"过程中，便设定了相关限制，于是便有了寺庙招生"黑名单"。"黑名单"中主要有四类人。

·生活不能自理者

年龄小于七岁者，不收。

年龄大于七岁，但身有残疾者，不收。

年龄超过了七十岁的"老弱"，不收。

小于七岁的幼童，大于七岁的残疾人士，年龄超过七十岁的老者，这三类人在生活上都不能自理，会给寺庙造成负担，所以这类生源不受寺庙欢迎，被列进了招生"黑名单"。

·罪犯

国内许多影视剧和小说中，罪犯逃亡，会选择到寺院里避祸。比如《水浒传》中的鲁智深，杀了郑屠夫，身上背了人命官司，为了避祸，跑到了五台山文殊寺出家为僧。

但实际情况是，寺院是拒绝收这些人的。这很好理解，犯了法，要受到法律的制裁。如果寺院收留这些人，基本上等同于"包庇"，是在和国家政权作对。

·奴婢

在封建社会中，奴婢是没有人身自由的，所以想要当和尚，他们必须首先取得主人的允许。如果主人不同意，寺院是不会收的。

·负有债务者

欠了人家的钱不还，跑到寺庙去当和尚，以此来逃避还债。这种行为，在哪个时代都是可耻的。寺院对这类人也是坚决拒绝的态度。毕竟，如果收了这类人，债主上门逼债，实在有扰佛门清净。

综上分析可知：虽然佛法普度众生，但"众生"前面也是有定语限制的。也就是说，和尚不是想当就能当的，至少"黑名单"里面的那些人，是没希望了。

没钱当不了和尚？

影视剧中，出家当和尚似乎只要当事人看破红尘，哪怕他是个乞丐，也能成功当上和尚。实际上，身无分文，是当不了和尚的。

·服装费

当和尚前，需要自己准备一套寺院"常服"：袈裟、僧衣、僧帽、僧鞋等。一般情况下，这套衣服是由寺院统一定做的，出家人需要提前付钱给寺院。

·攒单银

除了服装费，还有灯烛、香花费用，以及受戒完毕后，制作戒牒的成本费等。所以，还需要向寺院交付一定数额的戒金，也就是民间俗称的"攒单银"。

如果实在太穷了，付不起这个钱，但是又非常想出家当和尚，怎么办？

方法大致有两个：

（1）提前到寺院当"免费劳力"

寺院有规定，在寺院里做过杂役后，"攒单银"可以免去一半。虽然只是减少一半，但也减少了不少经济压力。

（2）请人帮忙

实在拿不出来钱，又不想去寺院当免费劳力，怎么办？只能厚着脸皮求人出资赞助了。比如，在《水浒传》中，鲁智深的这套和尚服饰装备便是由赵员外帮他在寺院里定做的。

不在寺院"招生黑名单"中，又有钱交纳服装费和攒单银。那么，接下来的事情，就是坐等寺院传戒日期到来了。

策划一场传戒"活动"

《水浒中》中，到了给鲁智深传戒那天，文殊寺里的六百多号和尚集体出动，每个人都穿戴整齐，来到法堂集合，合掌行礼。寺庙里梵钟长鸣，鼓声相应，深具佛意。

寺庙举办一场传戒仪式，如同现代社会举办一场大型活动。只不过，与活动的欢乐氛围不同的是，传戒仪式是庄重而神圣的。

因为传戒日期已定，那么对于这场传戒活动而言，接下来首先要做的事便是：选场地。

· 选场地

寺院用来传戒的戒场，一般选在寺院的大殿、法堂或者僧堂。也可以选在户外，露天举行。但是，需要注意的是，如果选在户外，为了显示佛门神圣，需要把戒场四周设立标示，挂幡，同时在地面上喷洒香水。

· 布置现场

现代社会举办一场活动，需要提前摆好桌椅，放上酒水等。同样，传戒现场也需要布置一番。香案擦拭干净后，要摆好香烛、香花、法器等器物，同时安排好传戒师和受戒人的座位。

·剃度

由于影视剧的展示，大家对和尚的剃头场景都很熟悉。佛家为啥要执着于"剃头"这件事呢?

原因主要有两个:

（1）身体发肤受之父母，头发之于古人，是无比重要的一部分。所谓三千烦恼丝，潜在地说明了头发与尘缘的某种意象联系。所以剃发，也即意味着与尘世一刀两断，从此遁入空门。

（2）和尚没头发，这是与普通人在外形上最直观的区别，是身份的显著标志。

所以，佛家十分重视剃度这一环节。

"剃头"的步骤与程序

对于佛门来说，剃度环节尤为重要，相应地，剃度仪式就会十分庄重严肃，有着一套复杂严格的程序。

·首先，要集体感谢皇帝

当和尚，与皇帝有啥关系?

用现代的眼光来看，当然是没啥关系。但在"君君臣臣父父子子"的封建社会，就有关系了。在尘世，是受君主管辖统治，而出家，也就是"出尘世"，相当于"不再受帝王管辖，转由佛祖门下"。当然，这只是理论上的"不再受帝王管辖"。而这种"出世"，相当于君主对臣民的恩赐。所以出家人要感谢皇帝的恩赐。

感谢仪式，也是很有讲究的。传戒大师率领着寺院里的众僧人，和要出家的人，一起面北而立。

接着，传戒大师，说出一段"感谢词"：

皇帝万岁臣佐千秋，天下太平法轮常转。伽蓝土地增益威光，护法护人无诸难事。十方施主福慧庄严，合道场人身心安乐。师长父母道业趋隆，剃头沙弥修行无障。三途八难咸脱苦轮，九有四生俱等觉岸。"

读完后，在场所有人一起念出佛号。

然后，新出家人也附和着念一段话：

大德一心念：我某甲今请大德为剃头受戒……愿大德为我作剃头受戒……我依大德故，得剃头受戒，慈愍故。"

念完后，由传戒大师领着走出堂外，面北拜三次，是以谢辞君王；然后再拜三次，辞谢父母。这六拜，意味着将从此脱离红尘，一心向佛。

拜完后，新出家人要换上提前定做好的和尚服，向传戒大师行跪拜礼。传戒大师手里拿着净瓶，用手指蘸三滴水，滴到新出家人头上。

· 接下来，正式开始剃头

此"剃头"并非今天的"剃光头"。虽然剃完后看着都是光头。其根本区别在于剃头的方式上：和尚的"剃头"是需要剃刀从下面旋着剃上去的。

听起来挺难办的，实际操作方法是这样的：在剃度之前，先要把头顶的头发绾成一个髻，然后用剃刀从下往上旋着剃。等剃到只剩下那个髻时，传戒大师要重新拿起净瓶，念三遍佛语。传戒大师念一句，在场的僧人附和一声。念完后，传戒大师会向你再次确定，是否要出家："我已为你削除头发，惟有顶髻犹存，你可最后慎重考虑再下决心。如不能忘身进道，忍苦修行，少发犹存，仍与俗侣相同，放你归家，尚不为晚。"

其实这不过是一种程序，毕竟头发剃得就剩下一个小髻了，再后悔也晚了。所以，新出家人会回答："决志出家，后无悔退。"

然后，传戒大师就把新出家人领到他今后的师傅面前，由他把最后一个小髻剃掉。至此，头就彻底剃光了。

光头上的风景

寺院的传戒主要分为居士戒、沙弥戒、比丘戒、菩萨戒四种。其中，居士戒是在家修行的那类僧人进行的传戒仪式。也就是说，即便是在家修行的僧人，也需要到寺庙里进行传戒，而传戒仪式就是"居士戒"。

除了在家修行的僧人外，其余都要"三坛同受"：初坛传沙弥戒、二坛传比丘戒、三坛传菩萨戒。需要注意的是，从初坛传戒到二坛传戒，修行层次上高了一个级别。但是，三坛传戒不等于"其修为层次"高于前两者。

在家修行的僧人，和剃度的僧人，都可以进行三坛传戒仪式。它与初坛、二坛传戒有一个很重要的区别：烧香疤。

当三坛传戒仪式开始后，由传戒大师在新出家人头顶上燃香，燃香的地方就留下了疤痕，且从此不长头发。三坛传戒烧香疤的习俗，是元世祖忽必烈时期才开始的。最初在头上烫疤，用意是以皮肉之苦向佛祖表示虔诚。后来成为一种习俗逐渐在民间风行。

1983 年 12 月，中国佛教协会以"烧香疤"有损健康，且并非原有佛教教规，提出废止"烧香疤"这一反人道的习俗。所以，现在的和尚，头上便没有香疤了。

通过这一分析，其实也可以看出，很多影视剧都存在谬误。比如《新白娘子传奇》中，生活在宋代的法海和尚，头上是不应该有烧香疤的，因为宋代还没有这一习俗。

和尚的两个重要"证件"

·官府给的和尚"许可证"——度牒

当和尚，是需要官府颁发许可证的，这一许可证叫作"度牒"，其实就是一个僧籍证明。想要出家，首先就要向当地政府部门申请度牒，或者用钱购买。比如宋代元丰年间，一道度牒的售价为百三十千。

这一制度，到了清朝初年被废除了。

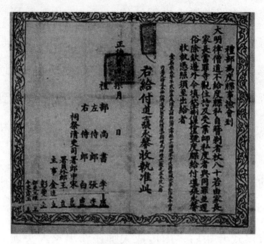

【官府"度牒"】

·寺庙给的和尚"身份证"兼"护照"——戒牒

传戒仪式结束后，就成了真正的"和尚"。这时，便可以得到一个证明书——戒牒。与度牒类似，戒牒上面也写着和尚的基本信息，比如俗名叫啥，法名叫啥，籍贯、年龄、受戒寺庙名称等等。

在我国古代，每个朝代的规定不太一样，比如唐、宋，和尚的戒牒是政府给颁发的。而到了清朝，则改成寺院自己颁发。

每个和尚人手一份，其实就相当于是他们的"身份证"。当他们云游四方，需要过关隘时，戒牒又可以充当"护照"，和尚们凭着它便可以畅通无阻。同时，在外地时，他们可以凭着戒牒到当地的寺庙留宿，想留多久留多久。但是，若是没有戒牒，最多也只能被收留一晚上。哪里都是江湖，佛门也是如此。世界就是这么现实。

在我国古代，最开始的时候，佛法只是西域高僧带来的"舶来品"。随着佛教的发展，渐渐出现了华夏本土僧人。他们结合汉文化特有的内涵和意蕴，形成了一套汉化的寺庙戒律和章程，比如文中所讲的严格"出家"程序。各朝各代关于出家的具体程序并不完全相同，但整体上是大同小异。

在佛教发展的过程中，有一些原本"质朴"的规章，也在漫长的岁月洪流中变了味道。

比如，文中说到的"攒单银"，起初要求必须是本人"化缘"得来，不能直接用现成的银两来交纳，也不能求助他人。这其实是为了考验新出家人出家的决心是否虔诚。但是在流传的过程中，不断被曲解、改变，后来，就只剩下金钱的铜臭味了。